14. 9. 73

Wulf-Uwe Meyer

Leistungsmotiv und Ursachenerklärung von Erfolg und Mißerfolg

Wulf-Uwe Meyer

Leistungsmotiv und Ursachenerklärung von Erfolg und Mißerfolg

Mit einer Einführung von H. Heckhausen

Ernst Klett Verlag Stuttgart

1. Auflage 1973

Satz und Druck. G. Müller, Heilbronn, W. Röck, Weinsberg
ISBN 3-12-925950-3

Inhalt

Einführung

Erfolg und Mißerfolg sind Ereignisse, die das Verhalten entscheidend beeinflussen. Ob man eher Erfolg oder Mißerfolg erwartet, beeinflußt die Motivierung, d. h. die Erwägungen, ob und in welcher Weise man sich bemühen sollte. Ist Erfolg oder Mißerfolg eingetreten, wird das weitere Verhalten davon beeinflußt. So ist es nicht weiter verwunderlich, wenn Erfolg und Mißerfolg zentrale Begriffe in Lerntheorien und Motivationstheorien sind.

Aber was heißt Erfolg und Mißerfolg psychologisch? Nicht jedes Gelingen oder Mißlingen einer Tätigkeit wird vom Handelnden als Erfolg bzw. Mißerfolg erlebt. Seit 40 Jahren ist diese Frage Gegenstand psychologischer Forschung. In den dreißiger Jahren hat die Anspruchsniveauforschung, angeregt durch Kurt Lewins motivationspsychologische Theoriebildung, darauf eine erste Antwort gegeben. Gelingen oder Mißlingen einer Aufgabe wird nur dann vom Handelnden als Erfolg bzw. Mißerfolg erlebt, wenn das erzielte Handlungsergebnis der Zielsetzung, dem Anspruchsniveau gerecht wird bzw. dahinter zurückbleibt. Erfolg und Mißerfolg sind also abhängig von einem subjektiv verbindlichen Normwert, in welchem sich verschiedene Personen durchaus unterscheiden können.

Mit dem Aufkommen der Leistungsmotivationsforschung um David McClelland wurden in den fünfziger Jahren „Hoffnung auf Erfolg“ und „Furcht vor Mißerfolg“ als hochgeneralisierte Erwartungsemotionen einander gegenübergestellt. Das individuelle Leistungsmotiv entwickelt sich aufgrund früher Erfahrungsniederschläge und ist entweder mehr von „Hoffnung auf Erfolg“ oder von „Furcht vor Mißerfolg“ geprägt. Es wurde eine Methode entwickelt, um solche Motivunterschiede an fantasieartigen Gedanken-Stichproben zu messen.

Damit es Verhalten beeinflußt, muß das individuelle Leistungsmotiv erst von Situationsfaktoren wachgerufen werden. Diese haben wiederum mit Erfolg und Mißerfolg zu tun, nämlich mit der subjektiven Erfolgswahrscheinlichkeit, die bestehende Aufgabensituation zu bewältigen. Der vorweggenommene Anreiz, Erfolg oder Mißerfolg zu haben, hängt wiederum von der erlebten Erfolgswahrscheinlichkeit (oder dem Schwierigkeitsgrad) der Aufgabe ab. So entwickelte John Atkinson sein Risikowahl-Modell, das die Leistungsmotivationsforschung bis heute ungemein angeregt und bestimmt hat. Die von einer gegebenen Aufgabe angeregte Motivierung hängt letztlich ab von der individuellen Motivausprägung auf der Personseite (ob das „Erfolgs-" oder das „Mißerfolgsmotiv" überwiegt) und von der Erfolgswahrscheinlichkeit der Aufgabe auf der Situationsseite. Das formalisierte Risikowahl-Modell sagt voraus, daß „Erfolgsmotivierte" am stärksten von Aufgaben mittlerer Erfolgswahrscheinlichkeit und „Mißerfolgsmotivierte" am stärksten von Aufgaben niedriger oder hoher Erfolgswahrscheinlichkeit motiviert werden. Von diesen Voraussagen hat sich vor allem die erste immer wieder bestätigen lassen.

Dennoch waren die Bedingungen für das Erleben von Erfolg und Mißerfolg nicht ausreichend bestimmt. Auf der Suche nach den Anfängen des Leistungsmotivs machte ich mit einigen Mitarbeiterinnen eine unerwartete Beobachtung. Erst zwischen zweieinhalb und drei Jahren reagieren Kinder auf Gelingen oder Mißlingen einer eigenen Tätigkeit mit dem typischen Ausdrucksverhalten von Erfolg bzw. Mißerfolg. Jüngere Kinder zeigen dagegen Freude oder Enttäuschung über den zustande gebrachten bzw. den ausbleibenden Tätigkeitseffekt. Erst die älteren sind in der Lage, den Tätigkeitseffekt auf sich selbst als Urheber zurückzubeziehen. Die erlebte Verursachung eigener Tätigkeitseffekte ist also eine entscheidende Bedingung des Erlebens von Erfolg und Mißerfolg.

Auf anderen Forschungsfeldern war man inzwischen bereits der Verhaltenswirksamkeit subjektiver Ursachenerklärungen nachgegangen. Der Lerntheoretiker Julian Rotter unterschied zwischen internaler und externaler Kontrolle der Bekräftigung, die Entwicklungspsychologin Virginia Crandall bestimmte individuelle Unterschiede der Selbstverantwortlichkeit, der Motivationspsychologe Norman Feather führte Selbstverantwortlichkeit als einen Faktor in das Atkinsonsche Risikowahl-Modell ein, der Sozialpsychologe Fritz Heider trennte zwischen konstanten und variablen Ursachenfaktoren wie Können und Bemühen. So entstand allmählich eine Theorie der Ursachenerklärung (Kausalattribuierung). Bernard Weiner verband die für Erfolg und Mißerfolg grundlegenden Kausalelemente zu einer Vierfeldertafel: Fähigkeit (internal und konstant), Anstrengung (internal und variabel), Aufgabenschwierigkeit (external und konstant) und Zufall (external und variabel). Er gab der kausalattribuierungstheoretischen Analyse des Leistungsverhaltens die entscheidenden theoretischen und experimentellen Impulse.

Die einsetzende Forschung war außerordentlich fruchtbar. Erfolgswahrscheinlichkeit und Erfolgsanreiz, ja sogar die Leistungsergebnisse selbst erwiesen sich als abhängig von der jeweils bevorzugten Ursachenerklärung. Nicht nur die Motivierungsphase mit ihren Erfolgs- und Mißerfolgserwartungen, auch die Selbstbewertung (Selbstbekräftigung) nach gelungenem oder mißlungenem Handlungsabschluß wird von der vorausblickenden bzw. der zurückblickenden Ursachenerklärung des Tätigkeitsergebnisses beeinflußt. Damit nicht genug. Erfolgs- und Mißerfolgsmotivierte zeigen unterschiedliche Voreingenommenheiten der Ursachenerklärung ihrer Erfolge und Mißerfolge mit all den Konsequenzen für die erlebten Erfolgswahrscheinlichkeiten und Erfolgsanreize, für die Selbstbekräftigung nach Erfolg und Mißerfolg. Ursachenerklärung ist damit ein wichtiger kognitiver Zwischenprozeß, der einerseits individuelle Motivunterschiede genereller Erfolgszuversicht oder Mißerfolgsängstlichkeit stabilisiert (weil die Selbstbekräftigungsfolgen von den persönlichen Voreingenommenheiten der Ursachenerklärung abhängig sind) und der andrerseits den Motivierungsgrad situativer Anregungsbedingungen beeinflußt.

Soweit ein erster Überblick über die Forschungsentwicklung bis zum gegenwärtigen Stand. Die Untersuchungen des vorliegenden Buches markieren die letzten, entscheidenden Etappen. Der Autor, Dr. Wulf-Uwe Meyer (von der Motivationsgenetischen Arbeitsgruppe des Psychologischen Instituts der Ruhr-Universität), belegt damit nicht nur als erster die Fruchtbarkeit des attribuierungstheoretischen Ansatzes für die deutschsprachige Motivationspsychologie. Er hat mit diesen Untersuchungen entscheidend zum gegenwärtigen Forschungsstand beigetragen. Die Untersuchungen setzen ein mit Virginia Crandalls Konzept der Selbstverantwortlichkeit und folgen der rasch wechselnden Theorieentwicklung. Alle Etappen der Psychologie von Erfolg und Mißerfolg werden in ihnen nach und nach unter dem Rahmenkonzept der Ursachenerklärung verknüpft: Anspruchsniveau, Erfolgs- und Mißerfolgsmotiv, Erfolgswahrscheinlichkeit, Anreiz, Leistungsänderung, Selbstbekräftigung und die Motivgenese in der frühen Kindheit. Gestützt auf die experimentellen Ergebnisse bringt der Autor die motivationspsychologische Theoriebildung in wichtigen Punkten voran. Zu nennen ist besonders die Einführung des Selbstkonzeptes der eigenen Fähigkeit, ein bislang übersehenes Bestimmungsstück des individuellen Leistungsmotivsystems. Die Entwicklung des Selbstkonzepts der eigenen Fähigkeit wird motivationsgenetisch bis auf die Einflüsse der mütterlichen Selbständigkeitserziehung zurückverfolgt.

Dieses Buch demonstriert die Erkenntnismöglichkeiten konsequenter experimenteller Forschung. Es läßt den Leser teilhaben an einem Erkenntnisgewinn, der noch auf mancherlei Weise — und nicht zuletzt in praktischer Hinsicht — fruchtbar zu werden verspricht.

Heinz Heckhausen

Vorwort

Die hier zusammengefaßten Untersuchungen nahmen ihren Ausgang von einer entwicklungspsychologischen Fragestellung, ob nämlich Leistungsmotiv und Selbstverantwortlichkeit für Erfolg und Mißerfolg an gemeinsame Entstehungsbedingungen im Erziehungsverhalten der Mutter geknüpft sind. Um in diesem Zusammenhang den Fragebogen zur Selbstverantwortlichkeit von CRANDALL et al. (1965) auf Gültigkeit zu überprüfen, zogen wir unter anderem das Anspruchsniveau als Validierungskriterium heran. Die Beziehungen zwischen beiden Variablen entsprachen weitgehend den Voraussagen einer von FEATHER (1967) vorgenommenen Revision des Atkinson-Modells leistungsmotivierten Verhaltens. Wir entschieden, daran anknüpfend den Zusammenhängen zwischen Selbstverantwortlichkeit und Leistungsmotiv eingehender nachzugehen und die motivationsgenetische Frage zurückzustellen.

In unseren anfänglichen Untersuchungen berücksichtigten wir, ausgehend von ROTTER (1966) und CRANDALL et al. (1965), lediglich die Unterscheidung internaler und externaler Ursachenfaktoren von Erfolg und Mißerfolg. Eine differenziertere attributionstheoretische Analyse legte erst Professor Bernard Weiner *(University of California, Los Angeles)* nahe. Er hielt sich 1968 nur kurz und 1970/71 als Gastprofessor am Psychologischen Institut der Ruhr-Universität Bochum auf. Ohne seine zahlreichen Anregungen wäre diese Arbeit in der vorliegenden Form nicht zustande gekommen. Ein Teil der hier dargestellten Experimente geht auf seine Anregungen und Überlegungen zurück.

Professor Heckhausen betreute die Arbeit als Dissertation. Das Interesse des Verfassers an den Beziehungen zwischen Leistungsmotiv und Ursachenerklärungen von Erfolg und Mißerfolg, geht auf Überlegungen von Professor Heckhausen zur Genese des Leistungsmotivs zurück. Danach ist das Erreichen eines bestimmten kognitiven Entwicklungsstandes, nämlich das Realisierenkönnen einer Kausalbeziehung zwischen Ich und Tätigkeitsprodukt (internale Ursachenerklärung) ein wichtiger Schritt in der Entwicklung des Leistungsmotivs. Professor Heckhausen gab in vielen Diskussionen zahlreiche Anregungen, Hinweise und Hilfen bei der Abfassung der Arbeit; er motivierte den Verfasser durch sein stetes Interesse am Verlauf der Untersuchungen.

Professor Heinz Heckhausen und Professor Bernard Weiner
widme ich die Arbeit in Dankbarkeit.

W.-U. Meyer

1. Ursachenerklärung eigener und fremder Verhaltensresultate

Zur Grundausstattung des Menschen scheint ein ursprüngliches Bedürfnis zu gehören, Ereignisse in der dinglichen und sozialen Umgebung unter bestimmten Bedingungen kausal zu verknüpfen. KELLEY (1967, S. 193) spricht von einem Motiv, *„to attain a cognitive mastery of the causal structure of . . . environment“*. FESTINGER formuliert als erste Hypothese seiner Theorie sozialer Vergleichsprozesse: *„There exists, in the human organism, a drive to evaluate his opinions and his abilities“* (1954, S. 117). Und ebenso geht Fritz HEIDER bei der Konzeption der „naiven Psychologie“ von der Annahme aus, daß *„man is usually not content simply to register the observables that surround him; he needs to refer them as far as possible to the invariances of his environment“* (1958, S. 81), wobei er unter Umgebungsinvarianzen die wahrgenommenen Ursachen von Ereignissen zusammenfaßt. Nur aufgrund solcher phänomenalen Kausalitäten ist die soziale und dingliche Umgebung für das Individuum kontrollierbar und sind deren Veränderungen bzw. Konstanzen voraussagbar.

Ältere Autoren ordneten die Wahrnehmung von Geschehnissen unter Ursache-Wirkungs-Relationen keinem Motiv-, sondern einem Eigenschaftskonzept zu, nämlich den informationsverarbeitenden Mechanismen des „Verstandes“, die KANT wohl als zur angeborenen (transzendentalen, d. h. erkenntnisbedingenden) Ausstattung des Menschen zugehörig betrachtet. Danach gehört Kausalität zu den „reinen Begriffen“, „die der Verstand a priori in sich enthält, um deretwillen er auch nur ein reiner Verstand ist; indem er durch sie allein etwas bei dem Mannigfaltigen der Anschauung verstehen, d. i. ein Objekt derselben denken kann“ (KANT, 1781; 1956, S. 118/119). KANT stimmte zwar mit der englischen Erkenntnistheorie darin überein, daß Kausalität nicht unmittelbar vorfindbar, sondern eine Konstruktion des Wahrnehmenden sei[1]; er teilte jedoch nicht die Ansicht HUMES (1748), daß alle Erkenntnis aus der Erfahrung stamme und auf ihr beruhe (wie auch Kausalität). Nach KANT ist Kausalität kein empirischer Begriff, der auf dem wiederholten Zusammentreffen von Vorstellungen gründet; sie ist nicht *Folge* von Erfahrungen, sondern vielmehr deren *Voraussetzung* (Bedingung der Möglichkeit von Erfahrung).

Die Kausalwahrnehmungen des Individuums im Hinblick auf Vorgänge

---

[1] Siehe zur kritischen Auseinandersetzung mit diesem Standpunkt MICHOTTE (1963, S. 6 ff.) und METZGER (1954, S. 123 ff.).

in der *sozialen* Umgebung führen zu einer individuellen vorwissenschaftlichen Psychologie, deren *Gegenstand,* nämlich Erklärung und Vorhersage von Verhalten, sich von dem der wissenschaftlichen Psychologie nicht prinzipiell unterscheidet; allerdings bestehen Unterschiede in der Art und Differenziertheit der *Begriffe* und der *„Theoriebildung"*, die zur Verhaltenserklärung herangezogen werden, sowie auch in der *Methode,* mit deren Hilfe Aussagen gemacht werden. Die Psychologie als Wissenschaft begnügt sich nämlich nicht mit spekulativen Behauptungen. Sie akzeptiert durch Einführung gewisser Standards (unter anderem Objektivität und Kontrollierbarkeit) Erfahrungsaussagen nur, wenn sie mittels einer Methode gewonnen wurden, die eine Replikation dieser Erfahrungen gestattet.

Kausale Interpretationen konstituieren eine *vorwissenschaftliche* Psychologie, die selbst Gegenstand der *wissenschaftlichen* Psychologie ist, soweit es sich um kognitiv orientierte Theorieansätze handelt, in denen nicht — wie im strengen Behaviorismus — Bewußtseinszustände als bloße Epiphänomene aufgefaßt werden, die Endpunkte einer kausalen Kette von Vorgängen sind und keinen Einfluß auf das Verhalten ausüben (s. dazu LOCKE, 1966, 1969). Dabei lassen sich zwei Betrachtungsschwerpunkte abgrenzen, die sich allerdings keineswegs ausschließen. Auf der einen Seite werden Kausalinterpretationen als „Reaktionen" behandelt und die besonderen Bedingungen für deren Zustandekommen untersucht, wie es etwa MICHOTTE (1963) unter wahrnehmungspsychologischem und KELLEY (1967) unter sozialpsychologischem Aspekt tun sowie PIAGET (1954) unter dem Gesichtspunkt der Entwicklung. Auf der anderen Seite werden darüber hinaus die individuellen vorwissenschaftlichen Psychologien als kognitive Zwischenprozesse aufgefaßt, die ihrerseits das Ingangsetzen und die Steuerung von Verhalten determinieren.

1.1. Der sozialpsychologische Ansatz: Die Attribuierungstheorie

Beide Betrachtungsschwerpunkte finden sich in der Attribuierungstheorie vereinigt, die innerhalb der Sozialpsychologie entwickelt wurde und deren Entstehung mit dem Namen Fritz HEIDER (1958) eng verknüpft ist, obwohl auch hier schon frühere, wenn auch eingeengtere und weniger systematische Ansätze vorliegen (z.B. ICHHEISER, 1933). Im Mittelpunkt der Theorie steht die Untersuchung derjenigen Konstrukte und Prozesse, *„by which the common man infers the causation for behavior"* (KELLEY,

1970, S. 2), d. h. der individuellen vorwissenschaftlichen Psychologien, die HEIDER *„naive psychology“* oder auch *„common-sense psychology“* nannte. Wie KELLEY (1970, S. 3f.) gezeigt hat, lassen sich dabei drei Untersuchungsansätze abgrenzen:

a) Analyse der *Anregungsbedingungen,* die das Motiv der Informationseinholung aktualisieren, um zu Kausalinterpretationen zu kommen.
b) Bestimmung der *Bedingungsfaktoren* spezifischer Attribuierungen.[1]
c) Analyse der *Handlungskonsequenzen* spezifischer Attribuierungen.

Die Klärung der Anregungsbedingungen ist bislang noch nicht sehr weit vorangetrieben. Zu nennen sind in diesem Zusammenhang die theoretischen Überlegungen und experimentellen Befunde FESTINGERS (1954, 1957) über das Zustandekommen sozialer Vergleichsprozesse, soweit sie sich auf die Beurteilung eigener Meinungen und Fähigkeiten beziehen; gleichwohl wird der Ansatz FESTINGERS im allgemeinen nicht dem engeren Bereich der Attributionstheorie zugerechnet.

Dagegen gibt es einige Erklärungsansätze und empirische Befunde über das Zustandekommen von Attribuierungen und deren Auswirkungen auf Verhalten. Ersteres soll hier knapp referiert werden, da es für unsere weiteren Überlegungen von Bedeutung ist.

1.1.1. Die „naive Psychologie“ FRITZ HEIDERS

Hauptanliegen HEIDERS (1958) ist eine allgemeine attributionstheoretische Analyse interpersonaler Beziehungen und nicht etwa das Studium individueller Attribuierungen. Er begründet die Verwendung naiver Konzepte, d. h. der Alltagspsychologie des „Mannes auf der Straße“ folgendermaßen:

Das Studium der Alltagspsychologie *(common-sense psychology)* ist in zweierlei Hinsicht von Wert für das wissenschaftliche Verständnis zwischenmenschlicher Beziehungen. Da zum einen unsere Alltagspsychologie unser Verhalten anderen Menschen gegenüber leitet, ist sie ein wesentlicher Bestandteil derjenigen Phänomene, auf die sich unser Interesse hier richtet. Im Alltagsleben bilden wir uns Vorstellungen über andere Personen und über soziale Situationen. Wir interpretieren die Handlungen anderer Personen und machen Voraussagen darüber, was sie unter bestimmten Umständen tun werden. Obwohl diese Vorstellungen im allgemeinen nicht ausformuliert sind, funktionieren sie doch oft adäquat. Sie er-

---

[1] *„Attribution refers to the process of inferring or perceiving dispositional properties of entities in the environment. These are the stable features of distal objects such as color, size, shape, intention, desire, sentiment, and ability“* (KELLEY, 1967, S. 193).
Diese Definition scheint etwas eng und nicht der Bedeutungsvielfalt zu entsprechen, in der der Begriff gebraucht wird. Zum einen werden damit nicht nur Prozesse charakterisiert, sondern auch deren Resultat. Zum anderen beziehen sich Attribuierungen nicht nur auf die Objekte der Umgebung, sondern auch auf die eigene Person.

reichen in gewissem Umfange das, was Wissenschaft erreichen sollte: eine angemessene Beschreibung derjenigen Gegebenheit, durch die Voraussagen möglich werden. In gleicher Weise, wie man von einer naiven Physik spricht, d.h. der unformulierten Art und Weise, mit der wir einfache mechanische Gesetze bei unseren angepaßten Handlungen berücksichtigen, so kann man auch von einer „naiven Psychologie“ sprechen, die uns die Prinzipien liefert, nach denen wir unser Bild der sozialen Umgebung aufbauen und die unsere Reaktionen darauf leiten. Eine Erklärung dieses Verhaltens muß sich daher mit der Alltagspsychologie befassen . . . Zum anderen mag das Studium der Alltagspsychologie von Wert sein aufgrund der vielen Wahrheiten, die sie enthält, ungeachtet der Tatsache, daß viele Psychologen auf solch ein ungeschultes Verstehen menschlichen Verhaltens herabgeschaut haben . . . Die wissenschaftliche Psychologie hat ziemlich viel von der Alltagspsychologie zu lernen.[1]
(Heider, 1958, S. 5)

Die Betonung liegt hier zwar auf Fremdattribuierungen; Heider bemerkt aber ausdrücklich, daß die von ihm explizierten alltagspsychologischen Konzepte auch auf die naive Erklärung eigenen Verhaltens unmittelbar übertragbar sind (1958, S. 79).
Die wahrgenommenen Kausalfaktoren eigenen und fremden Verhaltens teilt er in personabhängige und personunabhängige ein, eine Unterscheidung, die seit Rotter (et al. 1962, 1966) mit den Termini „internal“ vs. „external“ belegt wird.

In der Alltagspsychologie (wie in der wissenschaftlichen Psychologie) wird das Resultat einer Handlung von zwei Gruppen von Bedingungsfaktoren abhängig gemacht, nämlich Faktoren, die in der Person liegen und Faktoren, die in der Umgebung liegen. Die naive Psychologie hat auch verschiedene Begriffe, um den Anteil dieser Faktoren auszudrücken. Nehmen wir das Beispiel einer Person, die ein Boot über einen See rudert . . . Wir sagen: „Er *versucht*, das Boot über den See zu rudern.“ „Er hat die *Fähigkeit*, das Boot über den See zu rudern.“ . . . „Es ist *schwer*, das Boot über den See zu rudern.“ . . . „Es ist reiner *Zufall*, daß es ihm gelungen ist, das Boot über den See zu rudern.“ Diese unterschiedlichen Beschreibungen nehmen zum einen Bezug auf Faktoren der Person, zum anderen auf Faktoren der Umgebung. Man kann daher von wirksamer Kraft *(ff, effective force)* der Person oder der Umgebung sprechen, wenn man die Gesamtheit der Kräfte des einen oder anderen Ursprungs meint.
Man kann daher sagen, daß das Handlungsresultat x von einer Kombination der wirksamen Kraft der Person und der wirksamen Kraft der Umgebung abhängig ist:

$$x = f\,(\mathit{ff}\ \text{Person},\ \mathit{ff}\ \text{Umgebung})$$

Man ist versucht, die zugrundeliegende Beziehung zwischen den beiden unabhängigen Variablen als additive zu formulieren. Denn wenn die wirksame Kraft der Umgebung Null ist (was bedeutet, daß die Kombination der Umgebungsfaktoren das Zustandekommen des Resultates x weder behindert noch begünstigt), dann hängt x ganz alleine von der wirksamen Kraft der Person ab. Man muß auch annehmen, daß x ohne das Zutun der Person eintreten kann, wenn nämlich

[1] Sämtliche längeren englischen Zitate wurden vom Verfasser übersetzt.

die wirksame Kraft der Umgebung größer Null ist (d. h., wenn diejenigen Umgebungsfaktoren, die x begünstigen, größer sind als die, die für x ungünstig sind). (Heider, 1958, S. 82)

Innerhalb der internalen Faktoren trifft er eine weitere wichtige Unterscheidung zwischen einem Fähigkeitsfaktor *(power factor)* und einem Motivationsfaktor *(motivational factor)*, womit sich neben Personabhängigkeit ein zusätzlicher Klassifikationsgesichtspunkt ergibt, nämlich zeitliche Stabilität (s. Weiner et al., 1971). Fähigkeit wird als zeitlich stabil perzipiert (dispositioneller oder stabiler Faktor), Anstrengung und Intention als mehr variabel.

Der Fähigkeitsfaktor ist häufig durch Begabung repräsentiert; es gibt andere Charakteristika der Person, die deren Fähigkeit beeinflussen, wie zum Beispiel das Temperament; Begabung wird aber im allgemeinen als an erster Stelle stehend angesehen. Der Motivationsfaktor bezieht sich darauf, was eine Person zu tun versucht (ihre Intention) und wie sie es zu tun versucht (Anstrengung) ...

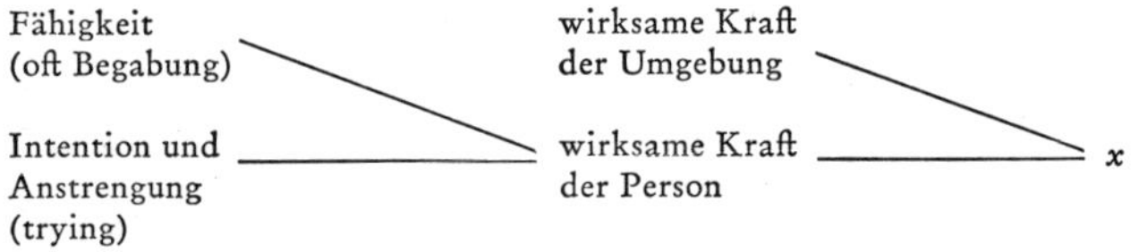

Oder,

$$x = f \text{ (Intention und Anstrengung, Fähigkeit, Umgebung)}$$

(Heider, 1958, S. 83)

Auch bei den externalen Faktoren lassen sich ein stabiler und ein variabler trennen, nämlich Schwierigkeit (*difficulty*) und Zufall (*luck*) bzw. Gelegenheit (*opportunity*), wobei Heider letzteres auch dem Zufall zuordnet bzw. als davon abhängig auffaßt (1958, S. 91). Neben diesen vier von Heider ausführlich erörterten Determinanten gibt es andere, wie z. B. Schicksal, das ebenfalls als external erlebt wird und mit dem Glück gemeinsam hat, daß dessen Auswirkungen nicht im Voraus erschlossen werden können und daher nicht kalkulierbar sind. Darüber hinaus ist der fördernde oder hemmende Einfluß von Personen oder Personengruppen zu nennen.

Welches sind nun die Bedingungen für das Zustandekommen spezifischer Attribuierungen? Wir erörtern hier — in Anlehnung an Heider (1958) und Weiner et al. (1971) — vornehmlich Kausalinterpretationen *eigenen* Verhaltens, da besonders sie in unserem Untersuchungszusammenhang von Interesse sind.

Begabung und Schwierigkeit. Ist der Handlungsausgang bei mehrmaligem Bearbeiten einer Aufgabe oder mehrerer einander sehr ähnlicher Aufgaben konstant Mißerfolg (konstante Anstrengung vorausgesetzt), so bieten sich die beiden stabilen Determinanten „Fähigkeit“ und „Schwierigkeit“ zur Kausalerklärung an. Um zwischen beiden entscheiden zu können, muß das Individuum Informationen über Handlungsresultate von Angehörigen der relevanten Bezugsgruppe im Hinblick auf diese oder ähnliche Aufgaben haben. Kovariiert Mißerfolg mit Mißerfolgen anderer, dann wird der Ausgang weniger mangelnder eigener Fähigkeit als vielmehr Eigentümlichkeiten der Aufgabe (Schwierigkeit) zugeschrieben. Hat dagegen das Individuum konstant Mißerfolg, wenn andere erfolgreich sind, wird das Resultat vermutlich der mangelnden eigenen Fähigkeit zugeschrieben (Anstrengung vorausgesetzt). Die Kausalattribuierung ändert sich, wenn konstant Erfolg eintritt. Haben auch die meisten bzw. alle anderen Erfolg, so wird das eher auf die Leichtigkeit der Aufgabe zurückgeführt. Kovariiert dagegen konstanter Erfolg des Individuums mit Mißerfolgen anderer, dann wird das Resultat eher als von eigener guter Begabung abhängig erlebt.

Um zu Schlußfolgerungen über die Wirksamkeit der beiden Determinanten „Aufgabenschwierigkeit“ und „Fähigkeit“ im Hinblick auf *eigene* Leistungsresultate zu kommen, müssen soziale Vergleichsprozesse stattfinden. Das Individuum hat sich als Beobachter Aufschluß über Handlungsergebnisse anderer bei gleichen oder ähnlichen Aufgaben zu verschaffen.

Dabei ist es nicht gleichgültig, um welche „anderen“ es sich handelt. Ein in mathematischer Statistik ausgebildeter Pädagoge, dem es ohne Mühe gelingt, ein statistisches Problem seiner Kollegen zu lösen, an dem diese aufgrund fehlender statistischer Kenntnisse scheiterten, wird das wohl kaum zur Grundlage von Inferenzen über seine Begabung machen, sondern das Resultat seinem Ausbildungs- bzw. Kenntnisstand zuschreiben. Wenn wir daher oben diese „anderen“ als Angehörige der relevanten Bezugsgruppe des Individuums umschreiben, so sind damit Personen von gleichem Kenntnis- bzw. Ausbildungsstand gemeint.[1]

Diese Informationen bilden das Bezugssystem für die Kausalinterpretation der eigenen Leistung als begabungs- bzw. schwierigkeitsdeterminiert. Die alleinige Information wiederholten eigenen Mißerfolgs läßt keinen sicheren Rückschluß darüber zu, worauf das Versagen zurückzuführen ist. Soziale Vergleichsmöglichkeiten sind unabdingbare Voraussetzung für eine subjektive hinreichend valide Begabungs- oder Schwierigkeitsattribuierung eigener Leistung.

Bei der Kausalinterpretation fremder Leistungsresultate sind darüber hin-

[1] Kenntnis- bzw. Ausbildungsstand ist im übrigen auch ein Kausalfaktor, der nach unserem Wissen bislang nicht berücksichtigt wurde.

aus andere Faktoren von Bedeutung, unter anderem die zeitliche Abfolge von Resultaten. JONES et al. (1968) führten sechs experimentelle Studien durch, in denen die Abfolge von Erfolg und Mißerfolg bei der Lösung von Aufgaben in festgelegter Weise variierte. In allen Bedingungen löste ein Bearbeiter die Hälfte von 30 Aufgaben. Beobachter schätzten die Intelligenz des Bearbeiters höher ein, wenn Erfolg gehäuft am Anfang einer Aufgabenserie auftrat, als wenn das am Ende der Fall war. Die Autoren führen das auf einen *„primacy effect"* zurück, daß nämlich *„early information about ability is overweighted and leads to premature and persistent attributions"* (JONES et al., 1968, S. 336). BECKMAN (1970) berichtet ähnliche Befunde. Ihr gelang es, Studenten in den Glauben zu versetzen, sie würden Schüler im Lösen neuer Aufgaben unterrichten. In Wirklichkeit gab es keine Schüler, sämtliche Rückmeldungen über deren Leistungen für vier Versuchsteile waren fiktiv. Übereinstimmend mit JONES et al. fand BECKMAN, daß die Begabung höher eingeschätzt wurde, wenn für die ersten beiden Unterrichtsteile gute Schülerleistungen vorgegeben wurden und für die letzten beiden schlechte, als wenn genau das umgekehrte Muster gegeben war.

Zufall wird vor allem dann als Kausalerklärung herangezogen, wenn das Ereignismuster *instabil* ist, wie es charakteristischerweise beim Würfelspiel der Fall ist und was beim Lösen von Aufgaben häufig durch fiktive Erfolgs- und Mißerfolgsrückmeldungen des Versuchsleiters erreicht wird (BENNION, 1961; BLACKMAN, 1962).
HEIDER (1958, S. 91 f.) analysiert eingehender die Bedeutung *erwartungswidriger* Ereignisse für die Zufallsattribuierung. So wird einmaliger Erfolg innerhalb einer Serie von Mißerfolgen bevorzugt Glück zugeschrieben, einmaliger Mißerfolg innerhalb einer Serie von Erfolgen Pech. Erwartungsinkonsistenz liegt auch vor, wenn ein als unbegabt beurteilter Schüler eine schwierige Rechenaufgabe löst, was ebenfalls im allgemeinen zu keiner Revision des Fremdbildes führt, sondern eher mit zufälligen Gegebenheiten kausal erklärt wird.
Neben der Erwartungswidrigkeit spielt die *Ungewöhnlichkeit* von Ereignissen eine Rolle. Beides muß sich nicht decken, da bei ungewöhnlichen Ereignissen die Ereignisklasse kognitiv gar nicht repräsentiert ist und daher auch keine expliziten Erwartungen im Hinblick auf gegenteilige („gewöhnliche") Ereignisse bestehen können. Ein Spaziergänger wird wohl kaum die Erwartung haben, bei seinem Gang durch den Park kein Geld zu finden, da das in der Regel gar nicht thematisch sein dürfte. Findet er einmal tatsächlich 5 Mark, so ist das nicht erwartungswidrig, sondern ungewöhnlich und wird dem Zufall zugeschrieben.

Anstrengung dürfte in der Eigenwahrnehmung besonders dann als Kausalerklärung herangezogen werden, wenn Variationen des Handlungsausgangs mit Variationen des Kraftaufwandes bzw. der aufgewandten Zeit einhergehen.
Daneben ist auch hier — wie bei der Begabungsattribuierung — die zeitliche Abfolge von Resultaten von Bedeutung. In der bereits erwähnten Studie von JONES et al. (1968) hatten in einer Anordnung Vpn Aufgaben selbst zu bearbeiten, wobei 15 von 30 Aufgaben erfolgreich beendet werden konnten, und die Anzahl der Erfolge zum Ende hin entweder zunahm oder abnahm bzw. sich zufällig über die Serie verteilte. Obwohl ohne Wissen der Versuchspersonen die Reihenfolge von Erfolg und Mißerfolg festgelegt war, und Anstrengung daher bei der Aufgabenlösung keine Rolle spielte, gaben besonders Versuchspersonen in der Bedingung mit zunehmendem Erfolg an, sich angestrengt zu haben.

1.1.2. Die varianzanalytische Analogie KELLEYS

KELLEY (1967) hat HEIDERS Analyse der Bedingungsfaktoren für das Zustandekommen spezifischer Attribuierungen wiederaufgenommen. Er faßte die Faktoren begrifflich schärfer, die zu einer internalen vs. externalen Kausalattribuierung führen, und parallelisierte den Attribuierungsprozeß mit der Varianzanalyse. Zur Verdeutlichung seiner Überlegungen zieht KELLEY das Beispiel eines Filmbetrachters heran, der sich fragt, ob seine augenblickliche Begeisterung auf Eigentümlichkeiten des Films (external) oder seiner eigenen Person (internal) zurückgeht. Um zu Schlußfolgerungen über die Ursachen seines Verhaltens zu kommen, ist es notwendig, Variationen des Verhaltens (allgemein von Effekten) in Beziehung zu setzen zu Variationen von a) Entitäten (Filmen), b) von Personen (andere Betrachter des Films), c) der Zeit (wiederholte Betrachtung durch dieselbe Person) und d) von Modalitäten der Interaktion mit der Entität (z.B. Filmbetrachtung im Kino, Fernsehen). Das Verhalten wird eher von externalen Faktoren abhängig gemacht, wenn es bei verschiedenen Filmen unterschiedlich ist, wenn es konsistent über Zeit und über Modalitäten der Interaktion ist und wenn es mit dem anderer Filmbetrachter übereinstimmt.

Die vier Kriterien für die Validität externaler Attribuierungen sind ...

1. *Distinktheit:* Der Eindruck wird auf das Ding zurückgeführt, wenn er ausschließlich bei Auftreten des Dings gegeben ist und nicht gegeben ist, wenn es nicht vorhanden ist.

2. *Konsistenz über Zeit:* Immer dann, wenn das Ding auftritt, muß die Reaktion des Individuums dieselbe oder annähernd dieselbe sein.
3. *Konsistenz über Modalitäten:* Seine Reaktion muß konsistent sein, auch wenn die Art der Interaktion mit dem Ding variiert...
4. *Konsensus:* Gegebenheiten äußeren Ursprungs werden in gleicher Weise von allen Beobachtern erlebt.

In dem Maße, wie die Attribuierungen einer Person diese vier Kriterien erfüllen, glaubt sie sich sicher, ein zutreffendes Bild der sie umgebenden Welt zu haben. (KELLEY, 1967, S. 197)

HEIDERS wie auch KELLEYS Anliegen ist eine allgemeine Analyse der situativen Bedingungsfaktoren für spezifische Attribuierungen. Individuelle Unterschiede von Kausalinterpretationen im Sinne von Attribuierungsvoreingenommenheiten sind im Rahmen dieser sozialpsychologischen Ansätze nicht oder nur andeutungsweise thematisch. In systematischer Weise wurde dem erstmalig von ROTTER nachgegangen.

1.2. Der differentielle Ansatz: Attribuierungsvoreingenommenheiten als Persönlichkeitskonstanten

ROTTERS Interesse an Kausalinterpretationen steht im Zusammenhang mit der Entwicklung einer Theorie des sozialen Lernens (ROTTER, 1954), in deren erweiterter Form (ROTTER et al., 1962) die Wirksamkeit einer Bekräftigung von Attribuierungen des Individuums abhängig gemacht wird. Die traditionelle lerntheoretische Forschung hat dem bislang wenig Aufmerksamkeit geschenkt. Zwar wird das, was ein Bekräftiger ist, operational erst nachträglich am Effekt definiert (s. z. B. SKINNER, 1953)[1]; im Lernexperiment geht man jedoch häufig von der stillschweigenden Annahme aus, daß die vom Versuchsleiter gesetzte, als Bekräftigung intendierte Verhaltenssanktion auch vom Lernenden in der gleichen Weise als Bekräftigung aufgefaßt wird. Einen möglicherweise moderierenden Einfluß individuell unterschiedlicher Attribuierungsstrategien hat man dabei bis vor kurzem nicht in Rechnung gestellt.

[1] *The only way to tell whether or not a given event is reinforcing to a given organism under given conditions is to make a direct test... If there is a change, we classify the event as reinforcing to the organism under the existing conditions* (1953, S. 72/73). D. h. ein Bekräftiger ist jede Reizgegebenheit, die die Auftretenshäufigkeit einer Reaktion verändert.

1.2.1. Rotters *Theorie des sozialen Lernens*

Die Grundstruktur der Rotterschen Theorie weist Übereinstimmungen mit anderen Verhaltensmodellen auf (Lewin et al., 1944; Edwards, 1954; Tolman, 1955; Atkinson, 1957), worauf Feather (1959 b; s. auch Siegel, 1957) hingewiesen hat. Allen diesen Modellen gemeinsam ist die Einbeziehung von Erwartungen und subjektiven Wertschätzungen. Auch Rotter (1954) macht die Stärke des Verhaltenspotentials *(behavior potential, BP)* abhängig von der subjektiven Wahrscheinlichkeit, daß auf das in Frage stehende Verhalten eine Bekräftigung folgt *(expectancy, E)* und der Wertschätzung der Bekräftigung *(reinforcement value, RV)*.

$$BP = f\ (E\ \&\ RV)$$

Im Gegensatz zu Lewin et al. (1944) und Atkinson (1957) nimmt er Bekräftigungswahrscheinlichkeit und Bekräftigungswert als unabhängig voneinander an. Die Höhe des Faktors E ist im Rotterschen Theorieansatz von zwei Komponenten abhängig, nämlich von einer spezifischen Erwartung *(E')*, die auf zurückliegenden Bekräftigungserfahrungen in der *gleichen* Situation basiert, und einer generalisierten Erwartung *(GE)*, die sich aufgrund von Bekräftigungen in *ähnlichen* Situationen herausgebildet hat.

$$E = f\ (E'\ \&\ GE)$$

Diese hier nur in Grundzügen dargestellte Lerntheorie liefert allerdings nur für Veränderungen bereits gelernten Verhaltens eine genügend breite Erklärungsgrundlage. Denn Rotter setzt ein Repertoire bereits vorhandener Reaktionsmöglichkeiten voraus, die in verschiedenen Situationen eine unterschiedliche Auftretenswahrscheinlichkeit besitzen. Das Erlernen neuer Verhaltensweisen vermag der Ansatz nicht zu erklären; die Wahrscheinlichkeit, daß das in Frage stehende Verhalten eine Bekräftigung erfährt, mag noch so hoch sein und die Bekräftigung für das Individuum ganz außerordentlich attraktiv — steht das Verhalten nicht zur Verfügung, so kann es auch nicht auftreten (vgl. dazu auch Bandura & Walters, 1963, S. 3).

Rotter (1954) setzt sich unter anderem damit auseinander, wie es zum Aufbau von Erwartungen kommt, und erwähnt bei der Erörterung unterschiedlicher Bekräftigungssequenzen, daß für die Genese von Erwartungen von Bedeutung sei, ob in zurückliegenden Situationen Bekräftigungen als abhängig oder unabhängig vom eigenen Verhalten erlebt wurden. Abgesehen von diesen mehr beiläufigen Bemerkungen geht er bei der Elaboration seiner Theorie nicht ausführlicher auf den Einfluß von Kausalinterpretationen ein. Phares (1957), ein Schüler Rotters, und anschließend James & Rotter (1958) sowie Rotter et al. (1961) knüpfen an das Modell wieder an und untersuchen im Experiment den Einfluß von

Zufalls- *(external)* und Tüchtigkeitsbedingungen *(internal)* auf Veränderungen von Erwartungen. Alle Autoren finden übereinstimmend, daß sich subjektive Wahrscheinlichkeiten stärker ändern, wenn Handlungsresultate als tüchtigkeitsabhängig erlebt werden.
Dieses Erleben der internalen bzw. externalen Bekräftigungskontrolle *(internal vs. external control of reinforcement)*[1] ist ein nachträglich in die Theorie aufgenommenes Bestimmungsstück, ohne daß es in das Modell formal integriert wurde. Wird das eigene Verhalten als determinierend für Eintreten und Geartetheit von Bekräftigungen erlebt, so liefert jede neue Sanktion dem Individuum Informationen über die „Richtigkeit" seines Verhaltens. Durch diesen Rückmeldungsvorgang erhöht sich bzw. sinkt die subjektive Bekräftigungswahrscheinlichkeit des in Frage stehenden Verhaltens und wirkt sich damit auf das Verhaltenspotential aus. Wird dagegen die Handlungskonsequenz nicht als abhängig vom eigenen Verhalten erlebt, bietet sie über dessen „Richtigkeit" wenig oder keine Informationen; *E* und damit *BP* unterliegen geringen oder keinen Änderungen (ROTTER et al., 1962, S. 480).

ROTTER beschäftigt sich in seinen theoretischen Erörterungen und Experimenten fast ausschließlich mit von außen kommenden Bekräftigungen. Verhalten wird jedoch nicht nur durch solche extrinsischen Gegebenheiten mitdeterminiert, sondern beim Erwachsenen überwiegend durch Bewerten der eigenen Handlungen. Ohne Zweifel ist auch das verhaltenswirksam. Individuen schätzen nämlich ihre Handlungsresultate anhand von Gütemaßstäben (Normwerten) selbst ein, wobei positive und negative Diskrepanzen zwischen Resultat und Normwert zu affektiven Phänomenen positiver bzw. negativer Tönung führen können, die bekräftigenden Charakter haben (die sog. Selbstbekräftigung; s. KANFER & MARSTON, 1963). In Theoriebildung und Experiment sind derartige Bekräftigungsphänomene bis vor kurzem vernachlässigt worden, wohl unter dem Einfluß des lange Zeit überwiegenden Experimentierens mit Tieren. Sie haben jedoch einen bedeutsamen Anreizwert für das Lernen, für das Ingangsetzen oder Unterlassen, für das Aufrechterhalten oder Abbrechen von Handlungen. Zwar lassen sich intrinsische Bekräftigungen auch im Experiment induzieren, aber nur ungenau kontrollieren und dosieren, was ein weiterer Grund für die bislang geringe Beachtung derartiger Vorgänge sein mag.
Selbstbekräftigungen wie beispielsweise Freude und Scham über die eigene Leistung können aber nur dann auftreten und verhaltenswirksam werden, wenn (neben anderen Bedingungen) der Handlungseffekt internal attribuiert wird, d.h. auf die persönliche Tüchtigkeit bzw. Untüchtigkeit rückbezogen und damit als ich-abhängig erlebt wird. Bei externaler Attribuierung werden entweder keine affektiven Phänomene resultieren, oder aber es sind Freude und Ärger über den Effekt und nicht über die eigene Tüchtigkeit oder Untüchtigkeit.
Bekräftigungswirkungen von Handlungsfolgen wird man daher besser aufklären

---

[1] Es ist im übrigen irreführend, *internal control* als „Ichbezogenheit der Handlung" zu charakterisieren, wie WASNA (1972, S. 46) es tut.

und voraussagen können, wenn man Attributionsvorgänge des Individuums erfaßt. Es sind sicherlich erhebliche Unterschiede des Erlebens einer Kausalbeziehung zwischen Handlungsfolge einerseits und eigener Tätigkeit, Begabung und Anstrengung andererseits anzunehmen. Sie hängen nicht nur von bestimmten Situations- oder Aufgabencharakteristika ab, sondern sind durch längerfristige lebensgeschichtliche Erfahrungen mitdeterminiert. Man muß daher auch interindividuell unterschiedliche Auswirkungen objektiv gleicher Handlungsfolgen annehmen. In der experimentellen Praxis wird das meist nicht berücksichtigt; man bedient sich vielmehr eines invarianten Bekräftigungsbegriffs, dessen Bestimmungsstücke lediglich äußere, außerhalb des Organismus liegende Gegebenheiten umfassen, nicht dagegen Zuständlichkeit und Erleben der Versuchsperson, auf deren Kontrolle im Experiment man daher weitgehend verzichtet (s. dazu auch KAGAN, 1967).

1.2.2. Internal vs. external control of reinforcement (ROTTER)

Das Konstruktum der „internal vs. external control of reinforcement" hat sich aus dem Bezugsrahmen der molaren Lerntheorie ROTTERS inzwischen weitgehend herausgelöst und wurde (ROTTER et al., 1962; ROTTER, 1966) als relativ überdauerndes und situationsunspezifisches Persönlichkeitsmerkmal konzipiert.

Internale Kontrolle *(internal control)* bezieht sich auf die Wahrnehmung, daß positive und/oder negative Ereignisse Folge eigener Handlungen sind und daher unter eigener Kontrolle stehen. Externale Kontrolle *(external control)* dagegen bezieht sich auf die Wahrnehmung, daß positive und/oder negative Ereignisse in bestimmten Situationen mit dem eigenen Verhalten nicht in Beziehung stehen und daher außerhalb eigener Kontrolle liegen.
(ROTTER et al., 1962, S. 499)

Wenn auch die relative Situationsspezifität des Konstrukts in dieser Definition weiterhin betont wird *(perception . . . in certain situations)*, so ist sie doch in der Operationalisierung völlig verlorengegangen. In den Meßinstrumenten werden sehr heterogene Situationsbereiche thematisiert (Leistung, Politik, soziale Anerkennung u. a.). Das trifft nicht nur für die ersten Fragebögen von PHARES (1955, 1957) und JAMES (1957) zu, sondern auch für die weiterentwickelten und fast ausschließlich benutzten Versionen von ROTTER und Mitarbeitern (ROTTER et al., 1962; ROTTER, 1966). Gleiches gilt für die Fragebögen von BIALER & CROMWELL (BIALER, 1961) und MILLER (1965) sowie für die beiden TAT-ähnlichen Verfahren von BATTLE & ROTTER (1963) und DIES (1968).
Für die Annahme der Generalisiertheit der Erlebensweise steht allerdings noch jeglicher Beweis aus. Ihr liegt offenbar eine „generelle" Eigenschaftsauffassung zugrunde, gegen die auch neuerdings wieder unter rollen-

theoretischem (BRIM, 1960) und unter dem Aspekt der Theorie des sozialen Lernens (BANDURA & WALTERS, 1963; MISCHEL, 1968) Einwände erhoben wurden. Zwar wenden sich ROTTER et al. (1962) gegen den Verdacht, es handele sich bei der *„internal vs. external control"* um eine Typologie, und betonen dagegen die Bedeutsamkeit der Situation (S. 499), doch spricht die Erhebungsmethode für sich.
Daß sich das Konstrukt aus dem Rahmen der ursprünglichen Theorie herausgelöst hat, zeigen auch die Variablen, die zur Validierung des Meßverfahrens herangezogen wurden. Die ursprünglichen Überlegungen ROTTERS bezogen sich auf den Zusammenhang von Kausalinterpretationen und Aufbau bzw. Veränderung von Erwartungen (die Bestimmungsstücke *E'* und *GE* seiner Theorie). Man sollte daher annehmen, daß diese Beziehung unter Heranziehung von Fragebogenkennwerten der *internal-external control* besonders intensiv untersucht wurde.
Es gibt aber, gemessen an der kaum noch zu überblickenden Vielzahl von Untersuchungen mit der ROTTERschen Skala (ROTTER, 1966) oder ähnlichen Meßinstrumenten, nur ganz wenige, die Erwartungsänderungen in Abhängigkeit von Attribuierungsvoreingenommenheiten analysiert haben, wobei sich zumeist keinerlei Zusammenhänge zeigten.[1]
Das ist auch nicht weiter verwunderlich. Denn wie die faktorenanalytischen Studien von GURIN et al. (1969) und MIRELS (1970) zeigen, mißt der Fragebogen zwei unabhängige Faktoren, nämlich a) inwieweit das Individuum glaubt, sein *eigenes* Leben und Verhalten bestimmen zu können, und b) inwieweit es der Ansicht ist, daß Bürger *im allgemeinen* Einfluß besonders auf politische Institutionen haben *(personal control vs. control ideology;* GURIN et al., 1969).[2] Die Verhaltenskorrelate beider Faktoren sind ganz unterschiedlich, so daß es nicht erstaunt, daß nach Befunden von GURIN et al. (1969) das Gesamtmaß der *internal vs. external control* nur sehr schwache oder gar keine Zusammenhänge zu Motivations- und Leistungsdaten aufweist, dagegen mit den Kennwerten für *personal control* sich sehr ausgeprägte Beziehungen ergeben (s. auch LAO, 1970). Die theoretische Definition der *control*-Variable als individuelle Auffassung, daß Bekräftigungen Folgen eigenen Verhaltens bzw. bestimmter eigener Charakteristika sind oder nicht (ROTTER, 1966, S. 1), stimmt mit der Operationalisierung im Fragebogen daher kaum überein. Nur wenige

---

[1] Siehe die Sammelreferate von LEFCOURT (1966), ROTTER (1966), JOE (1971) sowie die Bibliographie von THROOP & MCDONALD (1971).

[2] Die Items, die in den Faktor *„personal control"* eingehen, sind meist in der Ich-Form abgefaßt *(When I make plans, I am almost certain that I can make them work.)*, dagegen nach den Befunden MIRELS's keines, das auf dem Faktor *„control ideology"* lädt *(The average citizen can have an influence in government decisions.)*.

Items beziehen sich auf eigenes Verhalten; die meisten beinhalten allgemeine Auffassungen, welche Faktoren Verhalten bei einem Großteil der Angehörigen einer Gesellschaft bestimmen.

1.2.3. *Self-responsibility for success and failure* (CRANDALL *et al.*)

Virginia und Vaughn CRANDALL (V. J. CRANDALL et al., 1962; V. C. CRANDALL et al., 1965), deren Forschungsinteresse sich vornehmlich auf die Determinanten und die Genese kindlichen Leistungsverhaltens richtet, haben im Zusammenhang ihrer Untersuchungen das sehr globale Konzept ROTTERS (1966) thematisch eingegrenzt. Der von ihnen für Kinder entwickelte Fragebogen (CRANDALL et al., 1965) bezieht sich ausschließlich auf Leistungssituation (*Intellectual Achievement Responsibility Questionnaire, IAR*). Er mißt daher nicht wie das ROTTERsche Instrument die Situationsgeneralisiertheit von Kausalinterpretationen, sondern vielmehr deren Ausprägung für einen eng umschriebenen thematischen Bereich.

Darüber hinaus sind im Fragebogen andere kritische Punkte des Meßinstrumentes zur *internal-external control* umgangen: a) Alle Fragen beziehen sich auf Erleben und Verhalten des beantwortenden Kindes *(When you do well on a test in school ..., When you forget something you heard in class ...); personal control* und *control ideology* werden hier daher nicht vermischt. b) Die externalen Faktoren umfassen nicht wie bei ROTTER eine Vielzahl von Einflußgegebenheiten wie Glück, Schicksal, andere Personen, Institutionen, sondern sind im CRANDALLschen Maß beschränkt auf andere Personen, mit denen das Kind in Leistungssituationen häufigen Kontakt hat (Eltern, Lehrer, Alterskameraden). c) Je 17 Fragen beziehen sich auf positive bzw. negative Leistungsresultate, so daß es möglich ist, getrennt für Erfolg und Mißerfolg das Ausmaß der Selbst- bzw. Fremdverantwortlichkeit zu bestimmen.

Diese Einengung der Variablen hat sich als fruchtbar erwiesen. Denn im Gegensatz zum Kennwert des ROTTER-Fragebogens (s. GURIN et al., 1969) ergeben sich mit der Erfolgs- und Mißerfolgsverantwortlichkeit hohe Zusammenhänge zu Motivations- und Verhaltensdaten aus dem Leistungsbereich. So bringen Jungen mit hoher Selbstverantwortlichkeit längere Zeit mit frei gewählten intellektuellen Tätigkeiten zu ($r = .70$!) und zeigen dabei mehr ausdauerndes und zielgerichtetes Verhalten ($r = 66$!); sie weisen zudem bessere Leseleistungen auf (CRANDALL et al., 1962). Ähnliche Befunde im Hinblick auf Schulleistungen berichten CELLURA (1963), CHANCE (1965) und MCGHEE & CRANDALL (1968). SOLOMON et al. (1971) fanden bei Negerkindern des fünften Schuljahres höhere Zusammenhänge zwischen den Kennwerten des IAR (besonders der Erfolgsverantwortlichkeit) und den Ergebnissen eines Leistungstests sowie der

Ausdauer, der Leistungsgüte und dem Interesse beim Lösen experimenteller Aufgaben als mit Kennwerten der Leistungsmotivation und der generellen *internal-external control.*

1.2.4. Origin-pawn (DE CHARMS)

In enger inhaltlicher Übereinstimmung zum ROTTERschen Konstrukt der *internal-external control* steht die von DE CHARMS (1968) getroffene Unterscheidung zwischen *„origin feelings“* und *„pawn feelings“* [1], d.h. inwieweit sich das Individuum als Initiator seiner Handlungen fühlt oder als von nicht beeinflußbaren Außenweltgegebenheiten gesteuert.

> Wir werden die Begriffe *„Origin“* und *„Pawn“* als Kurzbezeichnungen gebrauchen und verknüpfen damit die Unterscheidung zwischen gezwungen und frei. Ein *Origin* ist ein Individuum, das sein Verhalten als durch seine eigenen Entscheidungen bestimmt erlebt; ein *Pawn* ist ein Individuum, das sein Verhalten als durch äußere Kräfte gesteuert erlebt, die außerhalb seines Einflusses liegen... Ein *Origin* hat ein ausgeprägtes Erleben eigener Verursachung *(personal causation)*, daß nämlich die Ursachen für die Effekte in der Umgebung bei ihm selbst liegen. Rückmeldungen, die diese Auffassung bekräftigen, sind die Veränderungen der eigenen Umgebung, welche auf das eigene Verhalten zurückgeführt werden. Darin liegt der Kern des Konzeptes erlebter eigener Verursachung, und darin liegt eine starke motivierende Kraft, die zukünftiges Verhalten steuert. Ein *Pawn* hat das Empfinden, daß Kräfte, die bei anderen oder in der physikalischen Umgebung liegen, sein Verhalten bestimmen. Daraus ergibt sich ein ausgeprägtes Gefühl der Machtlosigkeit und Ineffektivität.
> (deCHARMS, 1968, S. 273/274)

Die Parallelität zum ROTTERschen Konzept ist bemerkenswert, wenn auch DE CHARMS (1968, S. 321f.) betont, daß das *control*-Konstrukt mehr auf die Konsequenzen von Verhalten abziele *(reinforcements)*, die *origin-pawn*-Variable dagegen mehr auf das Verhalten selbst.
Für die Fruchtbarkeit des Konzeptes hat DE CHARMS bislang wenig Belege geliefert. Denn es liegen kaum publizierte Untersuchungen vor, in die die Variable einbezogen wurde und ebenso bis vor kurzem kein adäquates Meßinstrument. Erst neuerdings hat PLIMPTON (1970) ein TAT-ähnliches Verfahren entwickelt, bei dem in enger Anlehnung an die Leistungsmotivmessung (s. dazu ATKINSON, 1958) zu verbal thematisierten Situationen (z.B.: *Two men working at a machine.*) anhand vier vorgegebener Fragen kurze Geschichten zu erzählen sind, die inhaltsanalytisch ausgewertet werden.

---

[1] *Pawn* bedeutet hier Bauer im Schachspiel.

Das Interesse von DE CHARMS (1971) richtet sich auf Trainingsprogramme zur Erhöhung von *origin feelings* und deren Auswirkungen auf Motiviertheit und schulische Leistungen. In einem großangelegten Projekt wurde versucht, sowohl bei Lehrern als auch bei Schülern das Erleben der Selbstverantwortlichkeit für Handlungen und deren Folgen zu steigern, und zwar mittels eines Programms, das dem der Forschungsgruppe um McCLELLAND (McCLELLAND & WINTER, 1969; ALSCHULER et al., 1970) zur Förderung der Leistungsmotivation sehr ähnlich ist. So wurden neben *origin feelings* besonders auch Handlungscharakteristika des hoch Leistungsmotivierten sowie realistisches Zielsetzungsverhalten thematisiert. Verglichen mit einer nicht-trainierten Kontrollgruppe zeigten sich in der Experimentalgruppe auf der Schülerseite eine bedeutsame Steigerung der erlebten Selbstverantwortlichkeit (*origin*), eine Zunahme realistischer und eine Abnahme unrealistischer Zielsetzungen und im Vergleich zur Kontrollgruppe zunehmend bessere Resultate in einem objektiven Leistungstest.

Zwar sind die Befunde dieser Studie beeindruckend, jedoch sagen sie aus zwei Gründen über die theoretische Fruchtbarkeit des Konzeptes wenig aus. Zum einen gingen in das Trainingsprogramm eine Reihe von Techniken ein, die auch in ähnlichen Kursen zur Erhöhung der Leistungsmotivation enthalten sind. Zum anderen weist das von PLIMPTON (1970) entwickelte Verfahren zur Messung von *origin-pawn feelings,* das auch in der Studie von DE CHARMS (1971) verwandt wurde, eine Anzahl von inhaltlichen Übereinstimmungen mit dem von McCLELLAND et al. (1953) entwickelten Schlüssel zur Erfassung des Leistungsmotivs auf. Man kann daher wohl kaum entscheiden, worauf die Resultate zurückzuführen sind, auf eine Erhöhung der Leistungsmotivation oder von *origin feelings* oder aber von beidem. Betrachtet man das von PLIMPTON entwickelte Verfahren und die in der Studie von DE CHARMS angewendete Methode zur Förderung der Selbstverantwortlichkeit, so erscheint doch eine schärfere theoretische und operationale Abgrenzung dieses Konzeptes vom Leistungsmotiv-Konstrukt wünschenswert, um dessen eigenständigen Beitrag zur Erklärung und Vorhersage von Verhalten abschätzen zu können.

1.2.5. Entfremdung

Das Erleben, verändernd in die Umwelt eingreifen zu können oder nicht bzw. sie kontrollieren zu können, hat nicht nur Eingang in die psychologische Theoriebildung gefunden, sondern schon davor in die der Sozio-

logie unter dem Sammelbegriff „Entfremdung", dem allerdings keine einheitliche Bedeutung entspricht (s. FISCHER, 1970).
Historisch geht das Konzept vor allem auf MARX (1844; zit. nach FETSCHER, 1962) zurück, der in seinen ökonomisch-philosophischen Manuskripten vier Bedeutungsvarianten unterschied, nämlich Entfremdung des Arbeiters a) vom „Produkt der Arbeit" und damit zusammenhängend b) vom „Akt der Produktion", c) vom „Gattungswesen des Menschen" (d.h. Entfremdung von sich selbst) und schließlich d) „Entfremdung des Menschen von dem Menschen". MARX weist damit zwar auch auf subjektive Zustände des Arbeiters hin, deren Ursachen er aber in den objektiven gesellschaftlichen Verhältnissen sieht. Ihm geht es nicht um die bloße Aufdeckung einer psychologischen Gegebenheit, die durch geeignete therapeutische Maßnahmen änderbar ist (FISCHER, 1970). Vielmehr verfolgt er eine gesellschaftskritische Intention. Wenn Entfremdung die Folge bestimmter objektiver Bedingungen ist, so kann deren Aufhebung nur durch Änderungen des Systems geschaffen werden, das sie hervorruft (s. dazu FETSCHER, 1967, S. 22f.). Ausgehend von MARX findet sich der Entfremdungsbegriff in der Soziologie in den unterschiedlichsten Begriffsschattierungen, denen teilweise auch unterschiedliche Bezeichnungen entsprechen. FEUER (1963) hat verschiedene Bedeutungen unter anderem danach getrennt, ob sie sich mehr auf objektive gesellschaftliche Gegebenheiten beziehen („soziologisch") oder mehr auf subjektive Erlebensweisen von Individuen („psychologisch"). Während beispielsweise bei MERTON (1949) in seiner vielbeachteten Arbeit und bei anderen Autoren der Begriff sich noch auf gesellschaftliche Zustände bezieht, so taucht er spätestens seit SEEMAN (1959) auch in der Soziologie zusätzlich in der mehr psychologischen Bedeutung auf. SEEMAN (1959; s. auch ROTTER, SEEMAN & LIVERANT, 1962) unterscheidet fünf Begriffsvarianten (*powerlessness, meaninglessness, normlessness, social isolation, selfestrangement*).[1] Er rekurriert dabei zwar auf ältere soziologische Bedeutungen, wie sie sich bei MARX, DURKHEIM, MERTON und anderen finden, betont aber ausdrücklich, daß er Entfremdung vom „persönlichen Aspekt des Handelnden" aus und damit — wie er sagt — vom „sozialpsychologischen Standpunkt" betrachte und bestimme. Bei der Definition der einzelnen Varianten geht er auf die Theorie ROTTERS (1954) zurück und entlehnt ihr die Konzepte „Erwartung" und „Nutzen". Die Variante „*powerlessness*" kommt dem ROTTERschen Konstrukt der „*internal vs. external control of reinforcement*" am nächsten.

[1] DEAN (1961) hat ein Meßinstrument entwickelt zur Erfassung der drei Varianten *powerlessness, normlessness, social isolation*. Andere Verfahren stammen von NETTLER (1957) und SROLE (1956), wobei letzteres nach FISCHER (1970) das am häufigsten benutzte ist.

Diese Variante der Entfremdung kann verstanden werden als *Erwartung oder subjektive Wahrscheinlichkeit eines Individuums, daß sein eigenes Verhalten den Eintritt von Folgen oder Bekräftigungen, nach denen es sucht, nicht bestimmen kann.*
(SEEMAN, 1959, S. 784)

SEEMAN allerdings geht nicht wie ROTTER von einer Generalitätsannahme aus.

Im Falle der Entfremdung möchte ich die Anwendbarkeit des Begriffes auf solche Erwartungen des Individuums beschränken, die sich auf den Einfluß auf gesellschaftspolitische Gegebenheiten beziehen (Kontrolle über das politische System, über die industrielle Wirtschaft, über internationale Angelegenheiten und ähnliches). Dementsprechend möchte ich zumindest anfänglich die Anwendung der ersten Bedeutung von Entfremdung (nämlich Machtlosigkeit) auf den Bereich beschränken, für den der Begriff auch ursprünglich gedacht war, nämlich auf die Beschreibung der Beziehung des Menschen zu größeren sozialen Gebilden.
(SEEMAN, 1959, S. 785)

Entfremdung hat sich damit bei SEEMAN von einem ursprünglich soziologischen zu einem psychologischen Konzept gewandelt. SEEMAN beabsichtigte damit, eine bessere Basis für dessen Operationalisierung zu schaffen und es zu „entpolemisieren" (s. auch SEEMAN, 1971). Ob diese Änderung unter dem Aspekt soziologischer Analysen sinnvoll ist, ist verschiedentlich bezweifelt worden (s. z. B. FEUER, 1963; FISCHER, 1970).

2. Leistungsmotiv und Ursachenerklärung von Erfolg und Mißerfolg

Die internale Attribuierung von Resultaten eigener Handlungen ist im Rahmen der Leistungsmotivationstheorie zumindest in viererlei Hinsicht von Relevanz.
1. Sie ist Bedingung der Möglichkeit des Auftretens leistungsmotivierter Phänomene. Daraus ergibt sich
2. ihre Bedeutung für die Genese des Leistungsmotivs und vermutlich für die hohe Motivstabilität.
3. Veränderungen der Attribuierung spielen daher auch bei der Motivänderung und Motivförderung eine wichtige Rolle.
4. Selbstverantwortlichkeit ist schließlich in einer von Feather (1967c, 1968) revidierten Form des Atkinson-Modells leistungsmotivierten Verhaltens Moderatorvariable der Beziehung zwischen subjektiver Wahrscheinlichkeit und Anreiz.

2.1. Internale Attribuierung als Bedingung der Möglichkeit des Auftretens leistungsmotivierter Phänomene

Leistungsmotivation bezieht sich auf zeitliche Endzustände, die letztlich immer Erfolg oder Mißerfolg sind (s. dazu Heckhausen, 1965, S. 604f.). Das Erleben von Erfolg und Mißerfolg ist aber (neben anderen Bedingungen) an eine besondere Art der Strukturierung des Person-Umwelt-Bezuges gebunden: Das Leistungsresultat muß als ich-abhängig, als Wirkung der eigenen Tüchtigkeit bzw. Untüchtigkeit aufgefaßt werden und nicht als zufallsdeterminiert oder von anderen Faktoren abhängig, die außerhalb des Einflußbereiches des Individuums liegen und damit tüchtigkeitsunzugänglich sind. Darauf hat wohl in aller Deutlichkeit erstmalig Hoppe (1931) aufmerksam gemacht (s. auch Lewin, 1935, 1936; Lewin et al., 1944). Er konnte in seinen Anspruchsniveau-Versuchen nachweisen, daß nicht *objektiver,* sondern *erlebter* Erfolg und Mißerfolg für leistungsmotivierte Verhaltensänderungen maßgeblich sind.[1] Die internale

[1] „Nicht nur der Erfolg und Mißerfolg als solcher, sondern vor allem das Erlebnis der Zugehörigkeit des Effektes zur eigenen Person, das Betrachten der Leistung als Ausdruck des *eigenen Wertes* ist dynamisch von Bedeutung" (Hoppe, 1931, S. 33).

Attribuierung von Handlungsfolgen ist damit eine Bedingung für das Zustandekommen leistungsmotivierter Phänomene.
Sie ist eine notwendige, aber keineswegs hinreichende Bedingung (s. auch HECKHAUSEN, 1972a). Im Entwicklungsverlauf sind drei Voraussetzungen theoretisch abgrenzbar, die sich jedoch nicht als jeweils erreichte Stufen voneinander abgrenzen lassen: a) die Fähigkeit, Schwierigkeitsgrade von Aufgaben bzw. Tätigkeiten unterscheiden zu können, wozu das Kind vermutlich schon sehr früh in der Lage ist, da — wie HECKHAUSEN (1972a) vermutet — sonst der allmähliche Aufbau von Kreisreaktionen nicht erklärbar sei. Das Erleben von Erfolg und Mißerfolg ergibt sich aber noch nicht aus dem objektiven Resultat einer erfolgreichen bzw. nicht-erfolgreichen Bewältigung verschiedener Schwierigkeitsgrade. Notwendig ist weiterhin, daß b) ein kausales Beziehungsverhältnis zwischen Ich und Tätigkeitsprodukt hergestellt wird, das heißt, daß das Individuum sich selber als Urheber des Effektes begreift (internale Attribuierung). Die Schwierigkeitsskala wandelt sich dann in eine Güteskala der eigenen Tüchtigkeit. Offensichtlich liegen die kognitiv repräsentierten Schwierigkeitsgrade schon sehr früh gleichsam bezugssystemartig bereit und wandeln sich unmittelbar in Gütegrade, sobald das Kind in der Lage ist, Handlungsfolgen auf die eigene Person zurückzubeziehen. Hinzukommen muß schließlich aber noch — wie wir seit HOPPE (1931) wissen — c) die Herausbildung eines Minimalstandards der eigenen Tüchtigkeit (Anspruchsniveau einfachster Art), dessen Realisierung man für verbindlich hält. Er ist Normwert für den Handlungseffekt als Erfolg oder Mißerfolg.
Wann Handlungsfolgen auf die eigene Tüchtigkeit rückbezogen werden, haben HECKHAUSEN & ROELOFSEN (1962) im Zusammenhang der Analyse von Wetteiferphänomenen und HECKHAUSEN & WAGNER (1965) bei der Bedingungsanalyse von Anspruchsniveau-Setzungen näher untersucht. HECKHAUSEN & WAGNER konnten zeigen, daß vor dem Alter von 2 1/2 Jahren die Strukturierung des relevanten Person-Umwelt-Bezuges entweder ganz im Objekt zentriert ist oder aber einseitig auf der eigenen Person liegt. Im ersteren Falle zeigen sich daher bei objektivem Erfolg entweder „Freude am Effekt" oder ein „Gefügigkeitserleben", bei objektivem Mißerfolg „Bedauern über den Effekt" oder ein „Widerstandserleben", im zweiten Falle „Eigenmachterleben" (S. 215 ff.). Ähnlich meint LEWIN (1946, S. 828): *„The very young child seems to know only satisfaction and dissatisfaction, but not success and failure."*
Ein Wechsel dieser einseitigen Zentrierungsverhältnisse tritt mit dem Erreichen eines kognitiven Entwicklungsstandes ein, der nach Befunden von HECKHAUSEN & WAGNER im allgemeinen zwischen zweieinhalb und dreieinhalb Jahren erreicht und an einem Wandel der das Resultat be-

gleitenden affektiven Phänomene erkennbar ist. Sie sind dann nicht mehr als Freude oder Ärger über den *Effekt* aufzufassen und damit allein auf das Leistungsresultat als solches gerichtet. Vielmehr ergeben sie sich aus einer kognitiv realisierten Kausalbeziehung zwischen Ich und Tätigkeitsprodukt und zeigen sich dann als Erfolgsfreude bzw. Mißerfolgsbeschämung über die eigene *Tüchtigkeit* oder *Untüchtigkeit* (vgl. auch HECKHAUSEN & ROELOFSEN, 1962). Entscheidend für diese internale Attribuierung ist nicht das Lebensalter, sondern die kognitive Reife — ausgedrückt im Intelligenzalter —, die beide bei normalen Kindern eng gekoppelt sind. Denn auch bei Schwachsinnigen zeigen sich dieselben affektiven Phänomene, sofern sie ein Intelligenzalter von dreieinhalb Jahren erreichen (HECKHAUSEN & WASNA, 1965; vgl. auch BIALER, 1961).

2.2. Attribuierungsgenese und Leistungsmotivgenese

Wann und in welchem Maße Handlungsfolgen mit dem eigenen Tun verknüpft werden, ist jedoch kein ausschließlich altersspezifisches Phänomen. Denn auch nachdem dieser kognitive Entwicklungsstand generell gegeben ist, sind bei gleicher Intelligenz erhebliche individuelle Unterschiede der Attribuierung von Erfolg und Mißerfolg feststellbar, die — wie einige Untersuchungen zeigen — eng mit dem Erziehungsverhalten der Eltern kovariieren. Zwar liegt zur Genese der Selbstverantwortlichkeit noch keine einheitliche Theoriebildung vor, wie es im Ansatz für die Leistungsmotivgenese der Fall ist (s. HECKHAUSEN, 1972a). Wenn aber die internale Attribuierung von Erfolg und Mißerfolg entscheidend für die Entwicklung des Leistungsmotivs ist, dann ist zu erwarten, daß es zumindest teilweise dieselben Bedingungen sind, die hohe Motivausprägung und hohe Selbstverantwortlichkeit nach sich ziehen.

Das bisher umfangreichste Datenmaterial zur Genese der Selbstverantwortlichkeit liefert eine Untersuchung von KATKOVSKY et al. (1967). Danach geht zuwendendes, lobendes und behütendes Elternverhalten mit hoher Selbstverantwortlichkeit einher, dominantes, zurückweisendes und generell kritisierendes mit niedriger. Ähnliche Befunde berichten DAVIS & PHARES (1969) und TOLOR (1967). TOLOR & JALOWIEC (1968) und CHANCE (1965) finden, daß restriktive, einengende und abhängigkeitsfördernde Erziehungseinstellungen der Mutter dem Sohn gegenüber niedrige Selbstverantwortlichkeit nach sich ziehen. McDONALD (1971) konnte diese Ergebnisse weitgehend bestätigen und fand darüber hinaus, daß

Internalität bei Studenten in positivem Zusammenhang steht mit dem Wissen um die elterlichen Erwartungen an deren Verhalten. Nach den vorliegenden Befunden scheinen es damit zum Teil die gleichen Erziehungsstrategien der Mutter zu sein, die eine hohe Gesamtmotivation (s. dazu den Überblick von HECKHAUSEN, 1966; 1972a) und hohe Selbstverantwortlichkeit begünstigen. Allerdings lassen die Ergebnisse kaum den sicheren Schluß zu, daß beide Merkmale gemeinsamen Entstehungsbedingungen unterliegen. Dazu gibt es im Bereich der Selbstverantwortlichkeits-Genese zu wenig Befunde. Zudem sind die verschiedenen Untersuchungen nur bedingt vergleichbar, da die Daten jeweils auf ganz unterschiedliche Weise erhoben wurden.

Die meisten Arbeiten zur Genese der Selbstverantwortlichkeit sind gekennzeichnet durch das Fehlen theoretischer Erwägungen, aus denen plausible Hypothesen über die Entstehung des Merkmals ableitbar wären. Eine Ausnahme in dieser Hinsicht macht die Studie von LEWIS & GOLDBERG (1969), wobei die Autoren allerdings keine Belege für die Richtigkeit ihrer Überlegungen erbringen. Danach soll die *Konsistenz* und *Latenzzeit* der mütterlichen Reaktionen auf Verhalten des Kleinkindes große Bedeutung für die Entstehung von „generalisierten" Erwartungen haben, durch eigenes Verhalten Effekte in der Umgebung erzielen zu können. Denn wenn die Mutter konsistent auf Verhaltensäußerungen (z. B. Schreien) reagiere, so bilde sich beim Kinde die Kognition aus, durch sein Verhalten Effekte in der Umgebung erzielen und damit positive oder negative Bekräftigungen erreichen bzw. vermeiden zu können. Reagiere dagegen die Mutter inkonsistent, so könne in frühem Alter keine Erwartung entstehen, Veränderungen in der Umgebung und damit auch eigenes Befinden kontrollieren zu können. Neben der Konsistenz ist nach LEWIS & GOLDBERG auch der zeitliche Abstand zwischen Aktion des Kindes und Reaktion der Mutter (Latenz) von Bedeutung. Denn je schneller die Mutter reagiere, um so schneller soll das Kind eine Beziehung zwischen seinem Verhalten und dem der Mutter herstellen.[1]
LEWIS & GOLDBERG haben wie gesagt ihre Vermutungen nicht überprüft. Es gibt allerdings einige Tierexperimente, die für die Überlegungen der Autoren sprechen. OVERMIER & SELIGMAN (1967) sowie SELIGMAN & MAIER (1967) führten Versuche zum experimentellen Vermeidungslernen durch. Sie verabreichten Hunden elektrische Schocks und maßen die Zeit, bis die Tiere gelernt hatten, durch Überspringen einer Barriere dem Schock zu entgehen. Die Verhaltensunterschiede zwischen den verschiedenen Versuchsgruppen waren beträchtlich, je nachdem ob sich die Tiere *vorher* in einer Situation befunden hatten oder nicht, in der es aufgrund von Bandagen unmöglich war, den Schocks zu entgehen. Während die Versuchstiere ohne diese vorauslaufenden Erfahrungen sehr schnell lernten, die Barriere zu überspringen und damit den Schock zu meiden, blieben die Tiere, die vorher unentrinnbaren Schocks ausgesetzt waren, in der neuen Situation

[1] Die Autoren merken selbst an, daß dieses Verhalten der Mutter auch nachteilige Auswirkungen haben kann, wenn es nämlich über einen langen Zeitraum anhält. Es kann dann zu Unselbständigkeit und Abhängigkeit des Kindes führen und sich daher auf dessen Kontrollerwartungen aufgrund mangelnder Erfahrungsbildung in anderen Bereichen nachteilig auswirken.

regungslos und inaktiv, bis der Schock vorüber war. MAIER, SELIGMAN & SOLOMON (1969) erörtern diese Befunde und verschiedene Interpretationsansätze dafür sehr eingehend. Sie erklären dieses je nach vorauslaufenden Erfahrungen unterschiedliche Verhalten schließlich in Anlehnung an OVERMIER & SELIGMAN mit dem kognitiven Konzept einer „erworbenen Hilflosigkeit" *(learned helplessness)*. In der Bedingung unentrinnbaren Schocks hat sich bei den Hunden die Erwartung ausgebildet, daß die Beendigung des Schocks unabhängig vom eigenen Verhalten ist, die auch auf die neue Situation übertragen wird und in Inaktivität resultiert.

Die von LEWIS & GOLDBERG erörterten Bedingungsfaktoren sind sicherlich nicht die einzigen und vielleicht auch nicht die wichtigsten für die Genese von Kausalinterpretationen. MEYER & WACKER (1970) konnten enge Zusammenhänge zwischen dem Zeitpunkt der Selbständigkeitserziehung und der Selbstverantwortlichkeit nachweisen. Erfolgt die Selbständigkeitserziehung zu einem mittleren Zeitpunkt, sind die Erfolgs- und Mißerfolgsverantwortlichkeit am stärksten ausgeprägt. Das stimmt genau mit den Bedingungen überein, die VEROFF (1965) für die Entwicklung eines hohen erfolgsbezogenen Leistungsmotivs als am günstigsten postulierte. Wir werden darauf später in einem eigenen Kapitel ausführlich zurückkommen (s. Kap. 10).

Selbstverantwortlichkeit ist für die Motivgenese vermutlich aber auch in anderer Hinsicht von Bedeutung, nämlich im Hinblick auf die relativ hohe zeitliche Stabilität des Leistungsmotivs. KAGAN & MOSS (1962) fanden, daß keines der von ihnen untersuchten Merkmale eine derart hohe zeitliche Konstanz aufwies wie die Leistungsmotivation. Sowohl Indikatoren des Erfolgsmotivs wie auch des Mißerfolgsmotivs korrelieren bei erneuter Erhebung nach mehreren Jahren sehr hoch miteinander (zwischen .40 und .80).[1] Das wird — wie HECKHAUSEN (1972a) darlegt — kaum verständlich, wenn man die Motiventstehung als allein abhängig von sozialen Sanktionen begreift. Denn so müßte das Leistungsmotiv in Abhängigkeit vom wechselnden Sanktionierungsklima mehr oder weniger großen Änderungen unterliegen. Daß das nicht der Fall ist, könnte eine unterschiedliche Attribuierung von Erfolg und Mißerfolg bei Erfolgs- und Mißerfolgsmotivierten verständlich machen. HECKHAUSEN (1972a) hat das Leistungsmotiv kürzlich als Selbstbekräftigungssystem konzipiert, wonach Abweichungen des Leistungsresultates vom Normwert (Gütemaßstab) zu Gefühlserregungen positiver oder negativer Tönung führen, die als Selbstbekräftigungen aufgefaßt werden. Sie setzen — wie bereits weiter oben

---

[1] Das gilt nicht für mittels TAT erhobene Leistungsmotivationskennwerte. Nach 10 Jahren ergibt sich für männliche Vpn ein Wiederholungskoeffizient von .34, für weibliche von .36. Diese vergleichsweise geringeren Korrelationen sind vermutlich durch methodologische Eigenarten bedingt wie wechselndes Bildmaterial und unterschiedliche Auswertung, worauf hier nicht näher eingegangen werden kann.

gezeigt wurde — die internale Attribution des Handlungseffektes voraus: Stolz über die eigene Tüchtigkeit und Beschämung über die eigene Untüchtigkeit sind sonst nicht möglich. Es gibt aber erhebliche individuelle Unterschiede in der Selbstverantwortlichkeit für Erfolg und Mißerfolg, wie CRANDALL et al. (1965) gefunden haben und was wiederholt bestätigt werden konnte. Zudem sind die Erfolgs- und Mißerfolgsverantwortlichkeit unabhängig voneinander; d.h. es gibt Individuen, die zwar Erfolg internal attribuieren, nicht jedoch Mißerfolg — und umgekehrt, die sich sehr stark für ihre Mißerfolge verantwortlich fühlen, nicht dagegen für ihre Erfolge. Das müßte auch zu einer jeweils einseitigen Selbstbekräftigungsstrategie führen. Nimmt man an, daß überwiegend Erfolgsmotivierte sich zwar als Urheber ihrer Erfolge, weniger dagegen ihrer Mißerfolge begreifen und umgekehrt die mehr Mißerfolgsmotivierten, so könnten unterschiedliche Attribuierungsvorgänge die Erklärungsgrundlage für die hohe Motivstabilität liefern. Denn danach hätten für die Erfolgszuversichtlichen besonders Erfolge und für die Mißerfolgsängstlichen besonders Mißerfolg bekräftigenden Charakter, was eine immer weitgehendere Stabilisierung des Motivs zur Folge hat (HECKHAUSEN, 1972a).

2.3. Attribuierung und die Änderung von Motiven

Wenn es gelingt nachzuweisen, daß die Entstehung des Leistungsmotivs eng mit der Genese der Selbstverantwortlichkeit verknüpft ist und ebenso, daß unterschiedliche Attributionsvorgänge Erfolgszuversichtlicher und Mißerfolgsängstlicher Bedingungen der hohen Motivstabilität sind, dann ergeben sich daraus Konsequenzen für Programme zur Motivänderung und die Therapie der Mißerfolgsängstlichkeit. Beides ist bislang im Zusammenhang mit Änderungen der Selbstverantwortlichkeit nicht näher untersucht worden.

Sollte es zutreffen, daß Mißerfolgsängstliche Erfolge mehr external attribuieren als Mißerfolge, so gilt es, die resultierende einseitige Selbstbekräftigungsstrategie zu ändern, indem man besonders Selbstverantwortlichkeit für positive Leistungsresultate thematisiert, was gleichzeitig zur Folge haben dürfte, daß das Individuum sich nicht mehr als unfähig erlebt. Die teilweise sehr aufwendigen Versuche, Leistungsmotivation zu fördern (KOLB, 1965; ARONOFF & LITWIN, 1966; LASKER, 1966; MCCLELLAND & WINTER, 1969), haben Attribuierungsvoreingenommenheiten in diesem Zusammenhang nicht beachtet. Aber gerade sie scheinen bei der Motivationsförderung in solchen Kulturen von großer Bedeutung zu sein, die von ihrer religiösen und kulturellen Tradition her die Schicksalsdetermination sehr stark in den Vordergrund stellen. Leistungsmotiviertes Verhalten kann nur dann langfristig stimuliert werden, wenn es gelingt, solche kulturell bedingten Einstellungen zu ändern, d.h. dem Individuum das Gefühl zu vermitteln, daß es für seine Leistungsresultate selbst verantwortlich ist und daß durch eigenes Verhalten zukünftige Ereignisse weitgehend bestimmbar sind.

McClelland & Winter (1969) haben kürzlich sehr ausführlich ein in Indien durchgeführtes Programm zur Motivförderung beschrieben. Es zielte darauf ab, Leistungsmotivation bei Geschäftsleuten und Unternehmern zu fördern. Vermutlich hatte das Training einen viel breiteren Effekt als die an verschiedenen Kriterien gemessene Motivsteigerung, nämlich ein ausgeprägteres Erleben der Selbstverantwortlichkeit für zukünftige Leistungsresultate, was Voraussetzung für leistungsmotiviertes Verhalten ist, aber leider nicht erfaßt wurde. Einige Äußerungen der Autoren scheinen dafür zu sprechen: „*Fundamental to all other conditions for change is a growing conviction on the part of the person that he can change, that he can take control and direct his life*" (S. 158). Und weiterhin: „*The attitude of the instructor was throughout toward the participant something like this: ‚You are a strong person, worthy of respect. You can make your own decisions, having attained help and guidance from others. You can change and direct your life if you want to badly enough. Don't believe those philosophers who say that you never can be anything but what you are*'" (S. 160).

Wie stark hier Selbstverantwortlichkeit thematisiert wurde, geht aus diesen und anderen — mehr beiläufigen — Bemerkungen deutlich hervor, ohne daß die Autoren dem spezielle Aufmerksamkeit schenkten noch die theoretischen Implikationen diskutierten. DeCharms (1968, S. 239ff.) äußert im Hinblick auf die Trainingskurse von Kolb (1965), Aronoff & Litwin (1966) und Lasker (1966) ähnlich die Vermutung, daß der Effekt in einer Steigerung der „*personal causation*" bestand, was Rückwirkungen auf die Leistungsmotivation gehabt habe.

Daß solche Trainingsprogramme eine breitete Wirkung als ein Anwachsen der Leistungsmotivation haben, beweisen die Ergebnisse einer noch unveröffentlichten Untersuchung von deCharms (1968, S. 253). Erwartungswidrig schlechte Schüler (*underachiever*) wurden zu einem speziellen Kurs zur Förderung der Leistungsmotivation zusammengefaßt. Nach ungefähr einem dreiviertel Jahr ergaben sich signifikant bessere Noten, eine bedeutsame Abnahme des Fehlens in der Schule sowie eine geringere Durchfallquote verglichen mit einer Kontrollgruppe. Darüber hinaus wurde mit beiden Gruppen nach dem Kurs ein Interview durchgeführt, das auf Selbstverantwortlichkeitsthematik hin analysiert wurde (*that the boy could control his fate vs. that he was helpless to control his fate*). Die Ergebnisse sind bemerkenswert, wenn man in Rechnung stellt, daß der Kurs allein auf die Förderung der Leistungsmotivation abgestellt war. Bei mehr als der Hälfte der Kursteilnehmer fanden sich nach dem Training überwiegende Inhalte, die hohe Selbstverantwortlichkeit indizieren, während in der Kontrollgruppe bei allen bis auf einen Jungen überwiegend Gehalte auftraten, die mangelnde erlebte Kontrolle und Beeinflußbarkeit der Umwelt anzeigten. Offensichtlich wurde durch den Kurs eine Förderung der Selbstverantwortlichkeit als Bedingung der Möglichkeit des Auftretens leistungsmotivierter Phänomene erreicht, auf deren Basis das spezifische Programm erst wirksam werden konnte.

Vermutlich ist das in allen erfolgreichen Trainingskursen der Fall; jedoch wurden in anderen Arbeiten Selbstverantwortlichkeitsänderungen selbst nicht zum Gegenstand der Untersuchung gemacht und daher nicht kontrolliert. Es wäre reizvoll und theoretisch aufschlußreich, die einzelnen Kurse auf Attribuierungsänderungen hin zu sichten und deren Beziehung zum Erfolg der Programme zu überprüfen.

2.4. Die Revision des ATKINSONschen Motivierungsmodells durch FEATHER

Selbstverantwortlichkeit ist schließlich in einer von FEATHER (1967c, 1968) vorgeschlagenen Revision des Motivierungsmodells von ATKINSON (1957) Moderatorvariable der Beziehung zwischen Anreiz und subjektiver Wahrscheinlichkeit.

2.4.1. Das Modell ATKINSONS

Leistungsmotivation (Motivierung) ist die situativ angeregte Tendenz, leistungsbezogenes Verhalten zu vollziehen oder zu unterlassen. Leistungsbezogen ist Verhalten immer dann, wenn das Individuum dessen Resultat anhand von selbst oder von anderen auferlegten Gütemaßstäben, die es als verbindlich erachtet, einschätzt. Dabei kann der Handlungseffekt Erfolg oder Mißerfolg sein. Die Leistungsmotivationstheorie versucht,

Richtung, Stärke und Dauer solchen Verhaltens zu erklären und vorauszusagen.
Die Stärke der Motivierung wird dabei von ATKINSON (1957, 1964) als von drei Bestimmungsstücken abhängig angenommen: 1. Von der Erwartung (E), daß das in Frage stehende Verhalten zu einem Erfolg oder Mißerfolg führt; sie kann — als subjektive Wahrscheinlichkeit der Zielerreichung operationalisiert — Werte zwischen 0 und 1.00 annehmen. Erfolgs- (E_e) und Mißerfolgserwartung (E_m) werden als komplementär angenommen ($E_e + E_m = 1.00$). 2. Vom Anreiz (A), den ein in Gedanken vorweggenommener Erfolg bzw. Mißerfolg für das Individuum hat. Der Erfolgsanreiz steigt an mit zunehmender erlebter Aufgabenschwierigkeit ($A_e = 1 — E_e$), denn Erfolg bei schwierigen Aufgaben ist befriedigender als bei leichten. Der Mißerfolgsanreiz dagegen sinkt mit zunehmender erlebter Schwierigkeit ($A_m = —E_e$); Mißerfolg ist für das Individuum bei leichten Aufgaben bedrückender als bei schwierigen. Neben diesen beiden situativen Gegebenheiten sind für die Stärke und Richtung der Motivierung 3. das Motiv, Erfolg zu erzielen (M_e, „Hoffnung auf Erfolg“) und das Motiv, Mißerfolg zu vermeiden (M_m, „Furcht vor Mißerfolg“) bestimmend. Beides sind nach Auffassung ATKINSONs gelernte, relativ überdauernde Dispositionen, bestimmte Arten der Befriedigung anzustreben. Danach ist es Ziel der überwiegend Erfolgsmotivierten, positiven Affekt zu maximieren, Ziel der Mißerfolgsmotivierten, negativen Affekt zu minimieren. Gemessen wird das relative Stärkeverhältnis beider Motivdispositionen von ATKINSON und Mitarbeitern häufig mit einer Kombination von Thematischem Auffassungstest (MCCLELLAND et al., 1953) und *Test Anxiety Questionnaire* (TAQ) von MANDLER & SARASON (1952).
Die beiden Motive werden immer dann aktualisiert und verhaltenswirksam, wenn Situationen gegeben sind, in denen das Individuum Gelegenheit hat, sich mit Gütemaßstäben auseinanderzusetzen. Da solche Situationen typischerweise sowohl Erfolgs- als auch Mißerfolgserwartungen anregen, ist leistungsbezogenes Verhalten abhängig von der Resultante (Mg_r) des Konfliktes zwischen der erfolgsaufsuchenden (Mg_e) und der mißerfolgsmeidenden Tendenz (Mg_{-m}). Entsprechend dem Modell ATKINSONs ergibt sich jede einzelne Tendenz aus der multiplikativen Verknüpfung von Motiv, Erwartung und Anreiz.

$$Mg_e = M_e \times E_e \times A_e; \qquad Mg_m = M_m \times E_m \times A_m$$

$$Mg_r = Mg_e + Mg_{-m}$$

Aus dem Modell folgt aufgrund des als linear und invers angenommenen Zusammenhanges zwischen Erwartung und Anreiz, daß die erfolgsaufsuchende wie die mißerfolgsmeidende Motivierung maximal sind bei Aufgaben mittlerer Schwierigkeit ($E_e = 0.50$). Individuen, bei denen die aufsuchende Tendenz die meidende überwiegt, sollen daher bei freier Wahl solche Aufgaben bevorzugen, deren wahrgenommene Erfolgswahrscheinlichkeit ungefähr bei 0.50 liegt und auch hier maximale Leistungen aufweisen. Überwiegend Mißerfolgsmotivierte dagegen sollen leistungsbezogene Tätigkeiten meiden, wobei die Meidentendenz am stärksten ist bei Aufgaben mittlerer Schwierigkeit. Da leistungsbezogenes Verhalten in der Regel jedoch auch von anderen (sog. extrinsischen) Tendenzen mitdeterminiert ist, die auf andere Motive und andere Anreizcharakteristika der Situation zurückgehen (s. ATKINSON, 1964), sollen Mißerfolgsmotivierte extrem leichte und extrem schwere Aufgaben wählen und solche mittlerer Schwierigkeit meiden, wenn es nicht möglich ist, die Situation zu verlassen. Die meisten mathematischen Modelle in der Psychologie sind, worauf ROSENBERG (1968) hingewiesen hat, Reinterpretationen vorauslaufender verbaler Theorien und haben daher mehr veranschaulichenden (explikativen) als prädiktiven Charakter. SCHNEIDER (1971) hat darauf aufmerksam gemacht, daß das auch auf das Modell ATKINSONS zutrifft, da die Hypothesen der theoriebezogenen Experimente meist aus der durch das Modell veranschaulichten verbalen Theorie abgeleitet wurden und nicht aus den mathematischen Beziehungen des Modells.

2.4.2. *Die Revision des Modells durch* FEATHER

FEATHER (1967c, 1968) hat vorgeschlagen, Selbstverantwortlichkeit zusätzlich als Motivierungsdeterminante in das Modell aufzunehmen. Ausgehend von früheren Befunden (FEATHER, 1959a; 1959b), wonach der Zusammenhang zwischen Attraktivität und subjektiver Wahrscheinlichkeit der Zielerreichung ausgeprägter ist unter stark leistungsbezogenen und ichbeteiligenden Versuchsbedingungen als unter zufallsbezogenen und entspannten, führte FEATHER die Selbstverantwortlichkeit (*C*, *control*; hier mit *S* bezeichnet) als Moderatorvariable der Beziehung zwischen subjektiver Wahrscheinlichkeit und Anreiz ein:

$$A_e = S\,(1 - E_e); \; A_m = -S \times E_e$$

Dabei kann der Faktor *S* Werte zwischen 0 und 1.00 annehmen, was abhängig ist vom „spezifischen Charakter der Situation im Hinblick auf ihre Kontrollierbarkeit und der generalisierten Erwartung, die das Individuum mit in die Situation bringt“ (FEATHER, 1967b, S. 385).
Mit geringeren Werten der Selbstverantwortlichkeit verläuft die Beziehung zwischen Erfolgswahrscheinlichkeit und Erfolgs- bzw. Mißerfolgsanreiz zunehmend flacher (s. Tab. 1). Die Auswirkungen im Hinblick auf die aufsuchende bzw. meidende Motivierung geben die Abbildungen 1 und

2 (S. 41) wieder, wobei die Stärke des entsprechenden Motivs jeweils mit 8.00 angesetzt ist. Danach ist 1. sowohl die aufsuchende wie die meidende Motivierung um so stärker, je höher die Selbstverantwortlichkeit ist. 2. nimmt bei hoher Selbstverantwortlichkeit die Motivierung stärker ab als bei niedriger, je mehr sich die Erfolgswahrscheinlichkeit von 0.50 nach oben oder nach unten entfernt. Die Motivierungsunterschiede in Abhängigkeit von der Erfolgswahrscheinlichkeit werden um so geringer, je niedriger die Selbstverantwortlichkeit ist. 3. Die Motivierungsunterschiede in Abhängigkeit von der Selbstverantwortlichkeit treten besonders dann deutlich hervor, wenn die Erfolgswahrscheinlichkeit um 0.50 liegt.

Tab. 1: Zusammenhang zwischen Erfolgswahrscheinlichkeit (E_e) und Erfolgs- (A_e) bzw. Mißerfolgsanreiz (A_m), wenn die Selbstverantwortlichkeit (S) 0.20, 0.50 und 1.00 beträgt.

E_e	Erfolgsanreiz (A_e)			Mißerfolgsanreiz (A_m)		
	S = .20	S = .50	S = 1.00	S = .20	S = .50	S = 1.00
.10	.18	.45	.90	—.02	—.05	—.10
.30	.14	.35	.70	—.06	—.15	—.30
.50	.10	.25	.50	—.10	—.25	—.50
.70	.06	.15	.30	—.14	—.35	—.70
.90	.02	.05	.10	—.18	—.45	—.90

Die Revision des Atkinson-Modells ist — soweit das den Arbeiten Feathers zu entnehmen war — von keinerlei theoretischen Erwägungen geleitet, sondern orientiert sich an früheren Befunden des Autors. Es bleibt zu fragen, a) ob das neue Bestimmungsstück innerhalb des Modells notwendig ist und b) ob es sich als fruchtbar zur Verhaltenserklärung und Verhaltensvoraussage erwiesen hat.

Zu a): Atkinson (1957; 1964; Atkinson & Feather, 1966) hat den Geltungsbereich des Modells sehr genau eingegrenzt: „*The theoretical formulation . . . pertains to ideal achievement-related situation*", das ist eine Situation, „*in which the only reason for acting is to satisfy the motive*" (1966, S. 14) und in der „*the individual must consider himself responsible for the outcome*" (1964, S. 241). Ebenso hat Littig (1963) darauf hingewiesen, daß die von Atkinson postulierte Abhängigkeit des Anreizes von der subjektiven Wahrscheinlichkeit ($A_e = 1 — E_e$; $A_m = —E_e$) nur dann Gültigkeit hat, wenn es sich um Situationen handelt, die als tüchtigkeitszugänglich erlebt werden. Allerdings weist Feather verschiedentlich darauf hin, daß eine zu scharfe Unterscheidung zwischen tüchtigkeitsbezogenen (*skill*) und zufallsbezogenen (*chance*) Situationen sicherlich eine unzulässige Vereinfachung darstelle. Denn eine ausschließliche Ursachenerklärung mit internalen oder externalen Faktoren ist ver-

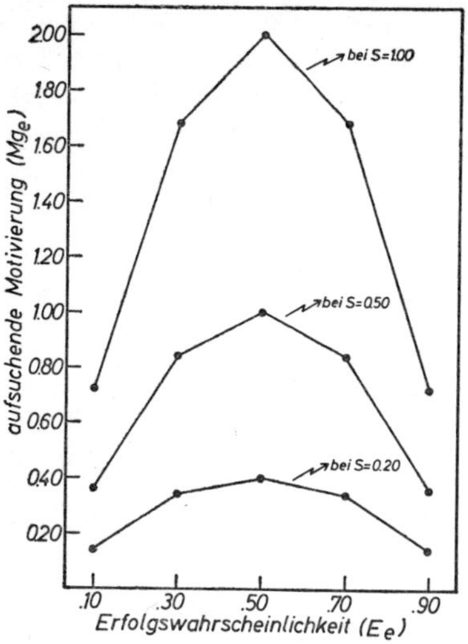

Abb. 1: Zusammenhang zwischen Erfolgswahrscheinlichkeit (E_e) und aufsuchender Motivierung (Mg_e) bei wechselnden Werten der Selbstverantwortlichkeit (S; nämlich .20, .50, 1.00), wenn $A_e = S\ (1 - E_e)$ ist und die Stärke des Erfolgsmotivs (M_e) 8.00 beträgt.

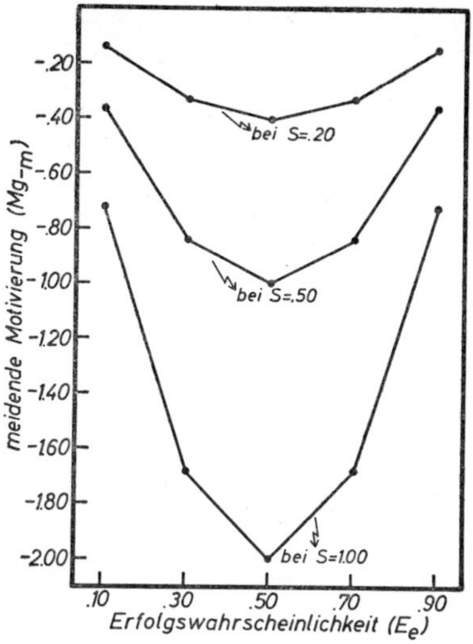

Abb. 2: Zusammenhang zwischen Erfolgswahrscheinlichkeit (E_e) und meidender Motivierung (Mg_{-m}) bei wechselnden Werten der Selbstverantwortlichkeit (*S*; nämlich .20, .50, 1.00), wenn $A_m = -S \times E_e$ ist und die Stärke des Mißerfolgsmotivs (M_m) 8.00 beträgt.

mutlich eher die Ausnahme als der Regelfall. In einer Vielzahl von Lebenssituationen werden Erfolg und Mißerfolg (wenn auch in unterschiedlichem Maße) als durch beide gleichzeitig determiniert erlebt, was von der gegebenen Situationskonstellation und relativ überdauernden Attribuierungstendenzen abhängig sein dürfte. In welcher Weise letztere in Interaktion mit den Situationsgegebenheiten Attribuierungen determinieren, darüber ist bislang wenig bekannt. Man kann allerdings vermuten, daß eine hohe bzw. niedrige Selbstverantwortlichkeit die entsprechenden internalen oder externalen Handlungsdeterminanten besonders thematisch werden läßt oder gar im Extremfall eine einseitig internale oder externale Strukturierung der Situation nach sich zieht.

Sollte sich der Revisionsvorschlag als nützlich erweisen, hätte das Atkinson-Modell eine recht bedeutsame Ausweitung erfahren, indem es nicht mehr nur ausschließlich auf tüchtigkeitsdeterminierte Leistungssituationen anwendbar ist, sondern für eine größere Situationsvielfalt Gültigkeit besitzt. Allerdings ist — wie bereits weiter oben dargestellt — kaum anzunehmen, daß die beiden Motivierungsdeterminanten „Motiv“ und „Selbstverantwortlichkeit“ unabhängig voneinander sind; vielmehr ist zwischen beiden ein positiver Zusammenhang zu erwarten. Wir aber waren in Abb. 1 und 2 davon ausgegangen, daß bei gleicher Motivstärke die Selbstverantwortlichkeit unterschiedliche Werte annehmen kann, woraus sich unterschiedliche Motivierungskurven ergaben. Dieselben Kurven erhält man, wenn man Selbstverantwortlichkeit nicht als Moderatorvariable der Beziehung zwischen Anreiz und subjektiver Wahrscheinlichkeit konzipiert, sondern nur annimmt, daß mit unterschiedlichen Werten der Selbstverantwortlichkeit unterschiedliche Motivstärken einhergehen, nämlich bei $S = .20$ sei $M = 1.60$, bei $S = .50$ sei $M = 4.00$ und bei $S = 1.00$ sei $M = 8.00$.

Sollte beides zutreffen, eine Kovariation zwischen Motiv und Selbstverantwortlichkeit und auch eine Wirkung der Selbstverantwortlichkeit auf die Beziehung Anreiz—subjektive Wahrscheinlichkeit, dann müßten sich die Motivierungskurven bei niedrigen Werten der Selbstverantwortlichkeit (.20, .50) noch mehr abflachen. Auf jeden Fall ist mit dem bloßen Nachweis von Motivierungsunterschieden hoch und niedrig selbstverantwortlicher Vpn noch kein Beleg für die Notwendigkeit einer Revision des Modells erbracht, da sie allein auf Motivunterschiede zurückgehen können.

Zu b): FEATHER (1967b) unternahm den Versuch, Teilaspekte des revidierten Modells auf ihre Gültigkeit hin zu überprüfen, wobei sich die abgeleiteten Hypothesen nur teilweise bestätigen ließen. Für ein fiktives Experiment hatten die Vpn Angaben darüber zu machen, wie sie dachten, daß *andere* Personen die Erfolgswahrscheinlichkeit und die Erfolgs- bzw. Mißerfolgsattraktivität verschiedener Schwierigkeitsstufen eines Aufgabentyps einschätzen. Einer Vpn-Gruppe wurde die Aufgabenlösung als tüchtigkeitsabhängig, einer anderen als zufallsabhängig vorgestellt. Von allen Vpn standen Kennwerte der Selbstverantwortlichkeit und der Leistungsmotivation zur Verfügung. Es zeigte sich, daß mit zunehmender objektiver Aufgabenschwierigkeit die Erfolgs- und Mißerfolgsattraktivität ebenso wie die subjektive Wahrscheinlichkeit sich stärker veränderte, wenn die Aufgabenlösung als tüchtigkeitsabhängig ausgegeben wurde. Aber weder die Selbstverantwortlichkeit noch die Leistungsmotivation waren von Einfluß auf diese Beziehung, noch standen sie in Zusammenhang mit anderen Daten des Experiments.

Diese Befunde liefern kaum eine Bestätigung für die Nützlichkeit der Revision, und zwar aus drei Gründen:

a) Zur Überprüfung der Revision ist es notwendig, die Erfolgs- bzw. Mißerfolgsattraktivität nicht nur auf die objektiven Schwierigkeitsstufen zu beziehen, sondern auf die subjektiven Wahrscheinlichkeiten. FEATHER hat auch das getan. Dabei zeigten sich allerdings keinerlei unterschiedliche Beziehungen zwischen Attraktivität und Erwartung in Abhängigkeit von der Instruktionsvariation. b) Daß Selbstverantwortlichkeit — als Persönlichkeitsmerkmal erfaßt — ohne Einfluß ist, kann nicht verwundern. Zum einen dürfte die mit dem Rotter-Fragebogen erfaßte „generalisierte“ Selbstverantwortlichkeit kaum sehr ausgeprägte Zusammenhänge mit den kritischen Variablen erwarten lassen. Zum anderen war durch Instruktion die Aufgabensituation so stark internal oder external strukturiert, daß sie vermutlich von allen Vpn in annähernd gleicher Weise aufgefaßt wurde, und daher überdauernde Persönlichkeitsmerkmale kaum zur Auswirkung kommen konnten. Um deren Einfluß zu untersuchen, wäre es günstiger gewesen, die Situation weniger eindeutig zu thematisieren. c) Außerdem verlangt eine angemessene Prüfung der Revision, daß die Vpn die Aufgaben selbst bearbeiten und im Hinblick auf die *eigene* Aufgabentätigkeit Angaben machen (und nicht im Hinblick auf andere Personen). Bei der gegebenen Art des experimentellen Vorgehens ist nicht auszuschließen, daß die Aufgaben für die Vpn gar keine persönliche Relevanz besaßen, worauf auch die fehlende Beziehung zu den Motivationsdaten hinweist. Vermutlich wurde das Leistungsmotiv durch die Situation gar nicht angeregt.

2.4.3. Risikoverhalten in Zufallssituationen als Motivierungsindikator

Wenn auch das Experiment Feathers ein unzulänglicher Versuch ist, die Revision des Modells zu überprüfen, so gibt es doch frühere Arbeiten, die Risikoverhalten in Zufallssituationen als Motivierungsindikatoren herangezogen haben. Der Faktor *S* müßte hier einen Wert von annähernd Null annehmen. Es bleibt zu überprüfen, ob diese Arbeiten Hinweise auf die Fruchtbarkeit des Featherschen Ansatzes liefern.

Alle Experimente sind ausdrücklich zur Prüfung der Theorie Atkinsons angelegt. Zwar bezieht sie sich primär auf als tüchtigkeitszugänglich erlebte Situationen, jedoch schließt Atkinson nicht aus, daß das Modell auch Gültigkeit für die Voraussage von Risikoverhalten hat: *„In other words, the incentive values of winning qua winning and losing qua losing, presumably developed in achievement activities early in life, generalize to the gambling situation in which winning is really* not *contingent upon one's own skill and competence“* (1957, S. 370/71).

Die Befunde dieser Experimente liefern — wenn überhaupt — nur sehr spärliche Hinweise auf die Nützlichkeit des Modells, Verhalten in diesen Situationen zu erklären und vorauszusagen. Bei einer Übersicht zeigt sich generell dreierlei, was in deutlichem Widerspruch zu den Voraussagen des Atkinson-Modells steht:

1. Erfolgsmotivierte bevorzugen Risiken von hoher Erfolgswahrscheinlichkeit; dabei tritt diese Präferenz deutlicher bei hoch als bei niedrig Erfolgsmotivierten hervor.
2. Mißerfolgsmotivierte bevorzugen Risiken von niedriger Erfolgswahrscheinlichkeit.
3. Erfolgs- und Mißerfolgsmotivierte zeigen keine Unterschiede in der Wahl mittelhoher Risiken.

Für den ersten Punkt gibt es eine ganze Anzahl von Belegen. Littig (1966) benutzte ein Poker-Würfelspiel und fand, daß bei Erfolgsmotivierten (nach TAT, McClelland et al., 1953) die Motivierung bei Erfolgswahrscheinlichkeiten von .10 und .30 am geringsten ist, bei solchen von .70 und .90 am höchsten (S. 97). In der zweiten Versuchshälfte zeigte sich sogar für Erfolgszuversichtliche ein linearer Anstieg der abhängigen Variablen über die Erfolgswahrscheinlichkeiten (.90 > .70 > .50 > .30 > .10) (S. 97).

Hancock & Teevan (1964) berichten ähnliche Ergebnisse. Erfolgszuversichtliche (nach „hostile press"; Birney et al., 1969) bevorzugen an einem Glücksspielapparat Risiken mit Erfolgswahrscheinlichkeiten von 4/6 und 5/6 (12 von 17 Vpn), wobei eine Wahlmöglichkeit mit einer Gewinnchance von 6/6 nicht vorgegeben war (S. 205).

Atkinson et al. (1960) stellten für Erfolgsmotivierte (nach dem Test of Insight; French, 1958) ebenfalls fest, daß sie in einem Wettexperiment, bei dem kein realer Geldeinsatz auf dem Spiele stand, am häufigsten Wetten mit einer Gewinnchance von 1.00 abschließen.

Hendrike van der Meer (1967) teilte ihre Stichprobe nach der Bevorzugung hoher, mittlerer und niedriger Erfolgswahrscheinlichkeiten in drei Gruppen und trennte diese wiederum je dreimal nach TAT-Kennwerten (McClelland et al., 1953). Dabei zeigte sich mit höherer Motivation eine signifikant ansteigende Bevorzugung hoher Erfolgswahrscheinlichkeiten (S. 365; Tab. 6).

Scodel, Ratoosh & Minas (1959) berichten damit übereinstimmend, daß Vpn, die bevorzugt Wetten mit hohen Erfolgswahrscheinlichkeiten abschließen, höhere Kennwerte der Leistungsmotivation aufweisen als solche, die niedrige Erfolgswahrscheinlichkeiten bevorzugen (1.81 vs. 0.88).

McClelland (1966, S. 209) bemerkt ohne Angabe von Zahlenmaterial, daß hoch Erfolgsmotivierte mittelhohe Risiken nur dann wählen, wenn sie die Möglichkeit haben, den Verlauf bzw. das Ergebnis durch eigene Tüchtigkeit zu beeinflussen, bei Glücksspielen jedoch den sichersten Weg vorziehen.

In einer Arbeit von Raynor & Smith (1966), die ebenfalls ein Wettexperiment benutzten, finden sich keine näheren Angaben.

Auch dafür, daß Mißerfolgsmotivierte hohe Risiken bevorzugen, fehlt es nicht an eindeutigen Belegen. Nach HANCOCK & TEEVAN (1964, S. 205) wählen sie häufiger Spiele mit niedriger Gewinnchance (1/6, 2/6) als solche mit hoher (12 vs. 5 Vpn), Erfolgszuversichtliche genau umgekehrt; sie meiden hohe Risiken.

Anhand der Befunde von LITTIG (1966) läßt sich klar nachweisen, daß Mißerfolgsängstliche den höchsten Index des Risikoverhaltens bei einer Erfolgswahrscheinlichkeit von .10 erreichen, den niedrigsten bei .90; dieselbe Tendenz zeigt sich auch für einen zweiten Versuchsabschnitt.

SCODEL et al. (1959) verwandten zur Erfassung der mißerfolgsmeidenden Tendenz des Leistungsmotivs ein unpubliziertes fragebogenähnliches Verfahren, das sich an die Methode von FRENCH (1958) anlehnt. Auch sie bestätigen, daß Mißerfolgsängstliche eher Wetten mit niedrigen Gewinnchancen abschließen.

Bei RAYNOR & SMITH (1966) finden sich keine näheren Angaben.

Dafür, daß Erfolgs- und Mißerfolgsmotivierte keinen Unterschied in der Wahl mittelhoher Risiken zeigen, gibt es drei Belege und einen widersprüchlichen Befund. HANCOCK & TEEVAN (1964, S. 207) berichten, daß beide Motivationsgruppen in der Wahl mittlerer Erfolgswahrscheinlichkeiten nicht differieren. Ein ähnliches Ergebnis findet sich auch bei RAYNOR & SMITH (1966, S. 192), wenn Erfolgs- und Mißerfolgsmotivierte nach einer Kombination von TAT-Kennwerten der Leistungsmotivation und Angstkennwerten des TAQ (MANDLER & SARASON, 1952) unterschieden werden. LITTIG (1966, S. 97, Tab. 2), der die Trennung der Motivationsgruppen nach dem gleichen Verfahren vornahm, berichtet übereinstimmende Befunde, eindeutig allerdings nur für den ersten Teil des Versuchs; ob das auch für den zweiten Versuchsabschnitt gilt, ist nicht zu ersehen, da das Befundmaterial unter diesem Aspekt nicht ausgewertet wurde.

LITWIN (1966, S. 109 f.) allerdings findet bei Erfolgsmotivierten eine vergleichsweise stärkere Bevorzugung mittlerer Erfolgswahrscheinlichkeiten. Abgesehen davon, daß das nicht in allen von ihm verwandten glücksspielartigen Situationen der Fall war, weist dieses Experiment eine Reihe von Besonderheiten auf, die eine eindeutige Interpretation der Befunde nicht zulassen. Die Bevorzugung mittelhoher Risiken zeigt sich nämlich nur dann, wenn als Indikatoren der Erfolgswahrscheinlichkeit Angaben einer unabhängigen Stichprobe herangezogen wurden. Wurde dagegen die Wahrscheinlichkeit von denselben Vpn vor dem Versuch erhoben (wie es eine experimentelle Prüfung der Theorie erfordert), zeigen sich zwischen Erfolgs- und Mißerfolgsmotivierten keine Unterschiede in der Bevorzugung mittelhoher Risiken, was allerdings nicht als Beleg gewertet werden kann, da die Berechnung der Risiko-Indikatoren auf eine hier nicht zu erörternde Weise erfolgte, die deren Interpretation unter unserem Aspekt nicht zuläßt.

Diese drei, den Voraussagen des ATKINSON-Modells eindeutig widersprechenden Befunde finden sich mit erstaunlicher Regelmäßigkeit: bei ganz unterschiedlicher Erfassung des Risikoverhaltens und auch bei verschiedenartigen Verfahren der Motivmessung. Neben der Unabhängigkeit der Befunde von der Variation der Methodik ist weiterhin bemerkenswert, daß sich für jeweils die *gleichen* Vpn in leistungsbezogenen Situationen die Hypothesen ATKINSONS bestätigen. Das zeigen die Untersuchungen von ATKINSON et al. (1960), RAYNOR & SMITH (1966) und VAN DER MEER (1967), in denen die Vpn jeweils leistungs- *und* zufallsabhängige Aufgaben zu bearbeiten hatten. Diese „konstruktive Replikation" (LYKKEN, 1968) der Befunde (im Gegensatz zu einer „operationalen", die sich um möglichst hohe Übereinstimmung der Versuchsbedingungen bemüht), spricht eindeutig gegen den Voraussagewert des ATKINSON-Modells für Risiko-Verhalten in Zufallssituationen.
Aber auch der FEATHERsche Revisionsvorschlag liefert keine bessere Erklärungsgrundlage. Denn unter der Voraussetzung, daß in den Versuchen das Handlungsresultat zutreffend als zufallsabhängig aufgefaßt wurde, ist das Erleben der Selbstverantwortlichkeit mit $S = 0$ anzusetzen. Durch die multiplikative Verknüpfung der einzelnen Faktoren wird damit auch die Motivierung 0, so daß Verhalten in diesen Situationen nur noch von extrinsischen Tendenzen gesteuert werden dürfte. Ebenso dürften die Motive „Hoffnung auf Erfolg" und „Furcht vor Mißerfolg" in diesem Grenzfall nicht mehr angeregt werden, sondern nur dann, *„whenever performance is likely to be evaluated against some standard of excellence"* (ATKINSON, 1957; ATKINSON & FEATHER, 1966, S. 14). Es ergeben sich aber — wie gezeigt wurde — durchaus Konsistenzen des Risikoverhaltens in Abhängigkeit vom überdauernden Motiv.
Nun ist allerdings die Möglichkeit nicht von der Hand zu weisen, daß die FEATHER-Revision nur für solche Grenzsituationen völliger Zufallsabhängigkeit keine Gültigkeit besitzt, sich dagegen für die Verhaltensvoraussage in nicht derart eindeutig strukturierten Situationen durchaus als fruchtbar erweist.

3. Anspruchsniveau und Selbstverantwortlichkeit für Erfolg und Mißerfolg

Erste Anhaltspunkte für die Fruchtbarkeit der FEATHERschen Revision der Motivierungsformel lassen sich gewinnen, wenn man — wie es häufig geschehen ist — Variablen der Anspruchsniveau-Setzung als Motivierungsindikatoren heranzieht und Unterschiede des Zielsetzungsverhaltens zwischen hoch und niedrig selbstverantwortlichen Vpn überprüft. Denn nach den Annahmen FEATHERS müßte die erste Vpn-Gruppe sich realistischere Ziele setzen (E_e um .50) als die letztere. Wir haben das in einem ersten Versuchsabschnitt geprüft, gingen jedoch ursprünglich bei dieser Untersuchung von folgenden allgemeineren Überlegungen aus.

Die Erfolgs- und Mißerfolgsverantwortlichkeit sind wichtige Determinanten der funktionalen Beziehung zwischen objektivem Erfolg und Mißerfolg einerseits und der nachfolgenden Zielsetzung andererseits (s. dazu auch MEYER, 1969a). Denn das Anspruchsniveau stellt einen vom erreichten Leistungsstand mehr oder weniger stark, im Grenzfall gar nicht abweichenden Gütegrad dar, der als Anspruch an die eigene Leistung erlebt wird (s. HECKHAUSEN, 1965). Das Erreichen bzw. Nicht-Erreichen dieses Gütegrades wirkt sich auf die „Selbstachtung" aus (HOPPE, 1931) und führt *im allgemeinen* entsprechend den von HOPPE beschriebenen Verschiebungsgesetzen zu sog. typischen Anspruchsniveau-Veränderungen, d.h. zu einer Anpassung der Zielsetzung an den jeweiligen Leistungsstand. Ein Tangieren der Selbstachtung bei Erreichen bzw. Nicht-Erreichen des Ziels ist jedoch nur dann gegeben, wenn beides als Wirkung der eigenen Tüchtigkeit oder Untüchtigkeit erlebt wird und somit als *persönlicher* Erfolg bzw. Mißerfolg. Nur dann sind die erzielten Leistungen Rückmeldungen individueller Tüchtigkeit, die entsprechend den von HOPPE beschriebenen Verschiebungsgesetzen zu einer leistungsorientierten Anspruchsniveau-Bildung führen. Im anderen Falle sind häufiger unrealistische, atypische und starre Zielsetzungen zu erwarten.

Eine Anzahl von Untersuchungen, die Veränderungen der Erfolgserwartung nach Erfolg bzw. Mißerfolg in Abhängigkeit von einer leistungs- vs. zufallsbezogenen Instruktion herangezogen haben, sprechen für diese Vermutung. PHARES (1957) findet in einer leistungsbezogenen Aufgabensituation häufiger ein Ansteigen der Erfolgserwartung nach Erfolg und Absinken nach Mißerfolg als in einer zufallsbezogenen Situation, wo gehäuft atypische Verschiebungen auftraten. In Übereinstimmung damit berichten ROTTER, LIVERANT & CROWNE (1961), daß bei einer zufallsabhängigen Aufgabe Voraussagen zukünftiger Erfolge relativ unabhängig von vorauslaufenden Erfolgs- bzw. Mißerfolgserfahrungen erfolgen. BATTLE & ROTTER (1963) finden ähnliche Unterschiede zwischen hoch und niedrig selbstverantwortlichen Schulkindern.

Man hat das Erleben der Selbstverantwortlichkeit jedoch nicht nur durch Aufgaben- bzw. Instruktionsvariation zu induzieren versucht, sondern auch als überdauerndes Persönlichkeitsmerkmal erfaßt und in Abhängigkeit davon Unterschiede des Anspruchsniveaus im eigentlichen Sinne überprüft. LEFCOURT & LADWIG (1965) fanden charakteristische Unterschiede des Zielsetzungsverhaltens farbiger und weißer Strafgefangener. Neger, die durchschnittlich höhere Externalitätspunktwerte aufwiesen, zeigten häufiger atypische Reaktionen (Erhöhen des *AN* nach Mißerfolg, Senken nach Erfolg). Leider überprüften die Autoren nicht direkt den Zusammenhang zwischen Selbstverantwortlichkeit und Anspruchsniveau. In einer anschließenden Studie fand LEFCOURT (1967) sehr ausgeprägte Zusammenhänge der Selbstverantwortlichkeit mit einer Kombination mehrerer Anspruchsniveau-Indikatoren, wenn gleichzeitig die situative Einbettung des Versuchs berücksichtigt wird. Werden die Aufgaben vom Vl als ein Kinderspiel (nicht zufallsbezogen!) eingeführt, zeigen hoch selbstverantwortliche Vpn mehr realistische Zielsetzungen als niedrig selbstverantwortliche Vpn. Mit zunehmend leistungsbezogener Einbettung des Versuchs jedoch finden sich auch bei niedrig Selbstverantwortlichen immer mehr niedrig positive bis mittelhohe Zieldiskrepanzen verbunden mit dem Fehlen von atypischen Reaktionen, während bei hoch Selbstverantwortlichen das Zielsetzungsverhalten über die Bedingungen nicht variiert. Die zunehmende situative Anregung nivelliert hier offensichtlich Unterschiede in der Situationsauffassung. Wird die Rolle der eigenen Tüchtigkeit und Anstrengung bei der Aufgabenlösung nicht ausdrücklich betont, fassen niedrig Selbstverantwortliche die Situation vermutlich mehr als zufallsbezogen auf.

Ähnlich finden JAMES (1957), SIMMONS (1959; zit. nach CRANDALL et al., 1965), JULIAN et al. (1968) und SCHMIDT (1968) unangepaßtes und unrealistisches Zielsetzungsverhalten bei niedriger Selbstverantwortlichkeit. HIGBEE & STREUFERT (1969) berichten übereinstimmend, daß risikoreichere Entscheidungen getroffen werden, wenn das Handlungsresultat als mehr von externalen Faktoren abhängig aufgefaßt wird.

Es gibt auch einige Arbeiten, die Selbstverantwortlichkeit in Beziehung gesetzt haben zu Risikoentscheidungen im Hinblick auf zufallsabhängige Ereignisse; deren Ergebnisse sind aber widersprüchlich und lassen sich kaum eindeutig interpretieren. Nach Befunden von LIVERANT & SCODEL (1960) schließen Internale bei einem Würfelspiel mit realen Geldeinsätzen häufiger Wetten mittlerer Gewinnwahrscheinlichkeit ab, Externale solche mit geringerer. Das stimmt teilweise mit Ergebnissen von BARON (1968) überein, wonach sich Internale für die risikoreichere von zwei Alternativen nur dann entscheiden, wenn deren subjektive Wahrscheinlichkeit um 0.50 beträgt; Externale erweisen sich allerdings im Gegensatz zu den Ergebnissen von LIVERANT & SCODEL als weniger risikofreudig. STRICKLAND, LEWICKI & KATZ (1966) dagegen fanden bei mehr Internalen ganz allgemein die Tendenz, größere Risiken zu wählen als Externale.

3.1. Versuchspersonen und Methodik

Versuchspersonen waren 126 neun- bis elfjährige Jungen des vierten Schuljahres verschiedener Schulen in Lüdenscheid, Wattenscheid und Hinsbeck.
Methodik: Die Erfolgs- und Mißerfolgsverantwortlichkeit wurde mit einer modifizierten Form des „Intellectual Achievement Responsibility Questionnaire" von CRANDALL et al. (1965) in Gruppenversuchen erfaßt.
Zur Gewinnung von Anspruchsniveau-Daten zogen wir eine Additionsaufgabentechnik heran (s. HECKHAUSEN, 1963, S. 127f.). In senkrechten Reihen mit Additionsaufgaben einstelliger Ziffern von ungefähr gleichem Schwierigkeitsgrad sind möglichst viele Aufgaben zu bearbeiten. Für jede der insgesamt 10 Reihen stehen 45 Sekunden Zeit zur Verfügung. Nach Bearbeiten der beiden Probereihen A und B hat das Kind nach jedem einzelnen Versuch zu schätzen und zu markieren, wie weit es in der folgenden Reihe kommen wird (Zielsetzung).
Kennwerte des Anspruchsniveaus sind einmal die *Zieldifferenz* und die *Zieldiskrepanz.* Beide ergeben sich aus den durchschnittlichen Differenzen zwischen Leistung und nachfolgender Zielsetzung bei den 10 Aufgabenreihen. In die Zieldifferenz gehen die absoluten Differenzen ein, in die Zieldiskrepanz die Differenzen unter Berücksichtigung des Vorzeichens. Sie ist positiv, wenn das mittlere Leistungsniveau unter dem mittleren Zielniveau liegt, Null, wenn beide sich entsprechen und negativ, wenn das mittlere Leistungsniveau über dem mittleren Zielniveau liegt. Um Rechenleistungsunterschiede zu berücksichtigen, wurden beide Kennwerte auf die Leistung relativiert. *Atypische Anspruchsniveau-Verschiebungen* sind hier definiert als die Häufigkeit von Heraufsetzen des Ziels nach Mißerfolg und Herabsetzen nach Erfolg. Objektiver Erfolg und Mißerfolg wurden dann als gegeben angesehen, wenn Zielsetzung und Leistung bei

einer Teilaufgabe um mehr als zwei Additionsleistungen differieren.[1] *Starre Zielsetzungen* schließlich liegen dann vor, wenn unmittelbar aufeinanderfolgende Ziele übereinstimmen, jedoch Zielsetzung und Leistung in der vorigen Reihe ebenfalls um mehr als zwei Additionsleistungen differieren.

Kennwerte der Selbstverantwortlichkeit sind die Erfolgs- (*Se*) und Mißerfolgsverantwortlichkeit (*Sm*), die Gesamtverantwortlichkeit ($Sg = Se + Sm$) sowie das Differenzmaß Netto-Verantwortlichkeit ($Sn = Se - Sm$).

3.2. Hypothesen

Ausgehend von den oben dargestellten allgemeinen Überlegungen formulieren wir im einzelnen folgende Hypothesen: Mit einem wenig ausgeprägten Erleben der Selbstverantwortlichkeit

a) werden die absoluten Differenzen zwischen letzter Leistung und nachfolgender Zielsetzung (Zieldifferenz) größer;

b) ebenso die algebraisch aufsummierten Differenzen (Zieldiskrepanz);

c) treten häufiger Übereinstimmungen aufeinanderfolgender Zielsetzungen trotz objektiven Erfolgs oder Mißerfolgs auf (starre Zielsetzungen);

d) tritt häufiger Erhöhen des Ziels nach Mißerfolg und Senken nach Erfolg auf (atypische Verschiebungen).

[1] Für Vpn mit defensiv niedrigem Anspruchsniveau ist diese Festlegung von Erfolg sicherlich problematisch. Bei ihnen wird vermutlich kein Erfolgserleben vorliegen, wenn die Leistung knapp über dem Anspruchsniveau liegt. Legt man andererseits eine größere Differenz zwischen Zielsetzung und Leistung der Definition von Erfolg und Mißerfolg zugrunde, bleiben atypische Reaktionen nicht-defensiver Vpn unberücksichtigt; zudem verringert sich dann die sowieso schon geringe Auftretenshäufigkeit solcher Reaktionen noch mehr.

3.3. Befunde

3.3.1. Zusammenhang zur Zieldifferenz (Hypothese a)

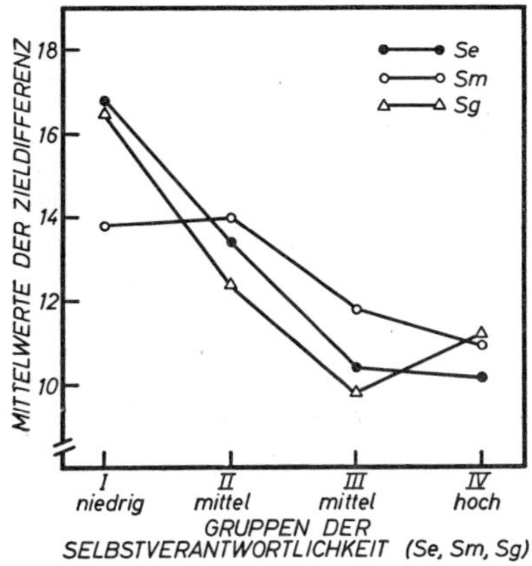

Abb. 3: Mittelwerte der Zieldifferenz in jeweils vier ungefähr gleich großen Gruppen mit hoher, mittlerer und niedriger Erfolgs- (*Se*), Mißerfolgs- (*Sm*) und Gesamtverantwortlichkeit (*Sg*).

Zur Überprüfung der Hypothese wurde die Stichprobe ($N = 126$) nach der Höhe jeder Variablen der Selbstverantwortlichkeit in vier möglichst gleich große Gruppen geteilt und für jede dieser Gruppen der Mittelwert der Zieldifferenz berechnet. Wie Abb. 3 zeigt, bestätigt sich unsere Hypothese recht gut, zumindest was die Erfolgs- und Gesamtverantwortlichkeit angeht.

Mit höherer Selbstverantwortlichkeit werden die Differenzen zwischen Leistung und Zielsetzung geringer. Prüft man die Mittelwertsunterschiede jeweils über alle vier Gruppen mit der Rangvarianzanalyse von KRUSKAL-WALLIS, so ist der Trend für die Erfolgs- ($H = 10{,}58$; $p < .01$) und die Gesamtverantwortlichkeit ($H = 13{,}44$; $p < .005$) signifikant (jeweils einseitige Fragestellung), nicht dagegen für die Mißerfolgsverantwortlichkeit ($H = 1{,}71$). Faßt man allerdings die Mißerfolgsgruppen I und II sowie III und IV zusammen, so ist auch dieser Mittelwertsunterschied statistisch bedeutsam (13,85 vs. 11,25; $t = 1{,}85$; $p < .05$; einseitige Fragestellung). Vergleicht man alle Gruppen miteinander, so sind fast sämtliche Unterschiede für die Erfolgs- (mit Ausnahme III vs. IV) und die Gesamtverantwortlichkeit (mit Ausnahme II vs. IV und III vs. IV) signifikant. Zwischen Netto-Verantwortlichkeit und Zieldifferenz besteht keinerlei Zusammenhang.

3.3.2. Zusammenhang zur Zieldiskrepanz (Hypothese b)

Vorbemerkung: Die Zieldiskrepanz als Mittelwert aus positiven und negativen Differenzen der einzelnen Teilaufgaben wird im allgemeinen nach Realitätsgraden im Hinblick auf den Leistungsstand klassifiziert. Man unterscheidet realistische

Zielsetzungen, die ungefähr der Leistung entsprechen, von unrealistisch hohen und niedrigen, die entweder weit über oder weit unter der Leistung liegen. Zielsetzungen weisen im allgemeinen in ihrer Richtung eine gute intraindividuelle Konsistenz auf (FRANK, 1935), die das Zieldiskrepanzmaß als additiven Wert positiver und negativer Differenzen rechtfertigt. Es wird aber als Realitätsindikator dann unbrauchbar, wenn innerhalb der Handlungssequenz gleichzeitig extrem hoch positive und negative Differenzen auftreten, deren Summe annähernd Null ergibt, was dann fälschlicherweise als Indikator eines realistischen Anspruchsniveaus genommen wird. Wir entschieden daher, Vpn mit einer derart variablen Zielsetzung auszuscheiden, und zwar nach folgendem Kriterium: Die Zieldifferenz muß den Wert 10 überschreiten und gleichzeitig zumindest dreimal größer als die Zieldiskrepanz sein. Davon sind insgesamt 12 der 126 Vpn betroffen, so daß sich das *N* für die Berechnungen mit der Zieldiskrepanz auf 114 verringert.

Daß bei Vpn mit geringer Selbstverantwortlichkeit mehr extrem hoch positive und negative Ziele auftreten, bestätigt sich, wenn man die Varianzen der Zieldiskrepanzwerte zwischen möglichst nahe am Median gespaltenen Gruppen mit hoher und niedriger Selbstverantwortlichkeit vergleicht. Mit Ausnahme der Mißerfolgsverantwortlichkeit treten in den Gruppen „niedrig" (s. Tab. 2) in stärkerem Maße hoch positive *und* negative Diskrepanzen auf, denn die Mittelwerte in den einzelnen Gruppen entsprechen sich fast völlig. Sie liegen alle nahe dem Gesamtmittelwert von —4,30 (s = 12,17).

Tab. 2: Varianzen der Zieldiskrepanzwerte in Gruppen mit jeweils hoher und niedriger Erfolgs- (*Se*), Mißerfolgs- (*Sm*), Gesamt- (*Sg*) und Netto-Verantwortlichkeit (*Sn*) sowie Zufallswahrscheinlichkeiten (*p*) der Varianzunterschiede zwischen den jeweiligen Gruppen „hoch" und „niedrig".

Selbstverantwortlichkeit		*N*	Varianz	*F*-Wert	*p*
Se	hoch niedrig	60 54	84,40 222,93	2,64	<.01
Sm	hoch niedrig	62 52	135,65 168,35	1,24	n.s.
Sg	hoch niedrig	61 53	106,65 206,32	1,94	<.01
Sn	hoch niedrig	49 65	101,85 186,84	1,83	<.05

3.3.3. *Zusammenhang zu starren Zielsetzungen (Hypothese c)*

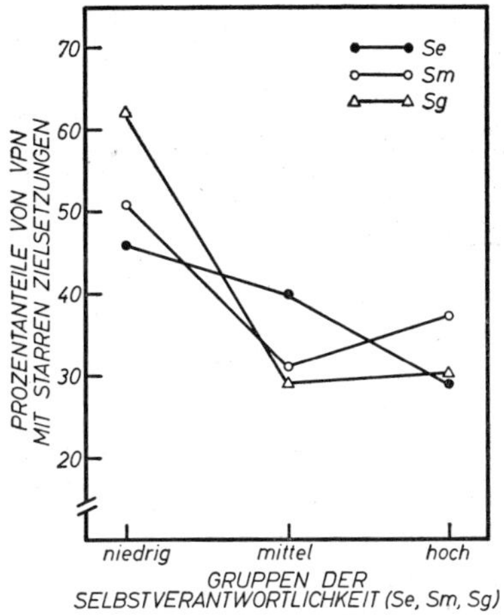

Abb. 4: Prozentanteile von Vpn mit starren Zielsetzungen in jeweils drei Gruppen mit hoher, mittlerer und niedriger Erfolgs- (*Se*), Mißerfolgs- (*Sm*) und Gesamtverantwortlichkeit (*Sg*).

Bei der hier geforderten Aufgabentätigkeit können maximal neun starre Zielsetzungen erfolgen. Da überhaupt nur 48 der 126 Vpn eins oder mehr starre Ziele setzen, wurde eine Dichotomie der Vpn in „starr" und „nicht starr" vorgenommen. Die Stichprobe wurde wieder nach der Höhe der Selbstverantwortlichkeit in vier möglichst gleich große Gruppen aufgeteilt. Da sich zwischen den beiden mittleren Gruppen in keinem Falle Unterschiede ergaben, wurden sie jeweils zu einer größeren Gruppe zusammengefaßt. Abbildung 4 gibt die Prozentanteile von Vpn mit starren Zielsetzungen in jeder Gruppe pro Variable wieder (*Se, Sm, Sg*).

Für alle Kennwerte der Selbstverantwortlichkeit ist bei mittleren und hohen Werten die Häufigkeit starrer Zielsetzungen geringer als bei niedrigen, wobei sich zwischen den Gruppen „mittel" und „hoch" keine Häufigkeitsunterschiede ergeben.

Die Überprüfung der Häufigkeitsunterschiede zwischen den einzelnen Gruppen mittels Chi-Quadrats ergibt nur für die Gesamtverantwortlichkeit statistisch bedeutsame Differenzen (niedrig vs. mittel: Chi-Quadrat $= 9{,}75$; $p < .01$; niedrig vs. hoch: Chi-Quadrat $= 6{,}46$; $p < .02$), nicht dagegen für die Erfolgsverantwortlichkeit und nur schwach in einem Falle für die Mißerfolgsverantwortlichkeit (niedrig vs. mittel: Chi-Quadrat $= 3{,}54$; $p < .10$). Keinerlei Unterschiede bestehen in Abhängigkeit von der Höhe der Netto-Verantwortlichkeit.

3.3.4. *Zusammenhang zu atypischen Zielsetzungen (Hypothese d)*

Unsere letzte Hypothese bestätigt sich nicht. Erhöhen des Ziels nach Erfolg und Senken nach Mißerfolg tritt bei hoher Selbstverantwortlichkeit nicht häufiger auf als bei niedriger. Auf die Wiedergabe der Befunde wird daher verzichtet. Allerdings zeichnen sich jeweils schwache Trends ab,

daß mit höherer Selbstverantwortlichkeit die atypischen Reaktionen geringer werden.
Die im allgemeinen fehlenden Zusammenhänge werden zumindest teilweise verständlich, wenn man in Rechnung stellt, daß starre und atypische Reaktionen nach unserer Definition von Erfolg und Mißerfolg einander ausschließen.

3.3.5. Relevanz der Befunde für die Überprüfung der revidierten Motivierungsformel

Zieht man die Zieldiskrepanzwerte als Motivierungsindikatoren heran, so ist nach dem durch FEATHER revidierten ATKINSON-Modell folgendes zu erwarten: Vpn mit hoher Selbstverantwortlichkeit setzen sich häufiger solche Ziele, die ungefähr mit der Leistung übereinstimmen und deren Erreichen bzw. Nicht-Erreichen damit maximal ungewiß ist (E_e um .50). Niedrig Selbstverantwortliche dagegen müßten sich häufiger Ziele setzen, deren Erreichen gesichert ist ($E_e > .50$) oder nicht gesichert ist ($E_e < .50$). Das benutzte Verfahren zur Erfassung des Anspruchsniveaus erlaubt es, die subjektive Wahrscheinlichkeit annähernd abzuschätzen: Maximal ungewiß ist das Erreichen solcher Ziele, die der vorauslaufenden Leistung annähernd entsprechen, da alle Aufgabenreihen von gleichem Schwierigkeitsgrad sind, was der Vp auch mitgeteilt wurde.
Um die aus dem revidierten Modell abgeleiteten Voraussagen zu überprüfen, spalteten wir das Kontinuum der Zieldiskrepanzwerte, ausgehend vom Median (der in die Zieldiskrepanzklasse —3 fällt), in fünf gleich große Bereiche auf, die die gesamte Streubreite der Zieldiskrepanzwerte (von —36 bis +31) zu gleichen Teilen abdecken. Der Bereich „um Null" (E_e um .50) umfaßt realistische Zielsetzungen, die ungefähr dem Leistungsniveau angepaßt sind. In die beiden Randbereiche gehen Zielsetzungen ein, die durchschnittlich weit über (extrem positiv; $E_e < .50$) oder weit unter dem Leistungsniveau (extrem negativ; $E_e > .50$) liegen.
Wir teilten die Stichprobe ($N = 114$) in vier möglichst gleich große Gruppen nach der Höhe der einzelnen Kennwerte der Selbstverantwortlichkeit und verglichen die prozentualen Besetzungshäufigkeiten der einzelnen Zieldiskrepanzgruppen jeweils zwischen dem oberen und unteren Quartil. Wie die Abbildungen 5a, b, c zeigen, bestätigen sich die Voraussagen recht gut, was die Erfolgsverantwortlichkeit angeht. Vpn mit hohen *Se*-Kennwerten setzen sich mehr realistische Ziele (E_e um .50) und weniger extrem hohe ($E_e < .50$) bzw. extrem niedrige ($E_e > .50$) als Vpn mit niedrigen Kennwerten. Die Häufigkeiten realistischer Zielsetzun-

gen (um Null) unterscheiden sich zwischen hoch (17 von 29) und niedrig erfolgsverantwortlichen Vpn (7 von 23) statistisch bedeutsam (Chi-Quadrat = 4,10; $p < .05$). Die entsprechenden Häufigkeitsunterschiede sind für die Gesamt- und Netto-Verantwortlichkeit nicht signifikant. Unterschiede des Zielsetzungsverhaltens in Abhängigkeit von der Mißerfolgsverantwortlichkeit ergeben sich nicht.

Abb. 1, S. 41 zeigte, daß mit abnehmender Selbstverantwortlichkeit die Motivierung in Abhängigkeit von der subjektiven Wahrscheinlichkeit immer weniger variiert, ja schließlich fast konstant bleibt. In Überein-

Abb. 5a

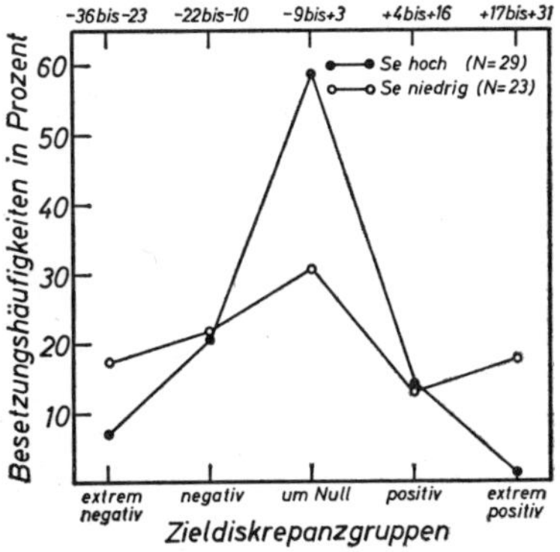

Abb. 5b

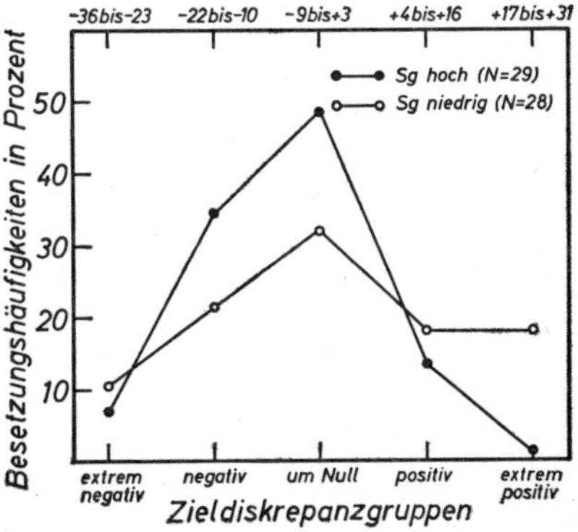

Abb. 5c

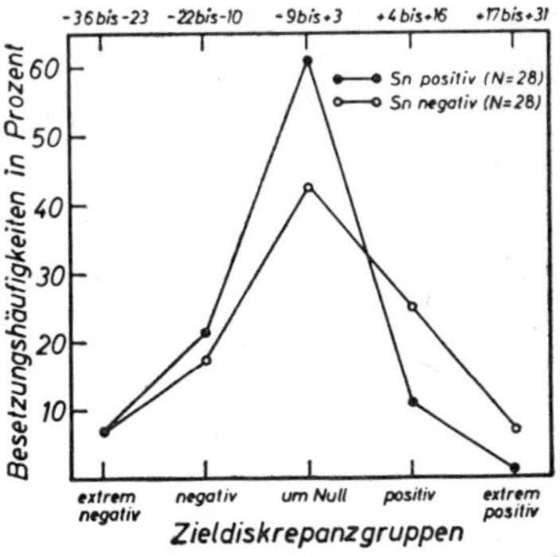

Abb. 5a, b, c: Prozentuale Besetzungshäufigkeiten der einzelnen Zieldiskrepanzgruppen für Vpn mit hoher und niedriger Erfolgsverantwortlichkeit (*Se*; Abb. 5a), hoher und niedriger Gesamtverantwortlichkeit (*Sg*; Abb. 5b) sowie positiven und negativen Werten der Netto-Verantwortlichkeit (*Sn*; Abb. 5c).

stimmung damit weichen die Besetzungshäufigkeiten der einzelnen Zieldiskrepanzgruppen bei niedriger Selbstverantwortlichkeit nicht von einer Gleichverteilung ab (*Se:* D = 0,09; *Sg:* D = 0,09; *Sn:* D = 0,15), dagegen in allen Fällen bei hoher Selbstverantwortlichkeit (*Se:* D = 0,26, $p < .05$; *Sg:* D = 0,29, $p < .01$; *Sn:* D = 0,29, $p < .01$; jeweils geprüft nach KOLMOGOROV/SMIRNOV). Allerdings unterscheiden sich die Häufigkeitsverteilungen hoch und niedrig selbstverantwortlicher Vpn nicht voneinander (nach KOLMOGOROV/SMIRNOV).

3.4. Weiterführende Analyse

KRUG (1971) hat in seinen Untersuchungen an die hier berichteten Überlegungen und Befunde wieder angeknüpft.[1] Er erfaßte allerdings nicht nur Variablen der Anspruchsniveau-Setzung und der Selbstverantwortlichkeit, sondern darüber hinaus auch Kennwerte der Leistungsmotivation, um den Zusammenhang aller drei Merkmale abschätzen zu können, wie es für eine Prüfung des FEATHERschen Revisionsvorschlages notwendig ist.
Als Vpn zog KRUG Jungen aus 5 Klassen (6. und 7. Schuljahr) einer Realschule heran. Die Leistungsmotivation wurde mittels TAT erhoben (HECKHAUSEN, 1963), Selbstverantwortlichkeit mit einer überarbeiteten Fassung des Verfahrens von CRANDALL et al. (1965). Die Erhebung der Anspruchsniveau-Daten erfolgte mit einer Labyrinth-Technik. Im Gruppenversuch waren drei Blätter mit jeweils 10 gleich langen Labyrinthen zu bearbeiten. Es handelte sich dabei um Aufgaben der von HECKHAUSEN (1963, S. 93) verwandten Art. Die Labyrinthe waren nacheinander möglichst schnell zu durchlaufen. Nach Bearbeiten der ersten drei Probelabyrinthe hatte die Vp vor jedem Durchgang anzugeben, wie weit sie zu kommen meinte. Die Berechnung der einzelnen Anspruchsniveau-Kennwerte erfolgte ähnlich, wie wir es oben für unsere Versuche beschrieben haben. Allerdings erwies sich eine Korrektur der Werte auf den individuellen Leistungsstand als unnötig, da die interindividuelle Streuung der Leistungen nur gering war.
KRUG konnte die oben berichteten Zusammenhänge zwischen Anspruchsniveau und Selbstverantwortlichkeit mit seiner abgewandelten Methodik exakt bestätigen. Auch bei diesen älteren Schülern finden sich sehr ausge-

[1] Die Untersuchungen wurden im Rahmen einer Diplomarbeit durchgeführt, die vom Verfasser betreut wurde.

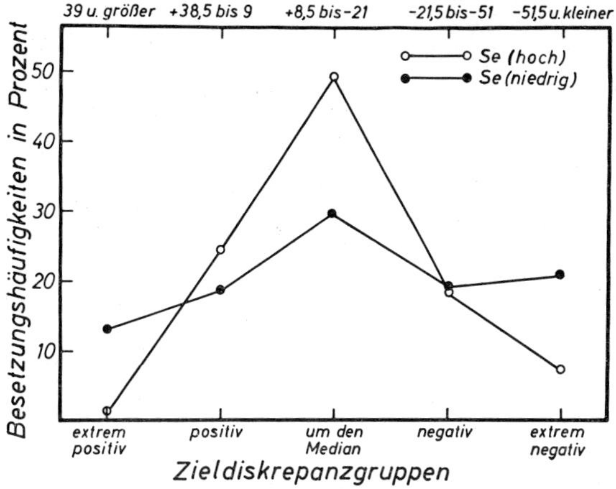

Abb. 6: Prozentuale Besetzungshäufigkeiten der einzelnen Zieldiskrepanzgruppen für Vpn mit hoher ($N = 73$) und niedriger ($N = 69$) Erfolgsverantwortlichkeit (*Se*) (nach Krug, 1971).

prägte Beziehungen zwischen Erfolgsverantwortlichkeit und Zieldiskrepanz (s. Abb. 6) bzw. Zieldifferenz und weniger deutliche oder gar keine Zusammenhänge zur Mißerfolgs-, Gesamt- und Netto-Verantwortlichkeit. Darüber hinaus teilte Krug die Stichprobe nach der Höhe der Netto-Hoffnung-Werte aus dem TAT in zwei möglichst gleich große Gruppen.

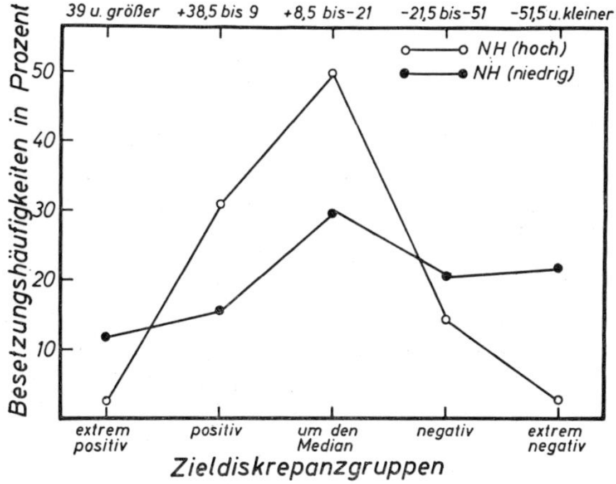

Abb. 7: Prozentuale Besetzungshäufigkeiten der einzelnen Zieldiskrepanzgruppen für Vpn mit hohen ($N = 78$) und niedrigen ($N = 77$) Netto-Hoffnung-Werten (*NH*) (nach Krug, 1971).

Die Zieldiskrepanzverteilungen für beide sind in der Abb. 7 (S. 57) wiedergegeben. Sie entsprechen weitgehend den von anderen Autoren berichteten Zusammenhängen (z. B. ATKINSON & LITWIN, 1960; MCCLELLAND, 1958a). Allerdings zeigt sich auch hier keine Bevorzugung extrem hoher und niedriger Ziele durch die mehr Mißerfolgsmotivierten, wie es nach dem Modell ATKINSONS (1957) zu erwarten wäre, wenn man das Zielsetzungsverhalten als allein durch die Leistungsmotivation determiniert annimmt und nicht auch durch sog. extrinsische Motive (ATKINSON, 1964, S. 247). KRUG bildete zudem Gruppen mit hoher und niedriger Netto-Hoffnung bei gleichzeitig hoher bzw. niedriger Selbstverantwortlichkeit und berechnete für jede dieser Gruppen die Mittelwerte und Streuungen der Zieldiskrepanz (s. Tab. 3). Nach dem von FEATHER gemachten Revisionsvor-

Tab. 3: **Mittelwerte ($\bar{x}$) und Streuungen (*s*) der Zieldiskrepanz in Gruppen mit hoher (*h*) und niedriger (*n*) Netto-Hoffnung (*NH*) bei gleichzeitig hoher bzw. niedriger Erfolgs- (*Se*), Mißerfolgs- (*Sm*), Gesamt- (*Sg*) und Netto-Verantwortlichkeit (*Sn*) (nach KRUG, 1971).**

NH / Selbstverantwortl.		*Se*	*Sm*	*Sg*	*Sn*
	$\bar{x}$	1,70	—2,98	—1,83	1,71
h — h	*s*	18,44	25,88	24,78	20,44
	N	41	36	40	32
	$\bar{x}$	—6,58	—0,21	—1,41	—4,58
h — n	*s*	32,86	25,19	26,68	28,99
	N	28	33	29	37
	$\bar{x}$	—20,67	—22,02	—20,85	—20,02
n — h	*s*	34,23	42,76	37,67	37,68
	N	31	35	28	35
	$\bar{x}$	—20,21	—18,84	—20,12	—20,79
n — n	*s*	46,69	40,65	44,15	45,31
	N	40	36	43	36

schlag wären, wenn die Motivation konstant gehalten wird, bei hoher Selbstverantwortlichkeit ausgewogenere Zielsetzungen zu erwarten als bei niedriger. Vergleicht man die Mittelwerte der Zieldiskrepanzen zwischen den Teilgruppen mit hohen und niedrigen Werten der Selbstverantwortlichkeit (*Se, Sm, Sg, Sn*) bei gleicher Motivation, so ist keiner der Mittelwertsunterschiede auch nur annähernd signifikant. Allerdings ergeben sich teilweise statistisch bedeutsame Differenzen zwischen den entsprechenden Varianzen, nämlich für die Erfolgsverantwortlichkeit zwischen den Gruppen *h-h* und *h-n* ($F = 3{,}18$; $p < .01$) sowie *n-h* und *n-n* ($F = 1{,}86$; $p < .05$) und für die Netto-Verantwortlichkeit zwischen den Gruppen *h-h* und *h-n* ($F = 2{,}01$; $p < .05$). Demnach streuen jeweils bei niedriger Erfolgsverantwortlichkeit die Werte mehr über den Zieldiskrepanzbereich als bei hoher, so wie es nach den Annahmen FEATHERS zu erwarten ist.

3.5. Kurze Erörterung der Befunde

Unsere Hypothesen haben sich für die Erfolgs- und Gesamtverantwortlichkeit im allgemeinen recht gut bestätigt. Das Zielsetzungsverhalten von Vpn mit entsprechend niedrigen Kennwerten ist weniger realistisch, starrer und zeigt einen Trend zu atypischen Reaktionen. Das gilt in Übereinstimmung mit KRUG (1971) allerdings nicht für die Mißerfolgsverantwortlichkeit, die in keinem oder nur sehr schwachem Zusammenhang mit den verschiedenen Anspruchsniveau-Indikatoren steht.
Die differenziertere Analyse von KRUG erbrachte darüber hinaus, daß sich auch bei konstanter Motivation diese Unterschiede der Zieldiskrepanzen in Abhängigkeit von der Erfolgsverantwortlichkeit ergeben. Man kann das als Hinweis auf die Nützlichkeit des FEATHERschen Revisionsvorschlages werten. Allerdings wäre danach auch zu erwarten gewesen, daß die Mißerfolgsverantwortlichkeit in ähnlichem Zusammenhang zur Zieldiskrepanz steht; denn FEATHERS Moderatorvariable *control* ist in dieser Hinsicht nicht näher spezifiziert. Eine eingehendere Diskussion der Befunde an dieser Stelle soll jedoch erst einmal zurückgestellt werden, um nicht den nachfolgenden Untersuchungen und Ergebnissen vorzugreifen. Denn mögliche Erklärungen für die fehlenden Zusammenhänge zwischen Mißerfolgsverantwortlichkeit und Anspruchsniveau ergaben sich für uns erst nach einer differenzierteren Betrachtung von Attribuierungen, als wie sie hier vorgenommen ist (s. S. 126ff).

4. Zusammenhang zwischen Leistungsmotivation und Selbstverantwortlichkeit: Beziehungen zwischen Testdaten

4.1. Selbstverantwortlichkeit und inhaltsanalytisch ermittelte Leistungsmotivation

Wir hatten weiter oben die Erfolgs- und Mißerfolgsverantwortlichkeit als wichtige Determinanten des Erlebens von Erfolg bzw. Mißerfolg herausgestellt und damit als notwendige, wenn auch nicht hinreichende Bedingung für das Auftreten leistungsmotivierter Phänomene. Das gilt sowohl für die erfolgs- wie auch für die mißerfolgsbezogene Tendenz der Leistungsmotivation.

Bis zum Zeitpunkt der Hypothesenbildung für die in diesem Kapitel dargestellten Untersuchungen waren unterschiedliche Kausalattribuierungen bei Erfolgs- und Mißerfolgsmotivierten nicht Gegenstand intensiver Forschung. Zwar gab es einige Versuche, Zusammenhänge zwischen Selbstverantwortlichkeit bzw. *internal vs. external control* und der richtungsunspezifischen Gesamtmotivation aufzudecken; wenn man jedoch keine Beziehungen sichern konnte, so ist der Grund dafür teils in theoretischen und teils in methodologischen Schwächen der Untersuchungen zu suchen. Wie bereits gezeigt, hat sich die bisher ungeprüfte theoretische Vorentscheidung ROTTERS, bei der *internal vs. external control* handele es sich um eine quer über alle Lebenssituationen hinweg generalisierte Variable, auch in der Methodik niedergeschlagen. Zusammenhänge zwischen diesen situationsunspezifischen Kennwerten und den auf einen engen thematischen Bereich bezogenen Motivationsindizes sind kaum zu erwarten. So finden FEATHER (1967 a, b, c) und GOLD (1968) keine Beziehungen, LICHTMAN & JULIAN (1964) und ODELL (1959) berichten geringe Korrelationen von .27 bzw. .25. Der Versuch von CRANDALL et al. (1962) in ihrer sonst sehr sorgfältigen und aufschlußreichen Arbeit, Zusammenhänge zwischen der Erfolgs- und Mißerfolgsverantwortlichkeit und der Leistungsmotivation aufzudecken, scheiterte an methodischen Schwächen der Motivationserhebung.

Die Autoren benutzten Bildvorlagen des MURRAY-TAT, die dem Lebensalter der kindlichen Vpn wenig angemessen und hinsichtlich ihres leistungsthematischen Anregungsgehaltes kaum optimal ausgewogen waren. Sie unterzogen die Geschichten auch keiner differenzierteren Inhaltsanalyse, sondern bewerteten sie lediglich nach dem Auftreten bzw. Nicht-Auftreten eines Leistungsthemas. Das allerdings ist ein nur grobes Schätzverfahren, das mit Recht in Zweifel gezogen werden kann, wenn man zusätzlich die Auswahl der inhaltsanalysierten Bildsituationen berücksichtigt. Zur Bestimmung der Motivationskennwerte wurde nicht das gesamte Material herangezogen, sondern lediglich Geschichten zu den drei Bildern, die 80 % aller Leistungsthemata auf sich vereinigten. Die Differenzierungsmöglichkeiten zwischen den Probanden werden damit sehr eingeschränkt, da die Werte lediglich zwischen 0 und 3 variieren können. Es ist zudem ungünstig, gerade jene Bilder einer Inhaltsanalyse zu unterziehen, die den höchsten Anregungsgehalt besitzen, da hier eine Nivellierung individueller Unterschiede zu erwarten ist (Haber & Alpert, 1958; Heckhausen, 1964). Aus diesen Gründen ist es dann auch nicht weiter verwunderlich, wenn die Selbstverantwortlichkeit mit anderen Motivierungsindikatoren in sehr engem Zusammenhang steht (Zeit, die mit selbstgewählten intellektuellen Tätigkeiten zugebracht wird: $r = .70$; Intensität der Leistungsbemühungen bei diesen Tätigkeiten $r = .66$), nicht dagegen mit den Kennwerten der Leistungsmotivation.

Noch aus einem anderen Grunde sind Beziehungen zwischen dem Rotterschen Maß der *internal vs. external control* und der Leistungsmotivation kaum zu erwarten. In der bereits erwähnten Untersuchung von Gurin et al. (1969) ergab eine Faktorenanalyse des erweiterten Fragebogens unter anderem die unabhängigen Faktoren *personal control* und *control ideology*, wobei sich nur die Items des ersten Faktors auf eigenes Verhalten beziehen. Zusammenhänge mit Motivationsindikatoren sind nur für *personal control* zu erwarten. Die Studie von Gurin et al. bestätigt das sehr deutlich. Nur mit höheren Werten der *personal control* und nicht der *control ideology* gehen bei Studenten höhere Erfolgserwartungen einher und mehr Selbstvertrauen im Hinblick auf schulische und berufliche Leistungen; sie erstreben Berufe, die mehr Einfluß gewähren, anspruchsvoller sind, aber gemessen an Fähigkeit und Interesse gleichzeitig auch realistischer. Alles das sind Charakteristika, die ebenso bei hoch Leistungsmotivierten anzutreffen sind (s. z. B. Mahone, 1960). Die fehlende Unterscheidung zwischen *personal control* und *control ideology* ist neben der Situationsunspezifität mit ein Grund dafür, daß zwischen dem Gesamtpunktwert des Rotter-Fragebogens und Motivationsindikatoren keine oder nur geringe Beziehungen gefunden wurden.
Die referierten Befunde lassen kaum ein abschließendes Urteil über den Zusammenhang zwischen Attribuierungen und Leistungsmotivation zu. Um die Beziehungen eingehender zu analysieren, überprüften wir in einem ersten Versuchsabschnitt den Zusammenhang zwischen Selbstverantwortlichkeit und Kennwerten der Leistungsmotivation. Wir erwarteten dabei jeweils positive Beziehungen zwischen der erfolgsbezogenen Motivkomponente und der Erfolgsverantwortlichkeit sowie zwischen der mißerfolgsbezogenen und der Mißerfolgsverantwortlichkeit.

4.1.1. Versuchspersonen und Methodik

Versuchspersonen waren 29 Jungen der dritten Klasse einer evangelischen Volksschule, 30 Schüler des sechsten Schuljahres einer Realschule und 40 Schüler der Quarta und Untertertia eines Aufbaugymnasiums.

Methodik: Bei den Volksschülern wurde die Leistungsmotivation in Einzelversuchen nach der TAT-Methode erhoben (s. MEYER et al., 1965), und die Geschichten wurden nach den beiden Inhaltsschlüsseln von HECKHAUSEN (1963) ausgewertet.

In der Realschule und im Aufbaugymnasium wurde der TAT in Gruppensitzungen durchgeführt. Bei den Realschülern wurde die von MEYER et al. (1965) entwickelte Bildserie benutzt. Aus Zeitgründen konnten nur fünf Bilder gezeigt werden, für Bild *F* reichte die Zeit nicht mehr aus.

Im Aufbaugymnasium wurde der Bildersatz von HECKHAUSEN (1963) benutzt, zusätzlich Tafel 8 des bei ATKINSON (1958, S. 833) aufgeführten Bildmaterials. In keinem Falle wurde von der TAT-Erhebung ein Versuch durchgeführt. Die Erhebung der Fragebogendaten zur Selbstverantwortlichkeit erfolgte einige Tage danach. Verwandt wurden dazu in jeder Stichprobe anders abgewandelte Versionen des Verfahrens von CRANDALL et al. (1965).[1]

Kennwerte der Leistungsmotivation sind „Hoffnung auf Erfolg“ (*HE*), „Furcht vor Mißerfolg“ (*FM*), Gesamtmotivation ($Gm = HE + FM$) als Summenmaß der beiden Tendenzen sowie Netto-Hoffnung ($NH = HE - FM$).

Zur Berechnung von Korrelationen wurden bei den Gymnasiasten nur die Leistungsmotivationskennwerte herangezogen, die sich bei der Auswertung der vier schulbezogenen Bilder ergaben (*A*, *B*, *D* der Serie HECKHAUSENS sowie Tafel 8 des bei ATKINSON nachgewiesenen Bildmaterials; dabei werden die Bilder *A* und *B* nicht durchgehend als schulbezogen aufgefaßt). Diese Tafeln sind einmal dem Lebensalter der Vpn angemessen; zum anderen ist zu erwarten, daß diese situationsspezifischen Kennwerte mit der ebenfalls fast ausschließlich auf Schulsituationen bezogenen Selbstverantwortlichkeit in engerem Zusammenhang stehen. Die bei den Volks- und Realschülern angewandte Bildserie von MEYER et al. (1965) ist bis auf Bild *A* durchweg altersangemessen und thematisiert überwiegend eindeutige schulische Situationen.

In allen drei Schulen wurden die Jungen zweier Parallelklassen für den

[1] Wir modifizierten den ursprünglichen Fragebogen mehrfach, da sich herausstellte, daß nur ungefähr die Hälfte der Items genügend differenzierte und ebenso die nachträglich von uns konstruierten Fragen teilweise keine Differenzierungen zuließen.

Versuch herangezogen. Sämtliche Kennwerte wurden pro Klasse *z*-transformiert und diese Werte anschließend jeweils für die beiden Parallelklassen zusammengefaßt.

4.1.2. Befunde

Wie Tab. 4 zeigt, bestätigen sich unsere Vermutungen nur teilweise. Die Erfolgsverantwortlichkeit korreliert in allen Fällen positiv mit Hoffnung auf Erfolg, ebenso mit der Gesamtmotivation und Netto-Hoffnung, wobei allerdings im letzteren Falle die Zusammenhänge außerordentlich schwach sind.

Tab. 4: Produktmoment-Korrelationen zwischen Selbstverantwortlichkeit (Erfolgs- [*Se*], Mißerfolgs- [*Sm*], Gesamt- [*Sg*], Netto-Verantwortlichkeit [*Sn*]) und Leistungsmotivation (Hoffnung auf Erfolg [*HE*], Furcht vor Mißerfolg [*FM*], Gesamtmotivation [*Gm*], Netto-Hoffnung [*NH*]) für drei Stichproben (I: Volksschüler, $N = 29$; II: Realschüler, $N = 30$; III: Gymnasiasten, $N = 40$).

		HE	*FM*	*Gm*	*NH*
	I	.38**	.00	.27	.26
Se	II	.31*	.20	.45**	.07
	III	.23	.09	.28*	.08
	I	.49***	—.18	.22	.43**
Sm	II	—.06	.00	—.01	—.03
	III	—.15	.28*	.18	—.25
	I	.53***	—.10	.32*	.25
Sg	II	.10	.09	.20	.02
	III	.05	.26*	.32**	—.12
	I	.09	.18	.08	—.17
Sn	II	.15	.12	.22	.02
	III	.28*	—.13	.08	.24

* $p < .10$; ** $p < .05$; *** $p < .01$
(zweiseitige Fragestellung)

Ebenso ergeben sich durchweg positive Korrelationen zwischen Gesamtverantwortlichkeit und Gesamtmotivation. Inkonsistent sind die Korrelationen zwischen „Furcht vor Mißerfolg“ und der Mißerfolgsverantwortlichkeit, ebenso zwischen „Hoffnung auf Erfolg“ und der Mißerfolgsverantwortlichkeit. Besonders die bei der Stichprobe I sich ergebenden Zusammenhänge widersprechen unseren Vermutungen. Denn danach war eine negative Beziehung zwischen *HE* und *Sm* zu erwarten, eine positive zwischen *FM* und *Sm*. Es ist nicht auszuschließen, daß diese den Erwartungen entgegengesetzten Befunde auf die in den Stichproben unterschiedlichen Fragebogenversionen zurückzuführen sind, in die zum Teil jeweils andere Items eingingen. Wir werden darauf später zurückkommen (s. S. 87f.). Zunächst soll der Zusammenhang zwischen Furcht vor Mißerfolg und Selbstverantwortlichkeit erneut überprüft werden, wenn die mißerfolgsbezogene Motivationstendenz mittels Fragebogen erhoben wird.

4.2. Leistungsängstlichkeit und Selbstverantwortlichkeit

Wir zogen zur Überprüfung der Beziehung beider Variablen die Daten der Arbeiten von WACKER (1969) und MOOSHAGE (1969) heran. MOOSHAGE untersuchte Jungen des vierten Schuljahres mit einer modifizierten Form des IAR von CRANDALL et al. (1965) und einer abgewandelten, mehr auf Schulleistungssituationen bezogenen Form der *Children's Manifest Anxiety Scale* (CMAS) von CASTANEDA et al. (1956); mit den gleichen Instrumenten führte WACKER Untersuchungen an Jungen des vierten und fünften Schuljahres durch.
Wie Tab. 5 zeigt, ergeben sich übereinstimmend in beiden Stichproben Zusammenhänge, die unseren Erwartungen entsprechen. Mit höherer Ängstlichkeit geht höhere Mißerfolgs- und geringere Erfolgsverantwortlichkeit einher.

Tab. 5: Produktmoment-Korrelationen zwischen Ängstlichkeit und Selbstverantwortlichkeit (*Se*, *Sm*, *Sg*, *Sn*) bei zwei Stichproben (WACKER, MOOSHAGE).

Stichprobe	*Se*	*Sm*	*Sg*	*Sn*
WACKER ($N = 62$)	—.20	.26**	.06	—.36***
MOOSHAGE ($N = 140$)	—.41****	.13	.14*	—.15*

* $p <.10$; ** $p <.05$; *** $p <.01$; **** $p <.001$
(zweiseitige Fragestellung)

In Übereinstimmung mit diesen Ergebnissen fand CRANDALL (1968, pers. Mitteilung) negative Korrelationen zwischen Ängstlichkeit (ebenfalls erfaßt mit CMAS) und Erfolgsverantwortlichkeit (r = —.14, $N = 74$; r = —.02, $N = 47$), positive mit der Mißerfolgsverantwortlichkeit (r = .01; $N = 74$; $r = .26$, $N = 47$).
In allen anderen Untersuchungen, die Beziehungen zur (Leistungs-)Ängstlichkeit nachgingen, wurde ein situationsunspezifisches Maß der Selbstverantwortlichkeit verwandt, meist der ROTTER-Fragebogen. Dabei zeigte sich ohne Ausnahme, daß *debilitating anxiety* (nach AAT, ALPERT & HABER, 1960) positiv mit höherer Externalität korreliert, *facilitating*

anxiety negativ (BUTTERFIELD, 1964; FEATHER, 1967a, b; WATSON, 1967). RAY & KATHAN (1968) fanden positive Korrelationen zwischen Kennwerten des TAQ (MANDLER & SARASON, 1952) und Externalität, ebenso mit denen der MAS (TAYLOR, 1953) WARE (zit. nach ROTTER, 1966), JAMES & WORTHINGTON (1967), WATSON (1967), RAY & KATHAN (1968) sowie HOUNTRAS & SCHARF (1970). Positive Zusammenhänge zwischen Externalität und anderen Angstskalen berichten ebenso TOLOR & REZNIKOFF (1967), BOWERS (1968) und PLATT & EISENMAN (1968). Negative Korrelationen (außer mit *facilitating anxiety*) finden sich nicht.

Positive Zusammenhänge zwischen Ängstlichkeit und Externalität sind auch nach einer Theorie von MANDLER & WATSON (1966) unter bestimmten Bedingungen zu erwarten. Danach soll die unerwartete Unterbrechung organisierter Handlungsverläufe dann Angst erregen, wenn dem Individuum wenig oder keine alternativen Handlungsmöglichkeiten gegeben sind. Das soll besonders bei niedriger Selbstverantwortlichkeit der Fall sein, da das Individuum dann wenig Kontrolle über die Umgebung zu haben glaubt und ihm daher subjektiv wenig Handlungsalternativen zur Verfügung stehen. WATSON (1967) leitet daraus die allgemeinere Hypothese ab, daß *„individuals who score in the external direction on the Locus of Control* (LC) *scale will tend to be more anxious than those who score in the internal direction, because the latter group will more often appraise the world as one in which they can complete organized response sequences"* (S. 91). Ängstlichkeit ist demnach die Folge einer hohen Externalität (oder geringen Selbstverantwortlichkeit).

Die von WATSON selbst und anderen Autoren berichteten Korrelationen entsprechen der Hypothese recht gut, abgesehen von den negativen Zusammenhängen zwischen Externalität und AAT fac. Aber auch sie passen sich in das allgemeine Bild ein, wenn man in Rechnung stellt, daß die entsprechenden Items im Fragebogen solche Verhaltensweisen ansprechen, die für den mehr Erfolgszuversichtlichen charakteristisch sind (z. B.: Prüfungen sehe ich zuversichtlich entgegen). So berichten auch FISCH & SCHMALT (1970) positive Korrelationen zwischen „Hoffnung auf Erfolg" (nach HECKHAUSEN, 1963) und AAT fac. AAT fac und AAT deb selbst korrelieren negativ, wie in einer Reihe von Arbeiten nachgewiesen wurde.

Wir hatten eine entgegengesetzte Hypothese aufgestellt, nach der hohe Mißerfolgsverantwortlichkeit Voraussetzung der Mißerfolgsängstlichkeit sein soll und fanden auch positive Zusammenhänge zwischen beiden Variablen (die allerdings keine Schlüsse über deren Kausalzusammenhang zulassen). Wie sind diese gegensätzlichen Befunde zu erklären? Die Hauptunterschiede zwischen den referierten Untersuchungen und unserer bestehen darin, daß wir a) ausschließlich Schulkinder als Vpn heranzogen, die anderen Autoren ausnahmslos Erwachsene, und daß wir b) ein situationsspezifisches Instrument der Selbstverantwortlichkeit benutzten, alle anderen Autoren ein situationsunspezifisches, das zudem die Erfolgs- und Mißerfolgsverantwortlichkeit nicht getrennt zu erfassen gestattet. Letzteres könnte die Ursache für die widersprüchlichen Ergebnisse sein. Die im ROTTER-Fragebogen thematisierten Situationen sind nicht nur in dem Sinne unspezifisch, daß sie sich auf ganz unterschiedliche Situationsbereiche beziehen (Politik, Leistung, sozialer Kontakt), sondern auch darin, daß Erfolg und Mißerfolg meist offengelassen werden (z.B.: Häufig scheint mir, daß ich wenig Einfluß darauf habe, was mir passiert. Item 9 aus dem Fragebogen von ROTTER). Es ist daher ein empirisches Problem, ob hier eher Erfolgs- oder Mißerfolgsverantwortlichkeit erfaßt wird. Entspräche hohe Externalität im ROTTER-Fragebogen einer geringen Erfolgsverantwortlichkeit, so ließen sich die widersprüchlichen Befunde einem Erklärungsansatz unterordnen.

Die gegensätzlichen Ergebnisse lassen sich aber auch auf andere Weise erklären. Es ist nämlich zu vermuten, daß Bedingung der Angst auf der einen Seite eine hochgeneralisierte *Externalität* sein kann, auf der anderen Seite eine mehr situationsspezifische *Internalität* für Mißerfolge.

Ein hoher Externalitätspunktwert im ROTTER-Fragebogen indiziert vermutlich ein allgemeines Gefühl der Hilf- und Machtlosigkeit, das eine Vielzahl von Situationen betrifft. Diese subjektiv geringe Kontrollierbarkeit und Beeinflußbarkeit von Außenweltgegebenheiten kann allgemeine Ängstlichkeit nach sich ziehen, da der Eintritt zukünftiger Ereignisse nicht als voraussagbar und daher durch eigenes Verhalten abwendbar aufgefaßt wird. Die Angst bezieht sich in diesem Falle nicht auf selbstverursachte negative Handlungskonsequenzen, sondern auf den Eintritt nicht kalkulierbarer Ereignisse.

Andererseits kann Ängstlichkeit auch mit hoher Internalität korrelieren, nämlich immer dann, wenn die Angst sich auf selbstverursachte negative Leistungsresultate in verschiedenen Lebensbereichen bezieht. Bedingung der Möglichkeit dieser Art von Angst ist, daß der erwartete Effekt der eigenen Person zugeschrieben wird.

5. Ursachenerklärung experimentell induzierter Erfolge und Mißerfolge bei Erfolgs- und Mißerfolgsmotivierten

Um weiteren Aufschluß über unterschiedliche Ursachenerklärungen bei Erfolgs- und Mißerfolgsmotivierten zu bekommen, erfaßten wir Kausalinterpretationen nicht nur mittels Fragebogen, in dem die Vp sich Situationen vorzustellen hat, die einmal eingetreten sind oder eingetreten sein können, sondern mehr direkt im Experiment, wenn Erfolg und Mißerfolg nach Bearbeitung einer Aufgabe vom Vl induziert werden.
Methodisch lehnten wir uns bei den beiden hier geschilderten Experimenten an einen Versuch von WEINER & KUKLA (1970) an, die ebenfalls unterschiedliche Kausalattribuierungen zwischen den Motivgruppen untersuchten.[1] Wie in den Arbeiten von JAMES & ROTTER (1958) und ROTTER et al. (1961) hat die Vp Voraussagen über die Abfolge bestimmter Gegebenheiten zu machen.

5.1. Experiment I

5.1.1. Versuchspersonen und Methodik

Versuchspersonen waren 44 Schüler zweier Parallelklassen (9. Schuljahr) einer Realschule.
Methodik: In zwei Gruppensitzungen mit je einer Klasse wurde der TAT durchgeführt. Benutzt wurden die Bilder *A, B, D, F* aus der Serie HECKHAUSENS (1963) sowie Tafel 8 des bei ATKINSON (1958, S. 833) aufgeführten Bildmaterials. Die Geschichten wurden nach den Inhaltsschlüsseln HECKHAUSENS (1963) ausgewertet. Drei Protokolle waren nicht verwertbar, da in zwei Fällen zu jeweils zwei Bildern keine Geschichte niedergeschrieben wurde. In einem Falle fehlte zu einem Bild die Geschichte, bei den übrigen Bildern war nur ein Teil der Fragen beantwortet.
Zur Einteilung in die experimentellen Gruppen (Erfolgs- bzw. Mißerfolgsinduktion) wurden die verbleibenden 41 Vpn nach der Höhe der *NH*-

[1] Für die Hinweise zu diesen Experimenten bin ich Herrn Professor WEINER dankbar.

Kennwerte aus dem TAT in eine Rangreihe gebracht, und zwar getrennt für beide Klassen, da sich leichte Unterschiede in den Motivationskennwerten ergaben. Nach der Rangfolge wurde abwechselnd je eine Vp der Erfolgs- bzw. Mißerfolgsbedingung im nachfolgenden Versuch zugewiesen. An dem sich vier Tage später anschließenden Experiment nahmen 34 der 41 Vpn teil. Die fehlenden 7 Vpn waren mit der Vorbereitung eines Schulfestes beauftragt. Der Vl gab vor, einen Test ausprobieren zu wollen und stellte ihn mit folgender Anweisung vor:

Wir möchten heute einen Test mit Euch durchführen, der in Amerika entwickelt wurde. Bisher wurde er in Deutschland nur wenig angewandt. Zwar haben wir mit ihm schon Versuche an einigen anderen Realschulen durchgeführt, wissen aber noch nicht genau, wovon die Testergebnisse abhängen.
Um darüber genauere Aufschlüsse zu bekommen, möchten wir den Test auch mit Euch durchführen und Euch im Anschluß daran um einige Angaben bitten.
Es geht hier darum, zu erkennen, nach was für einer Gesetzmäßigkeit eine Aufgabe aufgebaut ist. Wie gut man solch ein Gesetz erkennen kann oder nicht, hängt ab von der sogenannten divergenten Begabung. Am besten erkläre ich Euch an einem Beispiel, worum es hier geht. Ihr versteht es dann am besten.
Ich werde Euch neun Dias zeigen. Auf jedem Dia sind elf Kästchen und ein Punkt. Der Punkt wandert auf jedem Dia in ein anderes Kästchen. Er tut das aber nicht willkürlich, sondern nach einem bestimmten Gesetz oder System. Ihr sollt dieses Gesetz herausfinden.
Hier ist das erste Beispiel. Ich zeige Euch neun Dias. Paßt dabei auf; versucht, das Gesetz zu finden und gebt dann an, in welches Kästchen der Punkt beim 10. Dia wandern müßte ...

Es werden drei Probereihen gezeigt, die nach einem bestimmten System zusammengestellt sind. *1. Probereihe:* Der Punkt befindet sich beim 1. Dia im ersten numerierten Kästchen, beim 2. Dia im zweiten, dann im dritten usw. und müßte sich beim 10. Dia im zehnten Kästchen befinden. *2. Probereihe:* Punkt nacheinander in den Kästchen 1, 3, 5, 7, 9, 11, 9, 7, 5 und müßte beim 10. Dia in Kästchen 3 erscheinen. *3. Probereihe:* Punkt nacheinander in den Kästchen 1, 2, 1—3, 4, 3—5, 6, 5 und müßte beim 10. Dia in Kästchen 7 erscheinen.
Der Vl erklärte jeweils die Gesetzmäßigkeit, vergewisserte sich, ob die Aufgabe verstanden war und fuhr dann fort:

Die Aufgabenreihen, die nun folgen, sind schwieriger. Auch wer meint, das Gesetz nicht erkannt zu haben, macht einen Punkt in das Kästchen, das ihm am passendsten zu sein scheint. Denn es kann bei diesem Test häufig so sein, daß man ein richtiges Gefühl dafür hat, an welche Stelle der Punkt (auf dem Antwortblatt, auf dem für jede der 15 Aufgaben 11 numerierte Kästchen vorgegeben sind) zu setzen ist. Man kann dann das Gesetz oder das System zwar nicht genau angeben, macht es aber doch richtig, weil man für einen selbst ganz unbemerkt das Gesetz erkannt hat. Wer eine gute divergente Begabung hat, macht es häufig gefühls-

mäßig richtig, ohne daß er das Gesetz genau angeben kann. Dieses gefühlsmäßige Richtigmachen kann entscheidend sein.
Es kann bei diesen Aufgaben natürlich auch sein, daß man alleine durch Glück und Zufall die richtige Lösung findet. Das hat dann mit divergenter Begabung nichts mehr zu tun. Aber durch Glück und Zufall können natürlich auch richtige Lösungen zustande kommen.

Es werden 15 Aufgaben durchgeführt; jedes Dia wird für $3^1/_2$ Sekunden projiziert, der Wechsel erfolgt automatisch. Die Vp hat auf einem vorbereiteten Antwortbogen anzugeben, in welchem Kästchen sich der Punkt jeweils beim 10. Dia befinden müßte.

Danach werden die Lösungsblätter eingesammelt und den Vpn wird mitgeteilt, daß die Blätter von einem Helfer des Vl „mit einer Schablone ausgewertet werden". Der Auswerter sitzt an einem gesonderten Tisch vor den Vpn und legt an jedes Lösungsblatt eine Schablone an. Entsprechend der vorherigen Festlegung werden 4 oder 5 (Mißerfolg) bzw. 11 oder 12 (Erfolg) richtige Lösungen auf dem Antwortbogen vermerkt.

Tatsächlich waren alle Aufgaben mit einer Ausnahme so konstruiert, daß es keine richtigen oder falschen Lösungen gab. Nur eine Aufgabe war nach einer bestimmten Gesetzmäßigkeit aufgebaut und leicht lösbar. Alle anderen waren so zusammengestellt, daß bei den Vpn zwar der zwingende Eindruck aufkommen konnte, als ergäbe sich die Abfolge der Dias aus einem bestimmten zugrunde liegenden System, was aber nicht zutraf. Diese Aufgabenart wurde zusammen mit dem Instruktionshinweis des „gefühlsmäßigen Richtigmachens" gewählt, damit den Vpn die Erfolgs- und Mißerfolgsinduktion glaubhaft erscheint und um sowohl Zufalls- wie auch Begabungsattribuierungen zu provozieren.

Nach einer Zwischenbeschäftigung wurden die Antwortblätter mit den entsprechenden Lösungsvermerken namentlich wieder ausgeteilt und vom Vl wurde mitgeteilt, daß nach den bisherigen Erfahrungen mit diesem Test Realschüler des neunten Schuljahres durchschnittlich *acht* Richtiglösungen erzielen (Bezugspunkt für die Induktion von Erfolg oder Mißerfolg).

Auf zwei an das Lösungsblatt (vom Auswerter nachträglich) angehefteten Blättern wurden die Vpn gebeten, zu diesem Test einige Angaben zu machen, da sich der Vl darüber Aufschluß verschaffen wolle, „inwieweit Glück und Zufall und inwieweit das richtige Gefühl für das Gesetz, also die divergente Begabung hier eine Rolle spielen". Die Vp sollte beides auf einer 11-Punkte-Skala angeben, deren Endpunkte jeweils bezeichnet waren mit „hängt gar nicht vom Glück und Zufall ab" bzw. „hängt ganz alleine vom Glück und Zufall ab" und „hängt gar nicht von divergenter Begabung ab" bzw. „hängt ganz alleine von divergenter Begabung ab".

Wie sehr hängt nach Deinen Erfahrungen in diesem Test die Lösung dieser Art von Aufgaben vom Glück und Zufall ab?
Kreuze es bitte unten auf der Skala an. Je größer die Zahl auf der Skala ist, desto mehr spielen Glück und Zufall eine Rolle.

Wie sehr hängt nach Deinen Erfahrungen in diesem Test die Lösung dieser Art von Aufgaben von der divergenten Begabung ab, also auch vom richtigen Gefühl für das Gesetz oder System, nach dem die Aufgabe aufgebaut ist?
Kreuze es bitte auf der folgenden Skala an. Je größer die Zahl ist, desto mehr spielen richtiges Gefühl und divergente Begabung eine Rolle.

Zum anderen wurde gefragt, wie viele der „richtig" gelösten Aufgaben aufgrund von Zufall und Glück und wie viele aufgrund divergenter Begabung gelöst wurden:

Du hast bei diesem Test, der aus 15 Aufgaben bestand, bei einer bestimmten Anzahl von Aufgaben das Gesetz zutreffend angegeben.
Gib bitte an, wie viele Aufgaben davon Du Deiner Ansicht nach alleine durch Glück und Zufall gelöst hast und wie viele Du aufgrund des richtigen Gefühls für das Gesetz (divergente Begabung) gelöst hast ... Achte darauf, daß die Summe beider Zahlen die Anzahl von Aufgaben ergeben muß, bei denen Du das Gesetz zutreffend angegeben hast.

5.1.2. Hypothesen

Unsere Voraussagen für dieses Experiment stützen sich auf die weiter oben dargestellten theoretischen Überlegungen; die erste Hypothese knüpft an die wiederholt beobachtete Tendenz an, Erfolge mehr als Mißerfolge der eigenen Person zuzuschreiben (s. z. B. Hoppe, 1931).
a) Es besteht allgemein die Tendenz, Erfolge mehr als Mißerfolge der eigenen Fähigkeit zuzuschreiben.
b) Die Motivation steht in Wechselwirkung mit der Erfolgs- und Mißerfolgsattribuierung: Erfolgsmotivierte machen Erfolge stärker von der eigenen Fähigkeit abhängig als Mißerfolgsmotivierte, Mißerfolgsmotivierte dagegen ihre Mißerfolge mehr als Erfolgsmotivierte.
c) Aus den Hypothesen a) und b) folgt, daß die Differenz der Fähigkeitsattribuierung für Erfolg und Mißerfolg bei Erfolgsmotivierten größer ist als bei Mißerfolgsmotivierten.

5.1.3. Befunde

Zur Überprüfung der Hypothesen wurden zwei Kennwerte gebildet: 1. Die Differenz zwischen Begabungs- und Zufallsskalierung; sie ist nega-

tiv, wenn die Zufallskomponente überwiegt. 2. Der Prozentanteil der durch Zufall gelösten Aufgaben an allen gelösten Aufgaben.
Die Hypothesen bestätigen sich zumindest teilweise, wenn man den ersten Kennwert zur Prüfung heranzieht.

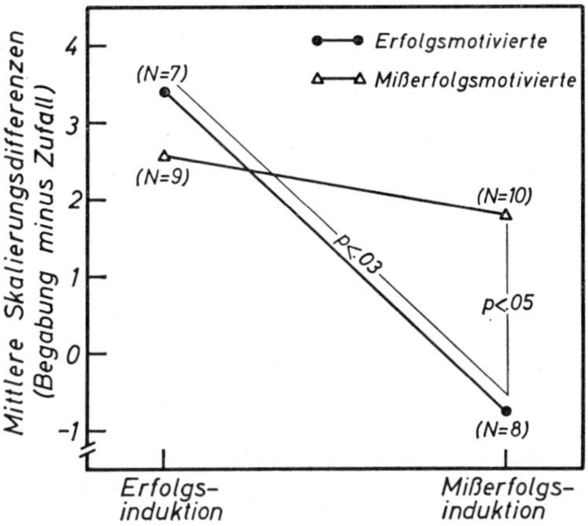

Abb. 8: Mittelwerte der Skalierungsdifferenzen (Begabung minus Zufall) bei Erfolgs- und Mißerfolgsmotivierten nach Erfolgs- bzw. Mißerfolgsinduktion.

Wie aus der Abb. 8 hervorgeht, besteht ein allgemeiner Trend, Erfolge mehr als Mißerfolge der eigenen Begabung zuzuschreiben (Hypothese a); der Induktionseffekt ist varianzanalytisch geprüft signifikant (F [1/30] = 5,11; $p < .05$). Bei einer gesonderten Prüfung mittels U-Test ergibt sich allerdings nur für die Erfolgsmotivierten ein signifikanter Attribuierungsunterschied zwischen den Bedingungen, nicht dagegen bei den Mißerfolgsmotivierten. Erfolgsmotivierte schreiben Erfolg eher der eigenen Begabung zu (+3,43), Mißerfolg mehr dem Zufall (—0,75).
Die Wechselwirkung zwischen Motivation und Erfolgs- bzw. Mißerfolgsinduktion allerdings läßt sich nicht genügend gegen Zufälligkeit sichern (F [1/30] = 2,46; $p > .10 < .25$). Zwar erleben Erfolgsmotivierte — verglichen mit Mißerfolgsmotivierten — Erfolge weniger und Mißerfolge mehr als zufallsabhängig; jedoch läßt sich nur der letztere Unterschied bei einer gesonderten Prüfung statistisch sichern ($p < .05$; nach U-Test bei einseitiger Fragestellung).
Entsprechend der Hypothese c ist die Differenz zwischen der Erfolgs- und Mißerfolgsattribution bei Erfolgszuversichtlichen signifikant ($p < .03$; nach U-Test bei einseitiger Fragestellung), nicht dagegen bei den Mißerfolgsängstlichen.

Die vermutete Wechselwirkung (Hypothese b) zeigt sich deutlicher, wenn man als weiteren Attribuierungskennwert den Prozentanteil der durch Zufall gelösten an allen gelösten Aufgaben heranzieht (s. Abb. 9).

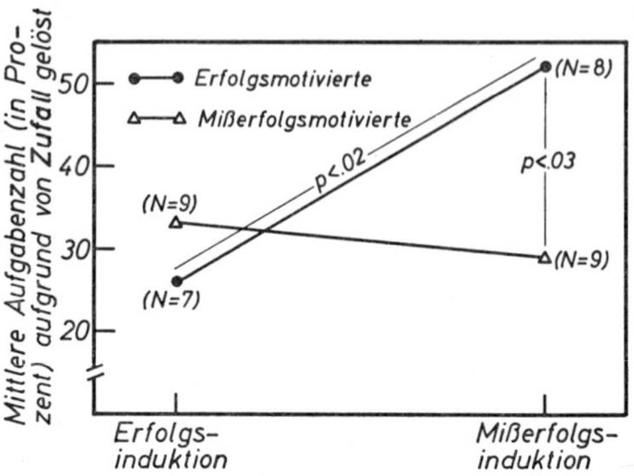

Abb. 9: Mittlere Prozentanteile der aufgrund von Zufall gelösten Aufgaben an allen gelösten Aufgaben bei Erfolgs- und Mißerfolgsmotivierten für Erfolgs- und Mißerfolgsinduktion.[1]

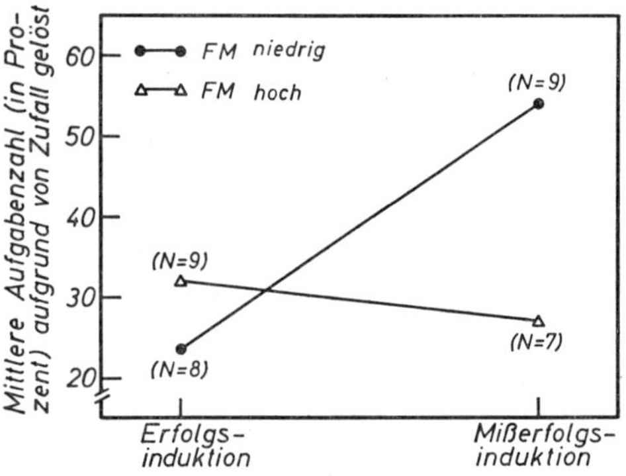

Abb. 10: Mittlere Prozentanteile der aufgrund von Zufall gelösten Aufgaben an allen gelösten Aufgaben bei hoch und niedrig Mißerfolgsängstlichen (nach „Furcht vor Mißerfolg" klassifiziert) für Erfolgs- und Mißerfolgsinduktion.

Der Wechselwirkungseffekt erreicht hier knapp das übliche Signifikanzniveau (F [1/29] = 4,11; $p < .10$). Die beiden anderen Effekte sind bei varianzanalytischer Prüfung nicht signifikant. Bei einer einfachen Mittel-

[1] Das *N* verringert sich hier um eine Vp, die entgegen der Instruktion die Prozentanteile für alle bearbeiteten und nicht für alle gelösten Aufgaben angab; dasselbe gilt für die Abb. 10.

wertsprüfung zeigt sich aber auch hier, daß Erfolgsmotivierte Erfolge mehr der eigenen Fähigkeit zuschreiben als Mißerfolge ($p < .02$), und sie — verglichen mit Mißerfolgsmotivierten — Mißerfolg mehr als zufallsbedingt auffassen ($p < .03$; jeweils nach U-Test bei einseitiger Fragestellung).
Die erwarteten Zusammenhänge treten im Hinblick auf beide Attribuierungskennwerte am deutlichsten hervor, wenn man als Motivindikator nicht das Differenzmaß Netto-Hoffnung heranzieht, nach dem die experimentellen Gruppen eingeteilt wurden, sondern „Furcht vor Mißerfolg" (s. Abb. 10).
Der Wechselwirkungseffekt zwischen Motivation (*FM*) und Induktion ist bei Verwendung des zweiten Kennwertes (Aufgaben in Prozent durch Zufall gelöst) signifikant (F [1/29] = 6,65; $p < .05$), nicht dagegen, wenn der erste Attribuierungskennwert (Skalierung) herangezogen wird. Auf die entsprechende Darstellung wird daher verzichtet.

5.1.4. Erörterung der Befunde

Die hier berichteten Befunde stimmen mit unseren Hypothesen recht gut überein. Erfolgsmotivierte machen Erfolg mehr als Mißerfolg von der eigenen Fähigkeit abhängig. Verglichen mit den Mißerfolgsängstlichen attribuieren sie Erfolg mehr auf Fähigkeit und Mißerfolg weniger auf Zufall. Bei den Mißerfolgsmotivierten deutet sich zudem die Tendenz an, Erfolge mehr als Mißerfolge mit Zufall zu erklären.
Unsere Befunde stimmen mit denen von WEINER & KUKLA (1970) weitgehend überein, von deren Experiment wir ausgingen, um Unterschiede der Erfolgs- und Mißerfolgsattribuierung in den Motivationsgruppen zu untersuchen.

Die Autoren verlasen in Zufallsreihenfolge die Ziffern 0 und 1 und versetzten ihre Vpn in den Glauben, es gäbe in der verlesenen Zahlenreihe „gewisse Trends und Tendenzen", die es zu entdecken gelte und aufgrund derer man dann eine überzufällig große Anzahl von Ziffern voraussagen könne (mehr als 25 Ziffern von insgesamt 50). Die Vpn hatten im Anschluß an den Versuch anzugeben, wie viele der von ihnen richtig vorausgesagten Ziffern eher auf eigene Tüchtigkeit *(skill)* als auf Glück zurückzuführen seien. In Übereinstimmung mit unseren Befunden ergab sich, daß Hochmotivierte (Erfolgsmotivierte) — verglichen mit Niedrigmotivierten (Mißerfolgsmotivierten) — Erfolge stärker als tüchtigkeitsabhängig erleben, Mißerfolge dagegen weniger. Allerdings läßt diese Tüchtigkeitsskalierung keine eindeutige Interpretation der Befunde zu, wie die Autoren selbst bemerken. Denn die Ergebnisse sagen nichts darüber aus, daß Hochmotivierte nicht auch Mißerfolge als ich-abhängig erleben. Mißerfolge können von ihnen auch subjektiv auf einen Mangel an Tüchtigkeit zurückgeführt werden und nicht auf die personunabhängige Determinante Pech. Da beide Aspekte der Attribution *(internal vs. external)* nicht getrennt erfaßt sind, lassen die Befunde beide Interpretationsmöglichkeiten offen.

Die hier gefundenen Ergebnisse sind von Bedeutung für die Theorie der Leistungsmotivation. HECKHAUSEN (1972a) hat kürzlich das Leistungsmotiv als Selbstbekräftigungssystem konzipiert, wobei als Selbstbekräftigungen die mit (erlebtem) Erfolg und Mißerfolg einhergehenden positiven bzw. negativen affektiven Phänomene gefaßt sind.

Notwendige Bedingungen für derartige Bekräftigungsphänomene sind — wie bereits weiter oben gezeigt wurde — a) die Fähigkeit, Schwierigkeitsgrade von Tätigkeiten unterscheiden zu können. Das Erleben von Erfolg und Mißerfolg ergibt sich aber noch nicht aus der objektiven Handlungskonsequenz einer erfolgreichen oder nichterfolgreichen Bewältigung verschiedener Schwierigkeitsgrade. Notwendig ist zudem b), daß ein kausales Beziehungsverhältnis zwischen Ich und Tätigkeitsprodukt hergestellt wird, man sich selbst als Urheber des Effektes begreift (Selbstverantwortlichkeit) und schließlich c) die Herausbildung eines Minimalstandards der eigenen Tüchtigkeit (Anspruchsniveau einfachster Art), dessen Realisierung man für verbindlich hält. Er ist der Normwert für den Handlungseffekt als Erfolg oder Mißerfolg und Kriterium für positive oder negative Selbstbekräftigung.

Aus unseren Befunden lassen sich Schlußfolgerungen auf unterschiedliche Selbstbekräftigungssysteme Erfolgs- und Mißerfolgsmotivierter ziehen. Erfolgsmotivierte zeigen deutliche Unterschiede in der Attribuierung von Erfolg und Mißerfolg. Die internale Ursachenzuschreibung von Erfolg müßte positiven Affekt nach sich ziehen, die überwiegend externale von Mißerfolg geringen oder keinen negativen Affekt. Verglichen mit dieser bemerkenswerten Attribuierungsasymmetrie der Erfolgszuversichtlichen ergeben sich bei Mißerfolgsängstlichen nur geringe (nicht-signifikante) Divergenzen in der Erfolgs- und Mißerfolgsattribuierung, wie es auch WEINER & KUKLA (1970) fanden. Dementsprechend müßte ihre selbstbekräftigende „Affektbilanz" nach Erfolg und Mißerfolg nahezu ausgeglichen sein.
Vergleicht man beide Motivationsgruppen untereinander, so ist bei den Mißerfolgsmotivierten aufgrund der höheren Begabungsattribuierung eine ausgeprägtere negative Bekräftigung nach Mißerfolg und aufgrund der höheren Zufallsattribuierung eine schwächere positive Bekräftigung nach Erfolg (als jeweils bei den Erfolgsmotivierten) zu erwarten. Diese unterschiedlichen Selbstbekräftigungsstrategien sollen nach HECKHAUSEN (1972a) zu einer immer weitgehenderen Stabilisierung des vorherrschenden Motivsystems beitragen.
Die Zusammenhänge zwischen Attribuierungen und Affekt lassen sich in

einem ersten Schritt überprüfen, wenn man in dem hier geschilderten Versuch zusätzlich nach induziertem Erfolg bzw. Mißerfolg den resultierenden affektiven Gefühlszustand skalieren läßt. Wir haben das in einem weiteren Versuchsabschnitt getan, jedoch das ursprüngliche Experiment abgeändert, um gleichzeitig einen möglichen Interpretationsansatz für die in diesem Kapitel berichteten Befunde zu prüfen. Er rekurriert auf Variablen, die in diesem Experiment nicht erfaßt wurden. Danach ist es möglich, daß für die Attribuierung positiver und negativer Leistungsresultate ein motivationsspezifisches Erwartungsniveau der eigenen Leistungsgüte eine Rolle spielt, wobei *zu* große Diskrepanzen des Resultates davon allgemein eine externale Attribution nach sich ziehen. Hat die Vp bestimmte Hypothesen über die Güte eigener Leistungen, und weicht das (hier nachträglich mitgeteilte) Resultat zu weit nach unten von der Erwartung ab, wird es nicht mehr der eigenen Tüchtigkeit zugeschrieben, sondern dem Zufall (s. S. 18). Das wird vermutlich weniger der Fall sein, wenn das Resultat nach oben abweicht, da — wie bereits erwähnt — wiederholt eine allgemeine Tendenz festgestellt wurde, Erfolge mehr als Mißerfolge der eigenen Person zuzuschreiben.

Geht man davon aus, daß in diesem Experiment maßgeblich für die Attribuierung nicht die (für beide Motivationsgruppen gleichen) Abweichungen des Resultates von der vorgegebenen Norm sind, sondern Abweichungen vom Erwartungsniveau, und nimmt man gleichzeitig an, daß sich das Erwartungsniveau Erfolgs- und Mißerfolgsmotivierter in diesem Experiment unterscheidet, bietet sich ein neuer Interpretationsansatz für die Ergebnisse an.

Nach Befunden von Feather (1965) schätzen Erfolgsmotivierte die Wahrscheinlichkeit der Zielerreichung solcher Aufgaben, die vom Versuchsleiter als mittelschwer ausgegeben werden, höher ein als Mißerfolgsmotivierte. Unterstellt man auch für diese Aufgabentätigkeit, daß Erfolgszuversichtliche mehr Richtiglösungen erwarten, so entspräche die Mißerfolgsrückmeldung (4 bzw. 5 Lösungen bei 15 Aufgaben) eher dem Erwartungsniveau der Mißerfolgsmotivierten, was deren ausgeprägtere internale Mißerfolgsattribuierung erklären könnte. Dieser Unterschied zwischen beiden Motivgruppen wäre dann nicht durch persönlichkeitsspezifische Attribuierungsbevorzugungen bedingt, sondern ginge auf diskrepante Erfolgserwartungen beider Gruppen zurück.

Andererseits entspräche die Erfolgsrückmeldung (11 bzw. 12 Lösungen bei 15 Aufgaben) eher dem Erwartungsniveau der Erfolgsmotivierten. Geht man jedoch von der allgemeinen Tendenz aus, besonders Erfolge der eigenen Person zuzuschreiben, so ist trotz der größeren Abweichung des Resultates auch bei den Mißerfolgsmotivierten eine überwiegend internale

Erfolgsattribuierung zu erwarten, die sich nicht sehr stark von der der Erfolgszuversichtlichen unterscheidet.
Diese Interpretation der Befunde geht unter anderem von der für dieses Experiment ungeprüften Annahme unterschiedlicher Erfolgserwartungen beider Motivationsgruppen aus. Das kann allerdings keineswegs als gesichert angenommen werden, da ein ähnlicher Befund wie der FEATHERS (1965) nur bei BRODY (1963) auszumachen war, dagegen FEATHER (1961, 1963 a) sowie FEATHER & SAVILLE (1967) keine Unterschiede der subjektiven Wahrscheinlichkeit zwischen Erfolgs- und Mißerfolgsmotivierten fanden. Zudem widersprechen dem Interpretationsansatz die in den vorauslaufenden Kapiteln berichteten Beziehungen zwischen Selbstverantwortlichkeit und Leistungsmotivation bzw. Ängstlichkeit, die darauf hindeuten, daß es Unterschiede der Attribuierung in beiden Motivationsgruppen gibt, die kaum auf unterschiedliche Erwartungen zurückgeführt werden können.
Da aber trotzdem aufgrund der fehlenden Kontrolle der Erwartung die erwogene Erklärungsmöglichkeit nicht völlig von der Hand zu weisen ist, erscheint es uns notwendig, das Erwartungsniveau zu erfassen und es als Bezugspunkt für die Induktion von Erfolg und Mißerfolg zu benutzen.

5.2. Experiment II

In einem zweiten Experiment, das in der Anordnung dem ersten weitgehend gleicht, versuchten wir, diese Fragen weiter abzuklären. Bezugspunkt für die Induktion von Erfolg und Mißerfolg war hier nicht eine fiktive Gruppennorm, sondern die Anzahl der von jeder Vp geschätzten Richtiglösungen (das sog. Erwartungsniveau).
Zudem erfaßten wir die mit Erfolg und Mißerfolg einhergehenden affektiven Gefühlszuständlichkeiten, um einen ersten Anhalt für die vermuteten unterschiedlichen Selbstbekräftigungsstrategien in beiden Motivationsgruppen zu bekommen.
Zusätzlich wurde neben der „Begabung“ die „Anstrengung“ als internale Attribuierungsdeterminante vorgegeben, die auch in den benutzten Fragebögen zur Selbstverantwortlichkeit vornehmlich thematisiert war.

5.2.1. Versuchspersonen und Methodik

Versuchspersonen waren 112 Realschüler dreier Parallelklassen (9. Schuljahr).

Methodik: In drei Gruppensitzungen wurde mit jeweils einer Klasse der TAT durchgeführt. Benutzt wurden die Bilder *A, C, D, F* aus der Serie HECKHAUSENS (1963) sowie Tafel 8 des bei ATKINSON (1958, S. 833) nachgewiesenen Bildmaterials.

Nach der Höhe der *NH*-Kennwerte wurden die Vpn in eine Rangreihe gebracht, und zwar getrennt für die drei Klassen, da sich leichte Unterschiede in den mittleren Motivationskennwerten zwischen den Gruppen ergaben. Nach der Rangreihe wurde jeweils abwechselnd eine Vp der Erfolgsbedingung (fiktives Leistungsresultat größer als individuelles Erwartungsniveau), der Mißerfolgsbedingung (kleiner als individuelles Erwartungsniveau) und der Gleichbedingung (gleich individuellem Erwartungsniveau) für den nachfolgenden Versuch zugewiesen.

An dem sich 11 Tage nach Durchführung des TAT anschließenden Experiment nahmen 105 der 112 Vpn teil, wobei 3 keinen Namen auf dem Testbogen angaben, so daß eine Zuordnung der TAT-Daten nicht möglich war. Die Experimente fanden jeweils in kleinen Gruppen zu 13 bis 16 Schülern statt, um Abschreiben und Kommunikation untereinander auszuschließen.

Die Aufgabentätigkeit und die Anweisung entsprachen denen im ersten Experiment. Allerdings abweichend davon hatten die Vpn auf einem an den Lösungsbogen angehefteten Blatt nach Durchführung der 15 Aufgaben anzugeben, wie viele Aufgaben sie vermutlich richtig gelöst haben:

Du hast 15 Aufgaben bearbeitet. Was schätzt Du: wie viele Aufgaben davon hast Du in diesem Test richtig gelöst? Trage es bitte unten (in ein Kästchen) ein.

Beide Blätter wurden eingesammelt, und den Vpn wurde wiederum mitgeteilt, daß der Lösungsbogen mit einer Schablone von einem Helfer des Vl ausgewertet werde. Entsprechend der vorherigen Festlegung wurde Erfolg und Mißerfolg induziert, indem zu der individuell geschätzten Anzahl richtiger Lösungen (x) eine bestimmte Aufgabenzahl hinzuaddiert bzw. davon subtrahiert wurde; zum anderen wurde die Anzahl der geschätzten Lösungen als Richtiglösungen vorgegeben. Die Induktion richtete sich jeweils nach dem Erwartungsniveau, wie es der Tab. 6 (S. 78) zu entnehmen ist.

Konnte einer Vp nicht entsprechend der vorherigen Festlegung Erfolg oder Mißerfolg vorgegeben werden, weil sie entweder ein sehr hohes oder sehr niedriges Erwartungsniveau hatte, so wurde jeweils eine der beiden anderen Induktionsmöglichkeiten (Erfolg bzw. Mißerfolg) nach Zufall gewählt.

Tab. 6: Plan für die Induktion von Erfolg und Mißerfolg in Abhängigkeit vom individuellen Erwartungsniveau.

Erwartungsniveau (x)	Induktion Erfolg	Induktion Mißerfolg	Induktion Gleich
0, 1, 2, 3	$x + 4$	—	x
4, 5, 6, 7	$x + 3$	$x - 3$	x
8, 9, 10, 11	$x + 4$	$x - 4$	x
12, 13, 14, 15	—	$x - 6$	x

Während ein Helfer des Vl die „Auswertung“ besorgte, wurde als Zwischentätigkeit den Vpn eine Anzahl von Fragen vorgelegt, die zur Überbrückung der Auswertungszeit dienten und von denen nur zwei im Zusammenhang des Experimentes relevant waren, da sie mit zur Kontrolle der Einschätzung der eigenen Leistung herangezogen werden sollten:

Was schätzt Du: Wie viele Aufgaben werden in diesem Test von Schülern in Deinem Alter im Durchschnitt richtig gelöst?
Was glaubst Du, wie ist Deine Leistung in diesem Test?

Die Beurteilung der eigenen Leistung erfolgte auf einer 11-Punkte-Skala, deren Endpunkte mit „sehr gut“ und „sehr schlecht“ bezeichnet waren.
Nachdem die „Auswertung“ der Lösungsbögen abgeschlossen war und die Vpn sämtliche Angaben gemacht hatten, wurden die Lösungsblätter mit den darauf vermerkten fiktiven Richtiglösungen wieder ausgeteilt. Daran angeheftet waren vier Blätter mit Fragen zur Attribuierung und zum Affekt nach Erfolg und Mißerfolg. Die Fragen zur Zufalls- und Begabungsattribuierung entsprachen denen des vorauslaufenden Experimentes. Anstrengung als Ursachenfaktor wurde erst am Schluß erfaßt, um mit dem vorauslaufenden Versuch möglichst vergleichbare Attribuierungsdaten zu bekommen. Der Affekt wurde folgendermaßen erhoben:

Du hast erfahren, wie viele Aufgaben Du in diesem Test gelöst hast.
Damit kann ein Gefühl der Freude und des Stolzes über eine gute eigene Leistung verbunden sein — oder ein Gefühl des Ärgers und der Beschämung über eine schlechte eigene Leistung.
Es kann aber ebenso sein, daß man keine derartigen Gefühle hat.
Gib bitte unten auf der entsprechenden Skala an, wie stark das Gefühl bei Dir war, als Du erfahren hast, wie viele Aufgaben Du richtig gelöst hast. Wenn Du Freude und Stolz empfunden hast, dann gib bitte die Stärke des Gefühls auf der Skala a) an. Wenn Du Ärger und Beschämung empfunden hast, dann gib bitte die Stärke des Gefühls auf der Skala b) an.
Jede Skala reicht von 0 bis 20. 0 bedeutet, daß Du keine Freude oder keinen Ärger empfunden hast. 20 bedeutet, daß das Gefühl der Freude oder des Ärgers sehr stark war.
Mache auf der Skala, die für Dich zutrifft (entweder a *oder* b) ein Kreuzchen. Wähle den Punkt auf der Skala, der die Stärke des entsprechenden Gefühls am besten wiedergibt.

Zum Schluß war anzugeben, in welchem Maße das Ergebnis als anstrengungsabhängig gesehen wurde:

Wie sehr hängt Deiner Ansicht nach das Ergebnis in diesem Test von der eigenen Anstrengung ab?

Auf einer Elf-Punkte-Skala, deren Endpunkte mit „gar nicht von Anstrengung" und „ganz alleine von Anstrengung" bezeichnet waren, hatte die Vp die entsprechenden Angaben zu machen.

5.2.2. Hypothesen

Bei den Voraussagen für diesen zweiten Versuch gehen wir aus von den im Anschluß an Experiment I angestellten Überlegungen. Wir behalten aufgrund der nicht durchgängig festgestellten Unterschiede der subjektiven Wahrscheinlichkeit zwischen beiden Motivationsgruppen sowie aufgrund der im 4. Kapitel dargestellten Befunde unsere Hypothese persönlichkeitsspezifisch unterschiedlicher Attribuierungsbevorzugungen bei Erfolgs- und Mißerfolgsmotivierten bei; d. h. auch wenn die Abweichungen des Resultates vom Erwartungsniveau für beide Motivationsgruppen gleich sind, müßten sich charakteristische Attribuierungsunterschiede ergeben. Im einzelnen machen wir folgende Annahmen:
a) Positive Abweichungen des fiktiven Leistungsresultates vom individuellen Erwartungsniveau sowie Übereinstimmungen des Resultates mit dem Erwartungsniveau werden mehr der eigenen Begabung und Anstrengung zugeschrieben als negative Abweichungen.
b) Liegt das Resultat über dem Erwartungsniveau (Erfolg), wird es von Erfolgszuversichtlichen mehr internal attribuiert als von Mißerfolgsängstlichen,
c) umgekehrt, wenn es unter dem Erwartungsniveau liegt (Mißerfolg).
Aus unseren Erörterungen bezüglich des Zusammenhanges zwischen Selbstbekräftigung und Attribuierung leiten wir weiterhin folgende Hypothesen ab:
d) Die Stärke des positiven und negativen Affektes korreliert positiv mit der Internalität der Attribuierung von Erfolg und Mißerfolg.
e) Aus den Hypothesen b), c) und d) folgt, daß bei Erfolgsmotivierten der positive Affekt nach Erfolg stärker ist als bei Mißerfolgsmotivierten, der negative Affekt nach Mißerfolg jedoch schwächer ist als bei Mißerfolgsmotivierten.

5.2.3. Befunde

Vorbemerkung: Zur Prüfung der Hypothesen wurden nur die Schüler zweier Klassen herangezogen, da die TAT-Erhebung (wie sich nachträglich durch Zufall herausstellte) bei einer Klasse unmittelbar im Anschluß an eine zweistündige Klassenarbeit stattfand. Bezieht man auch diese Werte in die Rechnung mit ein, so zeigt sich eine weitgehende Nivellierung der Attribuierungsunterschiede zwischen den Motivationsgruppen. Man kann annehmen, daß in dieser Teilgruppe individuelle Unterschiede der Motivausprägung durch die zusätzlich zu dem Bildangebot starke situative Anregung nicht nur verwischt wurden, sondern auch Meidungsphänomene auftraten (s. dazu HABER & ALPERT, 1958; HECKHAUSEN, 1964; MEYER, 1969b). Eine Unterteilung in Erfolgs- und Mißerfolgsmotivierte kann daher nicht mit genügender Schärfe erfolgen.

Wir nahmen die Trennung von Erfolgs- und Mißerfolgsmotivierten am Median der *NH*-Kennwerte vor. Vpn mit Werten von +2 und darüber wurden als erfolgszuversichtlich klassifiziert, Vpn mit Werten von +1 und darunter als mißerfolgsängstlich.
Das durchschnittliche Erwartungsniveau der Erfolgszuversichtlichen und der Mißerfolgsängstlichen entspricht sich fast völlig (4,58 vs. 4,94), die Unterschiede sind nicht signifikant.
Erfolgs- und Mißerfolgsmotivierte schätzen auch die Güte ihrer Leistung fast gleich ein (3,55 vs. 3,75; Frage: Was glaubst Du: Wie ist Deine Leistung in diesem Test?) und unterscheiden sich ebenfalls nicht in der Schätzung, wie viele Aufgaben altersgleiche Schüler in diesem Test durchschnittlich lösen (6,47 vs. 6,37).
Unterstellt man, ausgehend von diesen Befunden, daß ebenfalls in Experiment I keine motivationsspezifischen Unterschiede des Erwartungsniveaus vorhanden waren, so kann die oben erwogene Erklärung der Befunde nicht stichhaltig sein.
Das bestätigt sich auch bei einer weiteren Inspektion der Daten dieses Experimentes, wo ja das Erwartungsniveau Ausgangsbasis für die Erfolgs- und Mißerfolgsinduktion war, und somit die Abweichungen davon für beide Motivationsgruppen relativ gleich sind. Entsprechend den Hypothesen b) und c) und in Übereinstimmung mit den Ergebnissen aus Experiment I schreiben Erfolgsmotivierte Erfolge stärker und Mißerfolge weniger der eigenen Begabung zu als Mißerfolgsmotivierte (s. Abb. 11, S. 81); sie führen umgekehrt Erfolge vergleichsweise weniger und Mißerfolge mehr auf Zufall zurück (s. Abb. 12, S. 81). Allerdings ist im Hinblick auf die Begabungsattribuierung der Wechselwirkungseffekt zwischen Motivation und Induktion nicht signifikant (F [2/59] = 2,24), sondern lediglich der Induktionseffekt (F [2/59] = 4,06; $p < .05$). Bei der Zufallsattribuierung ist die Wechselwirkung der einzig signifikante Effekt (F [2/59] = 4,93; $p < .05$).

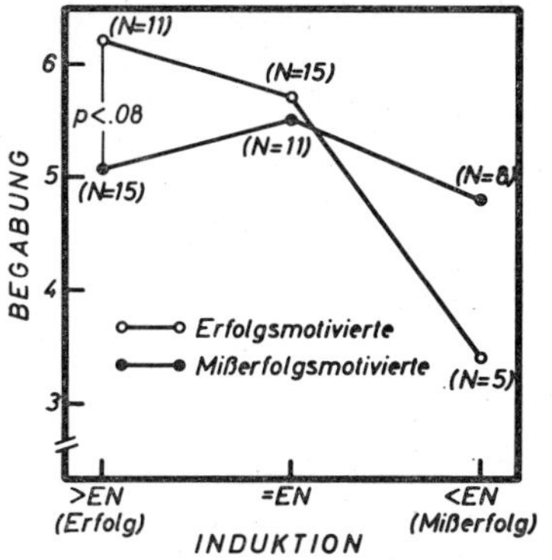

Abb. 11: Mittlere Skalierungen der Aufgabenlösungen als begabungsabhängig bei Erfolgs- und Mißerfolgsmotivierten, wenn die Anzahl der fiktiven Richtiglösungen über und unter dem Erwartungsniveau (*EN*) liegt (> *EN* und < *EN*) bzw. ihm entspricht (= *EN*).

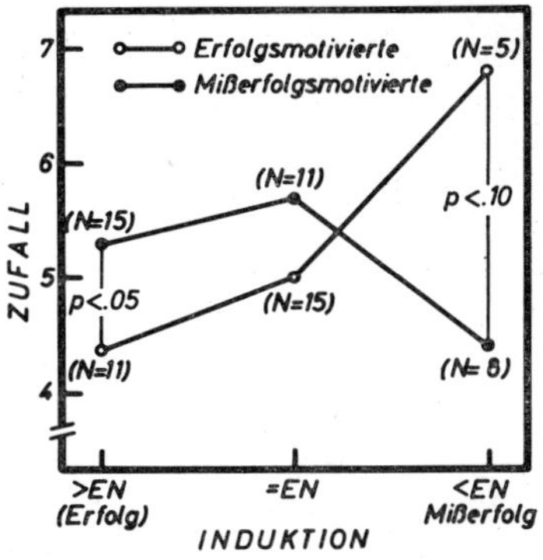

Abb. 12: Mittlere Skalierungen der Aufgabenlösung als zufallsabhängig bei Erfolgs- und Mißerfolgsmotivierten, wenn die Anzahl der fiktiven Richtiglösungen über und unter dem Erwartungsniveau (*EN*) liegt (> *EN* und < *EN*) bzw. ihm entspricht (= *EN*).

Die Attribuierungsunterschiede zwischen den Motivationsgruppen sind deutlicher, wenn man für jede Vp die Differenzen zwischen Begabungs- und Zufallsskalierung (Begabung minus Zufall) errechnet und deren Mittelwerte vergleicht (s. Tab. 7). Erfolgsmotivierte schreiben Erfolge stärker ihrer Begabung zu, Mißerfolgsmotivierte dem Zufall ($p < .05$); umgekehrt erleben Erfolgsmotivierte Mißerfolge mehr als zufallsabhängig, Mißerfolgsmotivierte mehr als begabungsdeterminiert ($p < .02$; jeweils nach U-Test bei einseitiger Fragestellung).

Tab. 7: Mittlere Differenzen der Begabungs- und Zufallsskalierung bei Erfolgs- und Mißerfolgsmotivierten nach Erfolg und Mißerfolg.

	Erfolgsmotivierte	Mißerfolgsmotivierte
Erfolg	1,91	—0,27
Mißerfolg	—3,40	0,38

Abweichend vom ersten Experiment wurde hier den Vpn nicht nur eine externale (Zufall) und eine internale Attribuierungsalternative (Begabung) vorgegeben, sondern als zusätzliche internale Attribuierungsmöglichkeit „Anstrengung“ (Wie sehr hängt Deiner Ansicht nach das Ergebnis in diesem Test von der eigenen Anstrengung ab?). Die Anstrengungsskalierung bei Erfolgs- und Mißerfolgsmotivierten in den drei Bedingungen (s. Abb. 13) entspricht nicht der Erwartung. Erfolgsmotivierte skalieren zwar

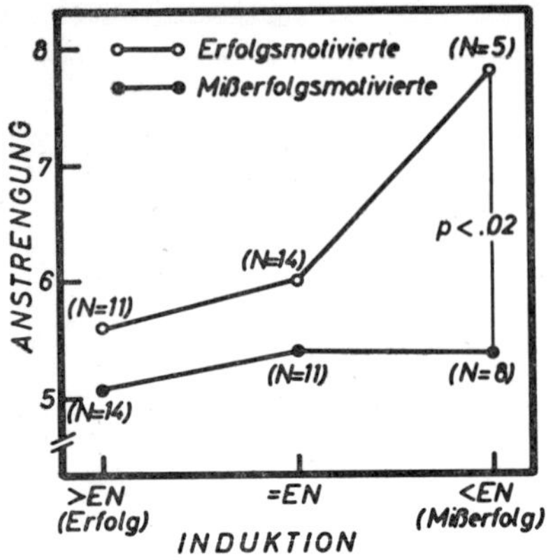

Abb. 13: Mittlere Skalierungen der Aufgabenlösung als anstrengungsabhängig bei Erfolgs- und Mißerfolgsmotivierten, wenn die Anzahl der fiktiven Richtiglösungen über und unter dem Erwartungsniveau (*EN*) liegt (> *EN* und < *EN*) bzw. ihm entspricht (= *EN*).[1]

nach Erfolg die Aufgabenlösung im Vergleich zu Mißerfolgsmotivierten mehr als anstrengungsabhängig, sie tun es aber ebenso nach Mißerfolg, wobei im ersteren Falle die Mittelwertsdifferenzen nicht, im zweiten Falle signifikant sind (jeweils nach U-Test, zweiseitige Fragestellung). Bei varianzanalytischer Prüfung erreicht keiner der Effekte die üblichen statistischen Vertrauensgrenzen.

Auch die Hypothese a läßt sich demnach nur teilweise bestätigen. Denn die erwartete allgemein höhere internale Attribuierung von Erfolg als von Mißerfolg zeigt sich nur, wenn man die Begabungsskalierung heranzieht (s. Abb. 11, S. 81); sie ergibt sich dagegen nicht im Hinblick auf die Anstrengungs- und Zufallsskalierung.

Zu überprüfen bleiben noch unsere Vermutungen über den Zusammenhang zwischen Attribuierung, affektiven Gefühlszuständen über das Leistungsresultat und Motivation (s. Tab. 8, S. 83). Wie erwartet, ist der positive Affekt schwächer, je mehr die Leistung als zufallsdeterminiert erlebt wird und entsprechend stärker, je mehr sie als begabungsabhängig aufgefaßt wird. Das zeigt sich besonders deutlich, wenn man pro Vp die Differenzen der Begabungs- und Zufallsskalierung bildet und diese Werte mit der Affektskalierung in Beziehung setzt (.54; $p < .001$). Die Korrelation zwischen Anstrengungsattribuierung und Affekt nach Erfolg liegt zwar in der erwarteten Richtung, ist jedoch nicht signifikant, ebenso sämtliche Korrelationen mit der Ärgerskalierung.

[1] Das *N* verringert sich hier um 2 Vpn, die keine Angaben auf der Anstrengungsskala machten.

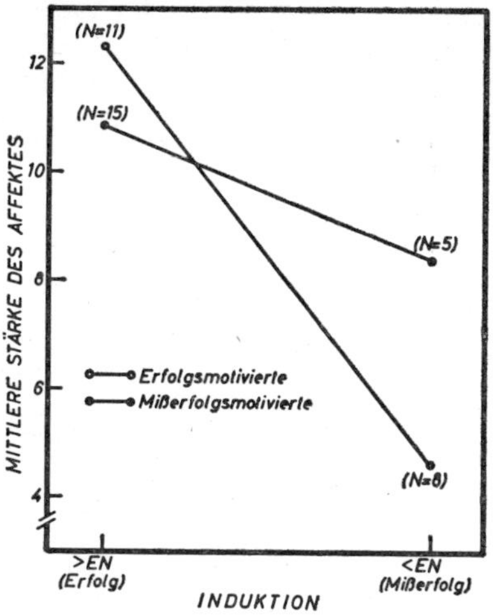

Abb. 14: Mittlere Stärke des positiven Affektes nach Erfolg und des negativen Affektes nach Mißerfolg bei Erfolgs- und Mißerfolgsmotivierten.

Bei einer Überprüfung der Zusammenhänge zwischen Affekt und Motivation (s. Abb. 14) zeigen Erfolgsmotivierte nach Erfolg mehr positiven Affekt als Mißerfolgsmotivierte, wobei erstere Erfolg vergleichsweise mehr auf die internalen Faktoren zurückführen. Umgekehrt halten sie Mißerfolg in diesem Experiment vergleichsweise mehr für zufallsdeterminiert und empfinden entsprechend weniger negativen Affekt. Jedoch deuten sich diese Zusammenhänge nur als Tendenzen an: der Wechselwirkungseffekt zwischen Motivation und Induktion läßt sich bei varianzanalytischer Prüfung nicht statistisch sichern; nur der Induktionseffekt ist signifikant (F [1/35] = 5,79; $p < .05$). Allerdings werden hier zwei verschiedene Skalierungen (positiver und negativer Affekt) auf der Basis ihrer absoluten Skalenwerte verglichen, wobei fraglich ist, ob man für beide Fälle die gleiche Skalenmetrik zugrunde legen darf. Wir transformierten daher die Skalenwerte für positiven und negativen Affekt getrennt in z-Werte und führten mit diesen Daten erneut eine Varianzanalyse durch. Es ergaben sich jedoch bis auf das (durch die Art der Datentransformation bedingte) Verschwinden des Induktionseffektes keinerlei abweichende Ergebnisse.

Tab. 8: Produktmoment-Korrelationen zwischen Affektskalierung (Gefühl der Freude, Gefühl des Ärgers) und der Zufalls-, Begabungs- und Anstrengungsattribuierung.

		Zufall	Begabung	Anstrengung
Gefühl der Freude	(N = 41)	—.43**	.39**	.13
Gefühl des Ärgers	(N = 31)[1]	—.25*	.01	.05

* p <.10; ** p <.005
(einseitige Fragestellung)

[1] Es kam bei der Affektskalierung häufiger vor, daß Vpn auf beiden Skalen (Freude, Ärger) die Null ankreuzten. Diese Vpn wurden in die Korrelationsrechnung für beide Gefühlszuständlichkeiten einbezogen. Das N ist daher hier höher als die Gesamtanzahl der Vpn.

6. Attribuierung, Affekt und Motivation: Erörterung der bisherigen Befunde und Revision der ursprünglichen Überlegungen

Die Ergebnisse des im 5. Kapitel dargestellten zweiten Experimentes haben unsere im Anschluß an den ersten Versuch geäußerte Vermutung eindeutig widerlegt, daß die unterschiedliche Attribuierung von Erfolg und Mißerfolg in den beiden Motivationsgruppen durch verschieden große Diskrepanzen des Leistungsresultates vom Erwartungsniveau bedingt ist. Denn Erfolgs- und Mißerfolgsmotivierte weisen in diesem Versuch nicht nur dasselbe Erwartungsniveau auf; auch wenn es bei der Induktion berücksichtigt wird, zeigen sich in beiden Experimenten gut übereinstimmende Befunde.

6.1. Attribuierung, Motivation und Affekt

Wir hatten weiter oben die internale Attribuierung von Leistungsresultaten als Bedingung selbstbekräftigenden Affekts postuliert. Danach wäre zu erwarten gewesen, daß die Begabungs- und Anstrengungsattribuierung in positivem, die Zufallsattribuierung in negativem Zusammenhang zur Affektskalierung stehen. Für den Faktor Zufall bestätigt sich das sehr eindeutig; ebenso korreliert der Erfolgsaffekt positiv mit dem Faktor Begabung, nicht dagegen der Mißerfolgsaffekt, der zu allen drei Attribuierungen vergleichsweise niedrigere Beziehungen aufweist. Unerwartet ist auch, daß die Koeffizienten zwischen affektiver Reaktion und Anstrengungsattribuierung so gering sind. Letzteres ist vielleicht mit der Erhebungsmethode der Affekt- und Attribuierungsdaten zu erklären. Denn die Begabungs- und Zufallsattribuierungen wurden unmittelbar vor, die Anstrengungsattribuierung unmittelbar nach der Affektskalierung erhoben. Man kann daher vermuten, daß die Faktoren Begabung und Zufall bei der Affektskalierung besonders thematisch waren, dagegen die Rolle der eigenen Anstrengung nicht reflektiert wurde und sich daher auch nicht auf die Skalierung der beiden Gefühlszuständlichkeiten ausgewirkt hat. Die Befunde lassen daher nicht den Schluß zu, daß die Höhe der Begabungsattribuierung die Affektreaktion stärker determiniert als die Höhe der Anstrengungsattribuierung.

Bemerkenswert ist, daß sich in den beiden Experimenten (5. Kap.) nur bei den Erfolgsmotivierten eine Asymmetrie der Attribuierung von Erfolg und Mißerfolg findet, und bei den Mißerfolgsmotivierten nur sehr schwache Attribuierungsvoreingenommenheiten in einer asymmetrischen Interpretation von Erfolg und Mißerfolg erkennbar sind. Da Anstrengung in keinem Zusammenhang zu den beiden Gefühlszuständlichkeiten steht, ist bei Erfolgsmotivierten entsprechend der unterschiedlichen Begabungs- und Zufallsskalierungen bei Erfolg bzw. Mißerfolg der positive Affekt stark, der negative vergleichsweise schwach; bei den Mißerfolgsmotivierten sind aufgrund der fehlenden Asymmetrie die beiden Gefühlszuständlichkeiten nach Erfolg und Mißerfolg nahezu ausgeglichen.

COOK (1970; s. WEINER et al., 1972) berichtet ähnliche Zusammenhänge zwischen Leistungsmotivation bzw. Attribuierung und Selbstbekräftigung. Sie erhob bei 11jährigen Jungen als Attribuierungsdaten Kennwerte des IAR von CRANDALL et al. (1965) und erfaßte die Leistungsmotivation mittels Fragebogen. Indikatoren der Selbstbekräftigung waren das Sichzuteilen bzw. Abgeben von Chips nach Erfolg bzw. Mißerfolg bei einer Puzzle-Aufgabe. Hochmotivierte bekräftigen sich bei Erfolg mehr positiv als Niedrigmotivierte und bei Mißerfolg verglichen mit den Niedrigmotivierten weniger negativ. Ähnliche Unterschiede des Bekräftigungsverhaltens ergaben sich zwischen hoch und niedrig Erfolgsverantwortlichen. COOK fand zudem ebenso wie wir bei Erfolgszuversichtlichen starke Diskrepanzen der Selbstbekräftigung nach Erfolg und Mißerfolg, während bei Mißerfolgsmotivierten die Selbstbekräftigung in beiden Fällen kaum differierte.

6.2. Anstrengung als Kausalelement

Unerwartet sind die Unterschiede in der Anstrengungsattribuierung nach Mißerfolg zwischen den beiden Motivgruppen (s. Abb. 13, S. 82). Sie widersprechen der Hypothese einer allgemein höheren internalen Mißerfolgsattribuierung durch die mehr meidend Motivierten. Denn gerade die Erfolgsmotivierten machen Mißerfolg in vergleichsweise höherem Maße von mangelnder Anstrengung abhängig, wobei die Anstrengungsattribuierung in dieser Gruppe verglichen mit allen anderen Skalierungen den höchsten Wert erreicht.

Offenbar sind unsere ursprünglichen Überlegungen zu einfach gewesen, die sich in Anlehnung an ROTTER (1966) nur auf die Unterscheidung internaler und externaler Faktoren bezogen und deren Prävalenz in beiden Motivgruppen. Zwar sind alle unsere bisherigen Befunde konsistent mit der Hypothese einer höheren internalen Erfolgsattribuierung durch die Erfolgsmotivierten. Das Entsprechende gilt jedoch nicht für die Mißerfolgsattribuierung der mehr Mißerfolgsmotivierten. Sie machen negative Leistungsresultate weniger von dem internalen Faktor Anstrengung abhängig als die Erfolgsmotivierten.

Bei nachträglicher Betrachtung sind diese unterschiedlichen Attribuierungsmuster der beiden Motivgruppen in sich durchaus konsistent. Denn wenn positive Handlungsresultate von hoher Fähigkeit abhängig gemacht werden und man sich damit für gut begabt hält, dann ist es mit diesem Selbstbild inkonsistent, für Mißerfolg mangelnde Fähigkeit als Kausalerklärung heranzuziehen. Vielmehr liegt es nahe, Zufallsfaktoren oder mangelnde Anstrengung als determinierend anzunehmen, da besonders letzteres impliziert, daß Fähigkeit vorhanden ist und ein positives Leistungsresultat daher durch vermehrte Anstrengung erreichbar ist. Genau das ist das Attribuierungsmuster der Erfolgsmotivierten.

Mißerfolgsmotivierte dagegen erleben sich vergleichsweise als unbegabter. Sie machen Erfolg mehr vom Zufall als von guter Begabung abhängig (s. Tab. 7, S. 81) und entsprechend Mißerfolg mehr von mangelnder Begabung. Diesem Begabungskonzept würde eine gleichzeitig hohe internale Mißerfolgsattribuierung auf mangelnde Anstrengung, wie wir es anfänglich vermutet haben, widersprechen, da eine Ursachenerklärung mit mangelnder Anstrengung vorhandene Fähigkeit impliziert.

Die Unterschiede der Anstrengungsattribuierung nach Mißerfolg zwischen den Motivgruppen sind von Bedeutung im Rahmen der von ATKINSON & CARTWRIGHT (1964) und WEINER (1965) erweiterten Theorie der Leistungsmotivierung.

Entsprechend der von ATKINSON & CARTWRIGHT (1964; ATKINSON, 1964) vorgenommenen Revision des ursprünglichen Modells (ATKINSON, 1957) ist die Motivierung nicht nur abhängig von den Bestimmungsstücken Motiv, subjektive Wahrscheinlichkeit und Anreiz (und damit nicht wie in der ersten Fassung völlig reizgebunden), sondern auch von der sog. *inertial tendency* (Trägheitstendenz). Das ist eine (aufgrund von Mißerfolg oder Unterbrechung) unbefriedigte Handlungstendenz innerhalb einer bestimmten Motivklasse, die als generelle Tendenz nicht nur bei der Wiederaufnahme derselben Handlung wirksam sein soll, sondern auch im Hinblick auf alles andere, im Dienst desselben Motivs stehenden Verhaltens. Die Konzeption impliziert, daß ganz allgemein — unabhängig von der Motivation — die aufsuchende Tendenz der Leistungsmotivation größer nach Mißerfolg als nach Erfolg ist.

WEINER (1965) dagegen kommt — ausgehend von den zahlreichen Befunden, daß ängstliche Vpn ein Leistungsdekrement nach Mißerfolg zeigen — zu der zusätzlichen Annahme, daß auch im Hinblick auf die meidende Tendenz ein Überdauern unbefriedigter Handlungstendenzen eintrete, was sich in einer zusätzlichen Hemmung äußere. Die *inertial tendency* ist danach eine resultierende Tendenz aufsuchender und meidender Komponenten. Erste Belege für die Fruchtbarkeit dieser Erweiterung erbrachte ein Experiment von WEINER (1965), in dem Mißerfolgsängstliche einen deutlichen Leistungsabfall zeigten, Erfolgszuversichtliche einen Leistungsanstieg (s. auch WEINER, 1966, 1970; WEINER & ROSENBAUM, 1965).

Diese in beiden Motivationsgruppen unterschiedlichen Leistungsveränderungen nach Mißerfolg lassen sich auch mit motivationsspezifischen Attribuierungen erklären. Wird der Mißerfolg vornehmlich auf mangelnde eigene Begabung zurückgeführt, so muß das Leistungsresultat bei nochmaliger Durchführung derselben oder einer ähnlichen Aufgabe als wenig oder gar nicht änderbar perzipiert werden; die Anstrengung wird daher nachlassen. Das mag erklären, warum bei Mißerfolgsmotivierten nach Mißerfolg ein Leistungsdekrement eintritt.
Anders bei den Erfolgsmotivierten. Sie erleben Mißerfolg retrospektiv als überwiegend abhängig von mangelnder eigener Anstrengung. Das beinhaltet, daß prospektiv Erfolg bei derselben Aufgabe in hohem Maße vom Grad der aufgewandten Anstrengung abhängig gemacht wird. Das Resultat wird als änderbar und das Ziel als erreichbar wahrgenommen, was vermehrte Anstrengung und daher einen Leistungsanstieg zur Folge haben kann.
Die unterschiedliche Anstrengungsattribuierung in beiden Motivgruppen liefert damit eine gute Erklärungsgrundlage für die spezifischen Wirkungen von Mißerfolg und — wie WEINER & KUKLA (1970) vermuten — für die größere Persistenz der Erfolgsmotivierten (FEATHER, 1961; 1963b).

6.3. Reanalyse der Befunde des 4. Kapitels

Wir hatten im 4. Kapitel unter anderem Beziehungen zwischen Fragebogendaten der Selbstverantwortlichkeit und der inhaltsanalytisch ermittelten Leistungsmotivation untersucht. Dabei ergaben sich besonders zwischen „Furcht vor Mißerfolg“ und der Mißerfolgsverantwortlichkeit widersprüchliche Zusammenhänge, die nur in einem Falle unseren anfänglichen Erwartungen entsprachen, nämlich bei der Stichprobe III (s. Tab. 4, S. 63). Nach den Ergebnissen und Erörterungen des vorigen Abschnittes ist aber eine positive Beziehung zwischen Mißerfolgsverant-

wortlichkeit und der meidenden Motivkomponente nur dann zu erwarten, wenn die internale Attribuierungsalternative im Fragebogen jeweils „mangelnde Begabung“ thematisiert und nicht „mangelnde Anstrengung“. Wir haben die einzelnen verwendeten Fragebögen daraufhin näher analysiert, auch die von WACKER (1969) und MOOSHAGE (1969). Dabei ergab sich, daß bei jeweils 7 bis 10 der insgesamt 15 Mißerfolgsfragen die internale Beantwortungsalternative auf mangelnde Anstrengung abzielte, bei 1 bis 4 Fragen auf mangelnde Begabung und bei 1 bis 6 Fragen die Antwortmöglichkeiten nicht eindeutig nach Anstrengung oder Begabung klassifizierbar sind (z. B.: Weil Du bei der Arbeit Fehler gemacht hast.). Da vielfach die vorgegebenen Antworten nicht eindeutig zuzuordnen sind, läßt sich eine genaue Reinterpretation der in den Tabellen 4 (S. 63) und 5 (S. 64) berichteten Korrelationskoeffizienten nicht vornehmen. Eins ist jedoch bemerkenswert. Im Fragebogen der Stichprobe I (Tab. 4) ist mangelnde Anstrengung achtmal als internale Beantwortungsalternative vorgegeben, nur *einmal* mangelnde Begabung, sechs Antworten sind nicht zu klassifizieren. Geht man davon aus, daß die internale Beantwortung der 6 nicht klassifizierbaren Fragen Anstrengungsattribuierungen indiziert, so würden die gefundenen Zusammenhänge verständlich: Mit höherer erfolgsbezogener Leistungsmotivation (*NH*) wird Mißerfolg zunehmend mehr von mangelnder Anstrengung abhängig gemacht. Jedoch ist die Implikation, daß die Wahl der internalen Alternative bei diesen Fragen Anstrengungsattribuierungen indiziert, durch nichts zu belegen.
Man kann aber vermuten, daß die im 4. Kapitel berichteten, teilweise widersprüchlichen Befunde darauf zurückzuführen sind, daß in den einzelnen Fragebogeninstrumenten Anstrengung und Begabung unterschiedlich häufig thematisiert sind und die nicht zu klassifizierenden Fragen von den Vpn in unterschiedlicher, nicht mehr zu kontrollierender Weise interpretiert werden.

6.4. Die differenzierteren Überlegungen WEINERS

Ebenso wie wir haben WEINER und Mitarbeiter (WEINER & KUKLA, 1970; WEINER & POTEPAN, 1970; WEINER et al., 1971) die Beziehungen zwischen Leistungsmotivation und Attribuierungen von Erfolg und Mißerfolg eingehend analysiert. Sie gingen dabei allerdings von differenzierteren Überlegungen aus. WEINER et al. (1971) klassifizierten die wahrgenommenen Ursachen von Leistungsresultaten nicht nur nach internal vs. external; sie zogen zusätzlich die andere HEIDERsche (1958) Dimension „Stabilität über Zeit" in Betracht und führten als weitere gleichzeitige Einteilungsgesichtspunkte „zeitlich stabil" vs. „zeitlich variabel" ein. Es ergibt sich dann folgendes Klassifikationsschema:

Tab. 9: Klassifikationsschema phänomenaler Verursachungsfaktoren von Erfolg und Mißerfolg (nach WEINER et al., 1971, S. 2).

Stabilität über Zeit	Personabhängigkeit internal	external
relativ stabil	Fähigkeit	Aufgabenschwierigkeit
variabel	Anstrengung	Zufall

WEINER et al. nehmen an, daß vornehmlich diese vier Determinanten zur Ursachenerklärung leistungsbezogener Handlungsausgänge herangezogen werden. Die Autoren haben Erfolgs- und Mißerfolgsattribuierungen auf diese vier Faktoren in den beiden Motivationsgruppen erfaßt. Sie verwandten in ihrem Experiment eine objektiv zufallsabhängige Aufgabe und fragten nicht direkt danach, inwieweit die erzielte Leistung im einzelnen von den Determinanten abhängig sei, sondern stellten folgende Fragen: *How much synthetic ability would you say to have? How difficult do you think this task is? Try to evaluate how lucky you were in your guessing? How hard did you try to succeed at this task?*
Hochmotivierte gaben nach Erfolg — jeweils verglichen mit Niedrigmotivierten — an, eine höhere Begabung zu haben ($p < .20$) und mehr Anstrengung aufgewandt zu haben ($p < .10$), sie beurteilen die Aufgabe als schwieriger ($p < .20$) und machen die Aufgabenlösung in gleicher Weise wie die Niedrigmotivierten vom Zufall abhängig.
Nach Mißerfolg gaben sie — wieder verglichen mit den Niedrigmotivierten — an, sich weniger angestrengt und eine höhere Begabung zu haben; sie schätzten die Aufgaben als schwerer ein; im Hinblick auf die Zufallsskalierung ergaben sich keine Unterschiede. Da sich für die Mißerfolgsbedingung keine Signifikanzangaben finden, ist zu vermuten, daß keiner der Unterschiede genügend gegen Zufälligkeit abzusichern ist.
Inwieweit diese unterschiedlichen Attribuierungen, die sich durchweg lediglich als Tendenzen andeuten, mit unseren Befunden übereinstimmen, läßt sich kaum beurteilen. Denn WEINER et al. nahmen nur eine Trennung zwischen Hoch- und Niedrigmotivierten vor und zogen zur Attribuierungserhebung andere Fragen heran, die uns nicht günstig zu sein scheinen. Denn eine Vp kann durchaus der Meinung sein, sich im Versuch nicht sehr angestrengt zu haben, was aber nicht bedeuten muß, daß das von ihr auch als verursachend für Mißerfolg angesehen wird.

Eher vergleichbar mit den von uns hier berichteten Ergebnissen sind die der Studie von WEINER & POTEPAN (1970). Sie trennten innerhalb des Selbstverantwortlichkeits-Fragebogens von CRANDALL et al. (1965) die Items, die Begabung bzw. Anstrengung als internale Beantwortungsalternative beinhalten und setzten die entsprechenden Kennwerte mit einem

Maß der resultierenden Motivation in Beziehung (vergleichbar dem hier verwendeten *NH*-Maß). Übereinstimmend mit unseren Befunden zeigte sich, daß mit höherer erfolgsorientierter Leistungsmotivation Erfolg zunehmend mehr von Anstrengung und insbesondere von guter Begabung abhängig gemacht wird, Mißerfolg zunehmend weniger von mangelnder Begabung. Zwischen der Anstrengungsattribuierung nach Mißerfolg und der Motivation fanden sich dagegen abweichend von unseren Befunden keinerlei Zusammenhänge.

Weiner et el. (1971) versuchen, im Anschluß an ihre Befunde das Leistungsmotiv als kognitive Disposition neu zu definieren und die von ihnen entwickelte Motivkonzeption von der Atkinsons (1957, 1964) abzugrenzen. Wir werden darauf noch eingehend zurückkommen.

7. Wirkungen von Attribuierung und Motivation auf Leistungs- und Erwartungsänderungen nach Mißerfolg und Erfolg

7.1. Erwartungs- und Leistungsänderungen nach Mißerfolg in Abhängigkeit von Attribuierung und Motivation

In einem dritten Experiment sollten einige in den beiden vorauslaufenden Experimenten vernachlässigte Aspekte berücksichtigt werden sowie die Vermutungen über den Zusammenhang zwischen Attribuierung und Leistungsveränderung nach Mißerfolg überprüft werden.

a) Erfolg und Mißerfolg in den Experimenten I und II waren der Vp nicht unmittelbar am Resultat evident; beides wurde erst nachträglich vom Vl durch die Mitteilung fiktiver Leistungen und Normen induziert. Um die Generalisierbarkeit der Befunde auch auf andere Situationen zu überprüfen, wurde für dieses dritte Experiment eine leistungsabhängige Aufgabe gewählt, bei der die Vp Erreichen bzw. Nicht-Erreichen des Ziels selbst unmittelbar feststellen kann.

b) In den vorauslaufenden Versuchen hatten wir lediglich zwei bzw. drei Attribuierungsmöglichkeiten berücksichtigt, nämlich Zufall und Begabung, im Experiment II zusätzlich Anstrengung. Wir waren dabei von der Unterscheidung internaler und externaler Faktoren ausgegangen, wobei sich gezeigt hatte, daß sich die Attribuierungsdivergenzen zwischen den Motivationsgruppen nach Mißerfolg nicht mit dieser einfachen Dichotomie abdecken lassen. Wir griffen für diesen Versuch das WEINERsche Klassifikationsschema auf, das neben Personabhängigkeit auch „Stabilität über Zeit" als Einteilungsgesichtspunkt berücksichtigt. Ausgehend von WEINER et al. (1971) gaben wir zusätzlich den bislang vernachlässigten stabilen, externalen Faktor „Aufgabenschwierigkeit" vor.

c) Zudem wurde das Experiment so angelegt, daß eine Überprüfung der vermuteten Beziehungen zwischen Attribuierung und Auswirkungen von Mißerfolg auf die Leistung (s. S. 86f.) möglich war.

d) Außerdem erhoben wir Kennwerte der subjektiven Wahrscheinlichkeit, und zwar aus zwei Gründen. Zum einen lag uns daran, mögliche Leistungsveränderungen auch unter den Voraussagen des mathematisierten Motivierungsmodells (ATKINSON, 1957; ATKINSON & CARTWRIGHT, 1964; WEINER,

1965) zu analysieren; dazu ist eine Kontrolle der Verschiebung von Erfolgserwartungen unerläßlich (s. weiter unten S. 112f.). Andererseits vermuteten wir, ausgehend von den WEINERschen Hypothesen über den Zusammenhang von Attribuierungen und Erwartungen (WEINER et al., 1971), daß unterschiedliche Attribuierungen in den Motivgruppen auch unterschiedliche Erwartungsänderungen nach sich ziehen. So dürfte bei den Mißerfolgsmotivierten nach negativen Leistungsresultaten die Erfolgserwartung stärker absinken als bei Erfolgsmotivierten. Sie machen Mißerfolg mehr von mangelnder Begabung abhängig, was impliziert, daß Erfolg bei gleichen oder ähnlichen Aufgaben als nicht erreichbar erscheinen muß. Bei den Erfolgsmotivierten dagegen dürfte die Erfolgswahrscheinlichkeit weniger stark abfallen. Sie attribuieren Mißerfolg vergleichsweise mehr auf Zufall und besonders auf mangelnde Anstrengung. Eine Ursachenerklärung mit mangelnder Anstrengung beinhaltet aber, daß das Leistungsresultat bei höherem Anstrengungsaufwand doch noch erreichbar scheint (WEINER et al., 1971).

7.1.1. Versuchspersonen und Methodik

Versuchspersonen waren 30 Schüler der Quarta eines Gymnasiums in Bochum sowie 26 Schüler der Untertertia eines Gymnasiums in Dorsten. *Versuchsaufgabe* war eine modifizierte Form des Zahlensymbol-Tests aus dem HAWIE. Sie bot sich deswegen an, da dieser Aufgabentyp bereits in zwei anderen Arbeiten (WEINER, 1965; SCHNEIDER, 1971) in ähnlichem Zusammenhang Anwendung gefunden hatte. Allerdings wurden nicht die Symbole des entsprechenden Untertests des HAWIE übernommen, sondern eine Aufgabe von höherem Schwierigkeitsgrad erstellt. Denn wie einige Befunde zeigen, stehen Leistungsveränderungen nach Mißerfolg bei ängstlichen und nicht-ängstlichen Vpn im Zusammenhang mit der Aufgabenschwierigkeit. Bei sehr einfachen Aufgaben tritt bei Ängstlichen nach Mißerfolg im allgemeinen eine Leistungsverbesserung ein (TRUAX & MARTIN, 1957; KALISH et al., 1958; SPERBER, 1961) und nur bei schwierigeren Aufgaben eine Leistungsverschlechterung (z. B. OSLER, 1954; MANDLER & SARASON, 1952; s. zusammenfassend SCHNEIDER, 1971).
SARASON & PALOLA (1960) benutzten zwei Formen von Zahlen-Symbol-Aufgaben, einmal gut unterscheidbare Symbole und zum anderen solche, die nur geringfügige Variationen eines Grundtyps darstellten. Nur im letzteren Falle zeigten sich ängstliche Vpn nicht-ängstlichen bei einer stark leistungsbezogenen Instruktion unterlegen; dagegen zeigten sie bessere Leistungen als die Vergleichsgruppe, wenn die Symbole einander unähn-

lich, die Aufgabe damit leichter war. Ähnlich fand SCHNEIDER (1971) bei Mißerfolgsmotivierten eine Leistungsverschlechterung nach Mißerfolg nur dann, wenn Symbole von großer Ähnlichkeit vorgegeben werden.
Für diesen Versuch wurden daher sechs Symbole gewählt, die Variationen eines Grundtyps darstellen (s. Abb. 15) und damit relativ schwierig sind.

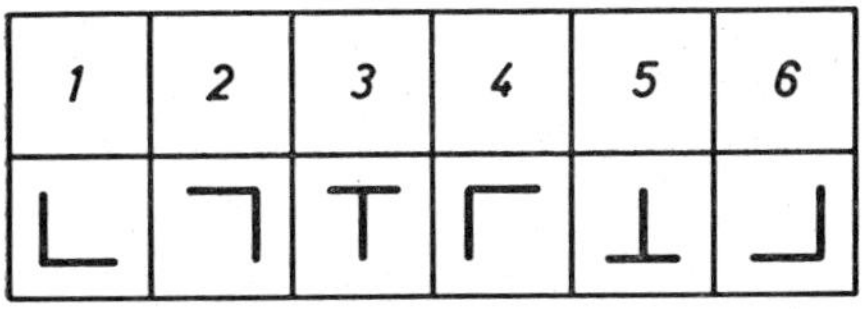

Abb. 15: Zahlensymbol-Aufgabe, die in diesem Experiment verwandt wurde.

Auf fünf Aufgabenblättern waren oben die Ziffern 1 bis 6 mit den zugehörigen Symbolen abgebildet. Darunter befanden sich jeweils vier Reihen mit je 16 Ziffern, denen die entsprechenden Symbole zuzuordnen waren. Die Ziffernfolge war zufällig. Auf jedem Blatt waren dieselben vier Reihen — in wechselnder Reihenfolge — abgebildet, damit alle Aufgabenblätter von gleicher Schwierigkeit waren und so die Bearbeitungsdauer für jede Teilaufgabe möglichst triftig verglichen werden konnte.
Versuchsdurchführung: Im Gruppenversuch wurde jeweils mit einer Klasse der TAT durchgeführt. Benutzt wurden bei der Quarta die Bilder *A, D, F* der Serie HECKHAUSENS (1963) sowie Tafel 8 des bei ATKINSON (1958; S. 833) nachgewiesenen Bildmaterials, bei der Untertertia zusätzlich Bild B der Serie HECKHAUSENS. Mit 14 Schülern des Bochumer Gymnasiums wurde ein Vorversuch durchgeführt, in dem Methodik und Anweisung erprobt werden sollten; beides wurde anhand der Erfahrungen im Vorversuch modifiziert.
An dem sich anschließenden Hauptversuch nahmen insgesamt 39 Schüler teil; ein Schüler der Quarta war erkrankt, zwei Schüler der Untertertia fielen aus, weil die Eltern nicht die Einwilligung zur Teilnahme an dem Versuch gaben.
Das Experiment wurde in Einzelversuchen durchgeführt, die jeweils ca. 1 Stunde dauerten. Der Vl kannte die Motivklassifikation der Vpn nicht. Die Versuchsabsicht wurde nicht besonders thematisiert (etwa wie vorher als Versuch zur Messung der divergenten Begabung), um einen möglichst großen Spielraum für die Attribuierung zu lassen. Es wurde lediglich mitgeteilt, der Vl wolle feststellen, wie schnell und wie genau man bestimmte Zeichen den Ziffern 1 bis 6 zuordnen könne.
Um den bei dieser Aufgabentätigkeit gewöhnlich anzutreffenden steilen Lernanstieg abzufangen, der sich im kritischen Experiment als störend

erwiesen hätte, wurden zwei Versuchsabschnitte vorausgeschickt. In einem ersten hatte die Vp eine Minute Zeit, sich die Ziffern und die zugehörigen Zeichen einzuprägen. Danach bearbeitete sie 8 DIN-A 5-Blätter, auf denen jeweils zwei Reihen mit je 16 Ziffern abgebildet waren. Die sechs Ziffern mit den entsprechenden Symbolen waren oben auf jedem Blatt abgebildet.

Dieses Heftchen, das Du vor Dir liegen hast, enthält 8 Blätter mit Aufgaben der gleichen Art. Du sollst in das Kästchen unter jeder Zahl das richtige Zeichen einsetzen. Bemühe Dich dabei, möglichst schnell zu arbeiten. Die Zeit wird hier noch nicht gestoppt. Die 8 Durchgänge sind nur dazu da, daß Du Dich in diese Aufgaben gut einarbeitest.
Sobald ich sage: „Achtung, los“, fängst Du an, eine Seite zu bearbeiten, und zwar so schnell wie möglich ...

Entgegen der Anweisung wurden auch in diesem Vortest die Bearbeitungszeiten unbemerkt für die Vp beim 1., 3., 5., 7. und 8. Durchgang gestoppt, um den Lernanstieg kontrollieren zu können. Der Vp wurde absichtlich nicht mitgeteilt, daß die Zeiten festgehalten werden, um bereits im Vortest evtl. eintretende Mißerfolgserlebnisse möglichst zu verhindern, die sich später im Hauptversuch störend auswirken könnten. Denn wie sich in den Vorversuchen ergab, in denen die Zeit für die Vp sichtbar gestoppt, jedoch nicht mitgeteilt wurde, hatten einige Vpn bei manchen Durchgängen das Gefühl, länger als beim vorausgehenden Durchgang gebraucht zu haben und suchten nach einer Bestätigung dafür durch den Vl.
Im dritten Abschnitt des Versuches wurde mitgeteilt, daß ähnliche Aufgaben zu bearbeiten seien, die jedoch nun in einer bestimmten Zeit, nämlich einer Minute, bewältigt werden sollten. Um ein Bezugssystem der Aufgabenschwierigkeit aufzubauen, wurden — in Anlehnung an SCHNEIDER (1971) — fünf Mappen vorgelegt, auf die jeweils 2, 3, 4, 5 und 6 Aufgabenreihen aufgeklebt waren und die zusätzlich mit „sehr leicht“, „leicht“, „mittel“, „schwer“ und „sehr schwer“ beschriftet waren. Jede Schwierigkeitsstufe wurde erklärt, und für den Versuch wurden die Aufgaben mittlerer Schwierigkeit ausgewählt:

Wir wollen die Aufgabenblätter mit vier Reihen bearbeiten. Diese vier Reihen in einer Minute zu schaffen ist weder leicht noch schwer. Man kann es in dieser Zeit schaffen, muß es aber nicht schaffen ...

Weiterhin wurden die vier Attribuierungsmöglichkeiten erklärt und die Vpn damit vertraut gemacht, wie die entsprechenden Angaben zu machen sind:

Wir wollen aber in diesem Versuch nicht nur feststellen, ob Du in der Zeit die Aufgaben lösen kannst oder nicht. Uns geht es auch noch um etwas anderes: Wir möchten herausbekommen, wovon die Lösung dieser Art von Aufgaben abhängt.

Die Lösung von Aufgaben ganz allgemein und auch dieser Art von Aufgaben kann von vier verschiedenen Dingen abhängen:
Einmal von der *eigenen Anstrengung:* Man kann ein gutes oder schlechtes Ergebnis erzielen, weil man sich sehr angestrengt hat oder nur wenig angestrengt hat.
Zweitens kann jedes Ergebnis vom *Zufall* abhängen: Man kann ein gutes Ergebnis erzielen, weil man halt gerade Glück gehabt hat; man kann ein schlechtes Ergebnis erzielen, weil man halt gerade Pech gehabt hat.
Drittens kann die Lösung einer Aufgabe von der *eigenen Begabung* für die Aufgaben abhängen: Man kann ein gutes oder schlechtes Ergebnis erzielen, weil man für diese Aufgaben eine gute oder schlechte Begabung hat.
Und schließlich kann viertens die Lösung auch von der *Schwierigkeit der Aufgaben* abhängen: Man kann ein gutes Ergebnis erzielen, weil die Aufgaben sehr leicht waren; man kann ein schlechtes Ergebnis erzielen, weil die Aufgaben sehr schwer waren.
Von allen diesen vier Bedingungen kann das Ergebnis in ganz unterschiedlichem Maße abhängen. Du sollst nach jedem Blatt, das Du bearbeitet hast, angeben, wovon das Ergebnis Deiner Ansicht nach im einzelnen abhängig war ...

Nach jeder Aufgabenseite war ein Blatt geheftet, auf dem die Vp die entsprechenden Angaben machen konnte. Das Blatt wurde gezeigt und die Skalierung anhand einiger Beispiele erklärt, mit dem nochmaligen Hinweis, daß jede beliebige Prozentzahl gewählt werden könne, so wie die Vp es für zutreffend halte:

Zu wieviel Prozent hängt es im einzelnen von den folgenden vier Bedingungen ab, daß Du die Aufgabe in einer Minute geschafft hast oder nicht geschafft hast?
zu ....% von meiner Begabung für diese Aufgaben
zu ....% vom Zufall (Glück oder Pech)
zu ....% von meiner starken oder zu geringen Anstrengung bei diesem Durchgang
zu ....%, weil die Aufgabe sehr leicht oder sehr schwer war
100%

Vor jedem Durchgang hatte die Vp auf einer 11-Punkte-Skala die subjektive Wahrscheinlichkeit der Zielerreichung anzugeben:

Wie sicher bist Du Dir, daß Du die nächste Aufgabenseite in einer Minute schaffst?

Die Skalenendpunkte waren mit „schaffe ich ganz sicher nicht“ und „schaffe ich ganz sicher“ bezeichnet. Der Vl induzierte bei jedem der 5 Durchgänge Mißerfolg, indem er — unabhängig von der benötigten Zeit — während des Bearbeitens der letzten Reihe unterbrach (Halt! Die Zeit ist um!), und zwar beim ersten Aufgabenblatt nach Bearbeiten der 3. Ziffer, beim zweiten nach der 4., beim dritten nach der 6., beim vierten nach der 4. und beim fünften nach Bearbeiten der 5. Ziffer in der letzten Reihe.
Um alle Bearbeitungszeiten vergleichen zu können, wurde bei jedem Durchgang die Zeit bis zum Bearbeiten der 3. Ziffer in der letzten Reihe gestoppt, und zwar für die Vp unbemerkt.

7.1.2. Hypothesen

Bei unserer ersten Hypothese knüpfen wir an die Befunde der vorauslaufenden Experimente an.

a) Erfolgs- und Mißerfolgsmotivierte machen den ersten Mißerfolg von unterschiedlichen Determinanten abhängig, Erfolgsmotivierte mehr von den variablen Faktoren „Anstrengung“ und „Zufall“, Mißerfolgsmotivierte mehr von dem stabilen Faktor „Begabung“.

Für die andere stabile Determinante „Aufgabenschwierigkeit“ machen wir keine Voraussagen über Unterschiede zwischen den Motivationsgruppen; es gilt daher die Nullhypothese.

Da das Resultat in diesem Experiment konstant Mißerfolg ist und daher eine Zufallsattribuierung zunehmend ausgeschlossen wird, ebenso eine Anstrengungsattribuierung, wenn die Vp entsprechend der Anweisung in jedem Durchgang maximalen Kräfteaufwand zeigt, gilt weiterhin:

b) Mit zunehmendem Mißerfolg verschiebt sich die Attribuierung von den variablen Determinanten immer mehr auf die relativ stabilen. Mißerfolgsmotivierte führen entsprechend ihrer vorherrschenden Attribuierungsstrategie den fünften Mißerfolg mehr als den ersten auf mangelnde Begabung zurück; Erfolgsmotivierte machen den fünften Mißerfolg stärker als den ersten von mangelnder Begabung und/oder Aufgabenschwierigkeit abhängig.

Für die Erfolgsmotivierten kann eine eindeutige Hypothese nicht erstellt werden, da einerseits eine Schwierigkeitsattribuierung der im voraus vom Vl gegebenen Information über die Aufgabenschwierigkeit (mittelschwer) widerspricht, zum anderen aber auch eine Attribuierung auf mangelnde eigene Begabung mit dem vorherrschenden Attribuierungsmuster „mangelnde Anstrengung / Pech“ nicht übereinstimmt.

Aus den Erörterungen im Anschluß an Experiment II (S. 85f.) folgt:

c) Eine Leistungsverschlechterung nach Mißerfolg tritt besonders dann ein, wenn der Mißerfolg überwiegend auf die stabilen Verursachungsfaktoren zurückgeführt wird.

d) Aus den Hypothesen c und a folgt, daß eine Leistungsverschlechterung vom ersten zum zweiten Durchgang besonders bei den Mißerfolgsmotivierten zu finden ist.

Eine Begabungs- und Schwierigkeitsattribuierung zieht nach sich, daß das Resultat als wenig oder gar nicht änderbar aufgefaßt wird (Weiner et al., 1971).

e) Daher sinkt die subjektive Wahrscheinlichkeit der Zielerreichung um so stärker ab, je mehr der Mißerfolg auf die beiden stabilen Determinanten zurückgeführt wird.

f) Daraus folgt zusammen mit Hypothese a, daß die subjektive Wahrscheinlichkeit zumindest vom ersten zum zweiten Durchgang sich stärker bei Mißerfolgs- als bei Erfolgsmotivierten ändert.

7.1.3. Befunde

Da beiden Teilstichproben unterschiedliche TAT-Bildserien dargeboten wurden, teilten wir sie getrennt nach der Höhe der *NH*-Kennwerte in möglichst gleich große Gruppen Erfolgs- und Mißerfolgsmotivierter. In der Quarta wurden die 7 Vpn mit negativen *NH*-Werten und in der Untertertia die 13 Vpn mit Werten von —2 und kleiner als mißerfolgsmotiviert klassifiziert. Die jeweiligen Teilgruppen wurden zusammengefaßt, so daß die Überprüfung der motivbezogenen Hypothesen an 19 Erfolgs- und 20 Mißerfolgsmotivierten erfolgte.

7.1.3.1. Attribuierungsunterschiede zwischen Erfolgs- und Mißerfolgsmotivierten

Die mittleren Attribuierungswerte für die einzelnen Durchgänge bei Erfolgs- und Mißerfolgsmotivierten finden sich in den Abbildungen 16 bis 19 (S. 97 bis S. 99). Danach bestätigen sich die Hypothesen a und b nur teilweise. Für den ersten und zweiten Durchgang finden sich entgegen der Erwartung keine Unterschiede der *Begabungsattribuierung* zwischen den Motivationsgruppen (Abb. 16), wie überhaupt der Motivationseffekt varianzanalytisch geprüft nicht signifikant ist (F [1/37] = 0,93). Bei einer gesonderten Prüfung mittels t-Test allerdings ergeben sich für den dritten (t = 1,31; df = 37; p < .10) und den fünften Durchgang (t = 1,90;

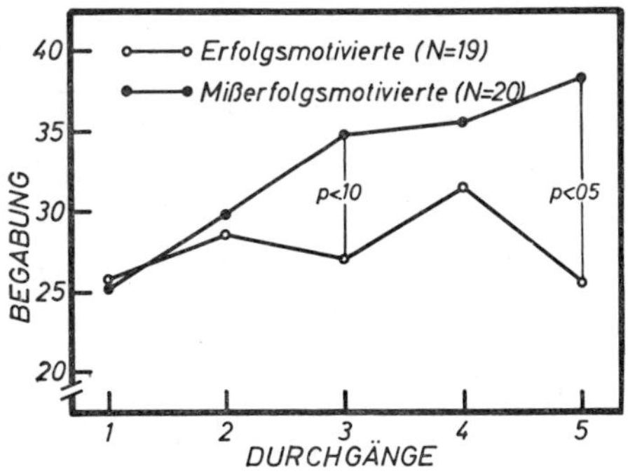

Abb. 16: Mittelwerte der Begabungsattribuierung für die einzelnen Durchgänge bei Erfolgs- (N = 19) und Mißerfolgsmotivierten (N = 20).

$df = 19$; $p < .05$) Unterschiede in der erwarteten Richtung: Mißerfolgsmotivierte schreiben das Resultat jeweils mehr der mangelnden eigenen Begabung zu als Erfolgsmotivierte (p bei einseitiger Fragestellung). Zudem steigt — wie erwartet — mit zunehmenden Mißerfolgen die Begabungsattribuierung insgesamt an (F [4/148] = 2,59; $p < .05$), was allerdings nur auf den starken Anstieg bei den Mißerfolgsmotivierten zurückzuführen ist und sich in einem schwachen Wechselwirkungseffekt niederschlägt (F [4/148] = 1,97; $p < .10$).

Im Hinblick auf die andere stabile Determinante *„Schwierigkeit“* ist der Motivationseffekt signifikant (s. Abb. 17; F [1/37] = 4,25; $p < .05$). Mißerfolgsmotivierte machen die Mißerfolge durchgehend mehr von der

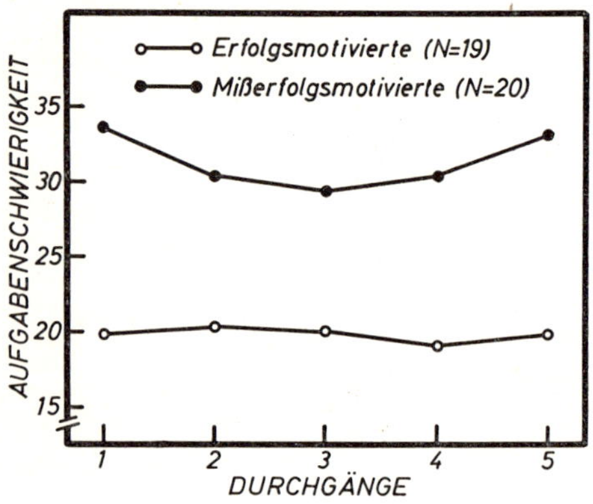

Abb. 17: Mittelwerte der Schwierigkeitsattribuierung für die einzelnen Durchgänge bei Erfolgs- ($N = 19$) und Mißerfolgsmotivierten ($N = 20$).

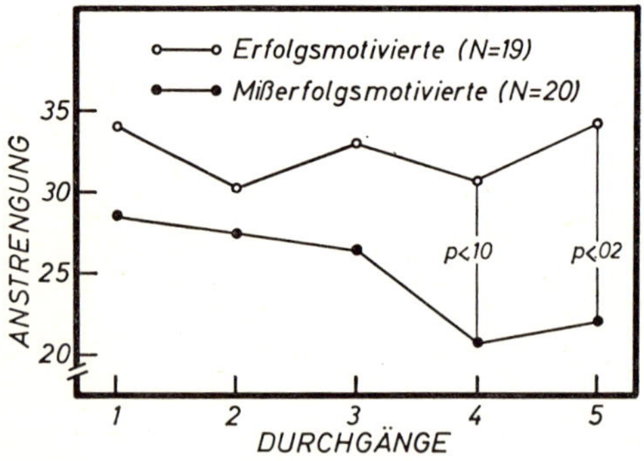

Abb. 18: Mittelwerte der Anstrengungsattribuierung für die einzelnen Durchgänge bei Erfolgs- ($N = 19$) und Mißerfolgsmotivierten ($N = 20$).

Schwierigkeit der Aufgaben abhängig als Erfolgsmotivierte. Die Schwierigkeitsattribuierung ändert sich insgesamt nicht über die Durchgänge.

Die Unterschiede der Zufalls- und Anstrengungsattribuierung zwischen den Motivationsgruppen liegen in der erwarteten Richtung. Erfolgsmotivierte machen den Mißerfolg über alle Durchgänge jeweils mehr von den variablen Determinanten abhängig als die Mißerfolgsmotivierten (Abb. 18 und 19).

Die varianzanalytische Prüfung ergibt jedoch für die Anstrengungsattribuierung keine signifikanten Effekte (Abb. 18); bei einer gesonderten Prüfung mittels t-Test sind die Attribuierungsunterschiede für den vierten ($t = 1{,}62$; $df = 37$; $p < .10$) und den fünften Durchgang ($t = 2{,}07$;

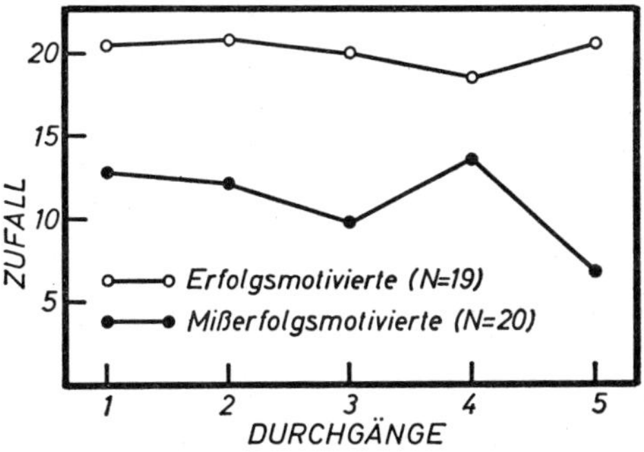

Abb. 19: Mittelwerte der Zufallsattribuierung für die einzelnen Durchgänge bei Erfolgs- ($N = 19$) und Mißerfolgsmotivierten ($N = 20$).

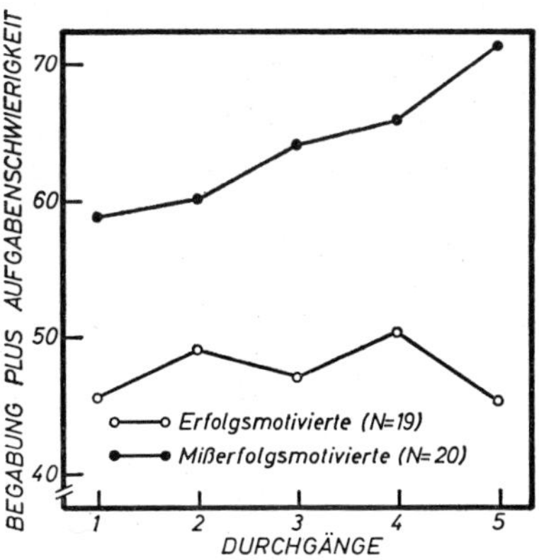

Abb. 20: Mittelwerte der Begabungs- und Schwierigkeitsattribuierung für die einzelnen Durchgänge bei Erfolgs- ($N = 19$) und Mißerfolgsmotivierten ($N = 20$).

$df = 37$; $p < .02$) signifikant. Für die Zufallsattribuierung ist nur der Motivationseffekt signifikant ($F\,[1/37] = 4{,}03$; $p > .05 < .10$).

Entgegen der Erwartung ergibt sich damit insgesamt keine bedeutsame Verringerung der Zufalls- und Anstrengungsattribuierung über die Durchgänge. Lediglich bei den Mißerfolgsmotivierten deutet sich eine entsprechende Tendenz an, die sich deutlicher zeigt, wenn man für jeden Durchgang die Begabungs- und Schwierigkeitsattribuierung summiert (s. Abb. 20, S. 99). Die Attribuierung auf die stabilen Determinanten steigt in dieser Teilgruppe über die Durchgänge stetig an, nicht dagegen bei den Erfolgsmotivierten.

Der Wechselwirkungseffekt zwischen Durchgängen und Motivation ist schwach signifikant ($F\,[4/148] = 2{,}16$; $p < .10$); nicht signifikant ist der Haupteffekt für die Durchgänge ($F\,[4/148] = 1{,}78$). Dagegen erreicht der Motivationseffekt die üblichen Vertrauensgrenzen ($F\,[1/37] = 8{,}40$; $p < .025$); Erfolgsmotivierte attribuieren Mißerfolg durchgehend weniger auf die stabilen Determinanten.

Da der Interaktionseffekt nur knapp signifikant ist, wurde versucht, die unterschiedlichen Attribuierungsverschiebungen auf andere Weise zu prüfen. Wir errechneten für beide Motivationsgruppen die Regressionskoeffizienten (b_{yx}) der mittleren Attribuierungswerte auf die Durchgänge und überprüften, ob sie sich jeweils von $b_{yx} = 0$ unterscheiden (nach SACHS, 1968, S. 426). Bei den Erfolgsmotivierten beträgt der Koeffizient 0,079, er weicht nicht signifikant von 0 ab ($t = 0{,}14$); bei den Mißerfolgsmotivierten ist der entsprechende Wert 3,075; er weicht hochsignifikant von 0 ab ($t = 34{,}69$; $p < .001$).

7.1.3.2. Leistungsveränderungen nach Mißerfolg in Abhängigkeit von Attribuierung und Motivation

Der Vortest diente dazu, den bei diesem Aufgabentyp gewöhnlich anzutreffenden steilen Lernanstieg abzufangen. Abbildung 21 (S. 101) zeigt die durchschnittliche Bearbeitungsdauer bei Erfolgs- und Mißerfolgsmotivierten für die Durchgänge I, III, V, VII, VIII. Für beide Motivationsgruppen bestehen zwischen dem siebten und achten Durchgang keine Unterschiede der Bearbeitungszeit. Ebenso unterscheiden sich die Mittelwerte nicht zwischen den Gruppen. Das gleiche gilt, wenn man nach der Höhe der Schwierigkeits- und Begabungsattribuierung jeweils zwei Gruppen bildet; auf eine gesonderte Abbildung wird verzichtet. Man kann daher annehmen, daß der Lernzuwachs in den jeweiligen Gruppen annähernd gleich ist.

Leistungsveränderungen im Hauptversuch wurden anhand dreier Kennwerte überprüft: der Bearbeitungsdauer, der Anzahl der Fehler sowie der

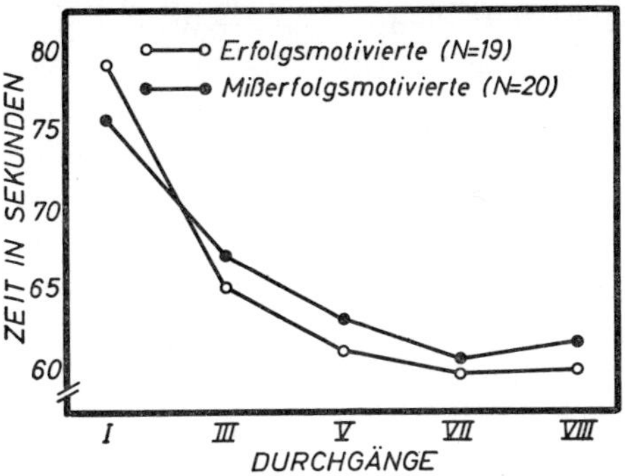

Abb. 21: Mittlere Bearbeitungsdauer für die Durchgänge I, III, V, VII, VIII im Vortest bei Erfolgs- ($N = 19$) und Mißerfolgsmotivierten ($N = 20$).

Anzahl der Verbesserungen. Die letzten beiden Kennwerte erwiesen sich jedoch als für die Analyse kaum brauchbar, da Fehler und Verbesserungen nur selten auftraten und dann in jedem Durchgang meist Werte von entweder 1 oder 2 annahmen. Insgesamt kommen Fehler im ersten Durchgang bei 11 Vpn vor, im zweiten bei 16, im dritten bei 14, im vierten bei 16 und im fünften bei 12 (jeweils von 39) Vpn; entsprechend Verbesserungen bei 18, 17, 18, 22, 21 Vpn. Da die Auftretenshäufigkeiten relativ gering und die absoluten Werte nur klein sind, ist zu vermuten, daß beide keine zuverlässigen Indikatoren für Leistungsveränderungen sind. Ein grober Überblick erbringt auch keine interpretierbaren Unterschiede zwischen den nach Motivation und Attribuierung vorgenommenen Gruppierungen. Auf eine eingehendere statistische Analyse wird daher verzichtet, ebenso auf eine Darstellung der Befunde. Die Bearbeitungsdauer für die einzelnen Durchgänge dagegen streut recht gut, ebenso die Differenzwerte der Bearbeitungsdauer (in Sekunden) zwischen den jeweils benachbarten Durchgängen (s. Tab. 10). Allerdings zeigt sich nach Mißerfolg kein genereller Leistungsabfall. Zwar werden die Differenzen immer geringer, aber erst im fünften Durchgang ist die Leistung durchschnittlich schlechter als im vierten.

Tab. 10: Mittelwerte ($\bar{x}$) und Streuungen (s) der Differenzwerte der Bearbeitungsdauer zwischen den einzelnen Durchgängen (1-2, 2-3, 3-4, 4-5) sowie Anzahl (n) der Vpn, die eine Leistungsverschlechterung aufweisen.

	Durchgänge			
	1-2	2-3	3-4	4-5
$\bar{x}$	7,81	5,86	5,85	5,73
s	3,51	1,59	1,28	—1,23
n	13	17	15	22

Um den *Einfluß der Attribuierung* auf Veränderungen der Bearbeitungsgeschwindigkeit zu überprüfen, zogen wir zunächst die Attribuierungswerte für den ersten Durchgang heran, bildeten danach jeweils zwei möglichst gleichgroße Gruppen und verglichen zwischen diesen Gruppen die Mittelwerte der Bearbeitungsdauer für den ersten und zweiten Durchgang sowie deren Differenz (s. Tab. 11). Die Leistungsverbesserung ist um so ausgeprägter, je mehr der erste Mißerfolg auf die variablen Verursachungsfaktoren „Zufall" und „Anstrengung" zurückgeführt wird. Die Unterschiede sind allerdings nur teilweise signifikant. Diese Zusammenhänge verschärfen sich, wenn man eine korrelationsstatistische Prüfung vornimmt (Tab. 12).

Tab. 11: Mittelwerte der Bearbeitungszeit für den ersten ($\bar{x}_1$) und zweiten Durchgang ($\bar{x}_2$) sowie deren Differenz (Diff.) bei hoher bzw. niedriger Attribuierung nach dem ersten Durchgang und Zufallswahrscheinlichkeiten (*p*) für die Unterschiede der Differenzwerte zwischen den jeweiligen Gruppen „hoch" bzw. „niedrig" (nach U-Test bei einseitiger Fragestellung).

Attribuierungs-dimension	hoch				niedrig				
	N	$\bar{x}_1$	$\bar{x}_2$	Diff.	*N*	$\bar{x}_1$	$\bar{x}_2$	Diff.	*p*
Begabung	17	76,00	72,94	3,06	22	76,82	72,95	3,87	*n.s.*
Aufgabenschw.	18	78,61	76,89	1,72	21	74,62	69,57	5,05	<.15
Anstrengung	21	73,14	68,29	4,85	18	80,33	78,38	1,95	*n.s.*
Zufall	16	77,81	71,56	6,15	23	75,52	73,91	1,61	<.05
Aufgabenschw. plus Begabung	18	78,50	77,50	1,00	21	74,71	69,05	5,66	<.05

Tab. 12: Produktmoment-Korrelationen zwischen der Differenz der Bearbeitungsdauer für den ersten und zweiten Durchgang und der Attribuierung nach dem ersten Durchgang.

Begabung	Zufall	Anstrengung	Aufgaben-schwierigkeit	Begabung + Aufgaben-schwierigkeit
—.05	.24*	.25*	—.38**	—.43***

* *p* <.10; ** *p* <.01; *** *p* <.005
(jeweils bei einseitiger Fragestellung)

Bildet man für die einzelnen Attribuierungskennwerte Extremgruppen, die jeweils ungefähr das obere und untere Quartil umfassen und überprüft erneut die mittleren Differenzen der Bearbeitungsdauer zwischen erstem und zweitem Durchgang, so zeigt sich durchgehend eine Verschärfung der Befunde. Sie tritt besonders deutlich dann zutage, wenn man die 10 Vpn mit der höchsten bzw. niedrigsten Begabungs- und Schwierigkeitsattribuierung vergleicht. In der ersten

Gruppe findet sich eine deutliche Leistungsverschlechterung (—2.70) nach dem ersten Mißerfolg, in der zweiten eine deutliche Leistungsverbesserung (5,90; $p < .05$; nach U-Test bei einseitiger Fragestellung).

Die Summe der Begabungs- und Schwierigkeitsattribuierung über *alle* Durchgänge (SS [B+AS]) klärt am meisten Varianz auf. Die 20 Vpn mit den höchsten Werten verbessern ihre Leistung vom ersten zum zweiten Durchgang durchschnittlich um 0,70 Sekunden, die 19 Vpn mit den niedrigsten Werten um durchschnittlich 6,47 Sekunden ($p < .05$; nach U-Test bei einseitiger Fragestellung). In der ersten Gruppe tritt bei 11 (von 20) Vpn eine Leistungsverschlechterung ein, in der zweiten nur bei 2 (von 19) Vpn (Chi-Quadrat = 6,79; $p < .01$)!

Trennt man — um den *Einfluß der Leistungsmotivation* auf die Leistungsveränderungen zu überprüfen — nach der Höhe der *NH*-Kennwerte Erfolgs- ($N = 19$) und Mißerfolgsmotivierte ($N = 20$), so ergeben sich ähnliche Befunde. Während beide Motivationsgruppen für den ersten Durchgang im Mittel ungefähr dieselbe Zeit benötigen (s. Abb. 22), zeigt sich bei den Erfolgsmotivierten im zweiten Durchgang eine relativ größere Leistungsverbesserung (Differenz = 6,47) als bei den Mißerfolgsmotivierten (Differenz = 0,70); der Unterschied ist signifikant ($p < .05$; nach U-Test bei einseitiger Fragestellung). 11 von 20 Mißerfolgsmotivierten zeigen nach dem ersten Mißerfolg eine Verschlechterung, dagegen nur 2 von den 19 Erfolgsmotivierten (Chi-Quadrat = 6,79; $p < .01$). Die Differenzwerte 2—3, 3—4, 4—5 unterscheiden sich nicht zwischen beiden Gruppen.

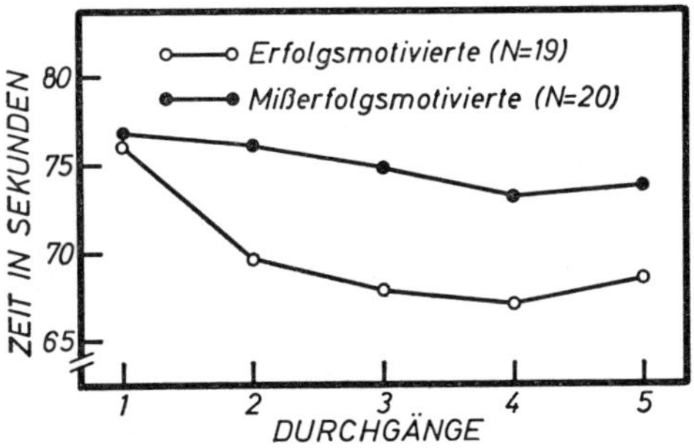

Abb. 22: Mittlere Bearbeitungszeit in Sekunden für die einzelnen Durchgänge bei Erfolgs- ($N = 19$) und Mißerfolgsmotivierten ($N = 20$).

Es ist im übrigen bemerkenswert, daß die Mittelwerte der Erfolgs- und Mißerfolgsmotivierten genau denen der Vpn entsprechen, deren Summe der Begabungs- und Schwierigkeitsattribuierung über alle Durchgänge niedrig bzw. hoch ist. Ebenso entsprechen sich die Häufigkeiten der Leistungsverschlechterung in den entsprechenden Gruppen. Dabei sind die 20 Vpn, bei denen die Attribuierung hoch ist, nicht völlig mit den 20 Mißerfolgsängstlichen identisch. Bei 14 Mißerfolgsängstlichen ist auch gleichzeitig die Attribuierung hoch, und bei 13 von 19 Erfolgsmotivierten ist die Attribuierung niedrig.

Berücksichtigt man Motivation und Attribuierung gleichzeitig (s. Tab. 13), findet bei den Mißerfolgsmotivierten eine Leistungsverschlechterung nur dann statt, wenn gleichzeitig die Attribuierung auf die stabilen Faktoren hoch ist ($p < .05$, nach *U*-Test bei einseitiger Fragestellung). Ebenso ist bei den Erfolgsmotivierten die Leistungsverbesserung ausgeprägter, wenn die entsprechende Attribuierung niedrig ist; der Unterschied läßt sich jedoch nicht gegen Zufälligkeit absichern.

Ein Vergleich zwischen den Motivationsgruppen ergibt nur bei hoher stabiler Attribuierung einen annähernd signifikanten Unterschied ($p < .10$; nach *U*-Test bei einseitiger Fragestellung).

Tab. 13: Mittlere Differenzen der Bearbeitungsdauer zwischen erstem und zweitem Durchgang bei Erfolgs- und Mißerfolgsmotivierten, wenn *SS* (*B* + *AS*) hoch bzw. niedrig ist.

	SS (*B* + *AS*)	
	hoch	niedrig
Erfolgsmotivierte	5,33 (*N* = 6)	7,00 (*N* = 13)
Mißerfolgsmotivierte	—1,29 (*N* = 14)	5,33 (*N* = 6)

7.1.3.3. Erwartungsänderungen in Abhängigkeit von Attribuierung und Motivation

Die subjektive Wahrscheinlichkeit der Zielerreichung sollte nach Mißerfolg um so stärker absinken, je mehr der Mißerfolg auf die stabilen Determinanten „Begabung“ und „Aufgabenschwierigkeit“ zurückgeführt wird (WEINER et al., 1971).

Die Überprüfung der Hypothese erfolgte auf zweierlei Weise: Einmal wurden die Summenwerte der beiden stabilen Verursachungselemente für jeden einzelnen Durchgang gebildet, nach deren Höhe je zwei annähernd gleich große Gruppen getrennt und die mittleren Differenzen der subjektiven Wahrscheinlichkeit jeweils für den entsprechenden Durchgang und den darauffolgenden Durchgang in beiden Gruppen verglichen. Zum anderen wurde die Begabungs- und Schwierigkeitsattribuierung über alle Durchgänge summiert (*SS* [*B* + *AS*]), nach deren Höhe ebenso zwei annähernd gleich große Gruppen gebildet und die mittleren subjektiven Wahrscheinlichkeiten jeder Gruppe für alle Durchgänge errechnet. Da beide Vorgehensweisen annähernd dieselben Resultate erbrachten, werden hier lediglich die Befunde der letzteren Art der Analyse dargestellt, da mit diesen Werten eine einfachere Art der varianzanalytischen Prüfung möglich ist.

Wie Abb. 23 zeigt, sinkt die Erfolgswahrscheinlichkeit insgesamt über die Durchgänge ($F\,[4/148] = 9{,}77$; $p < .005$). Ebenso sind die Unterschiede zwischen den Attribuierungsgruppen signifikant ($F\,[1/37] = 9{,}26$; $p < .005$). Zudem ergibt sich eine statistisch bedeutsame Wechselwirkung zwischen Attribuierung und Durchgängen: Während sich die Wahrscheinlichkeitswerte beider Gruppen für den ersten Durchgang annähernd entsprechen, nehmen sie über die Durchgänge stärker bei den Vpn ab, die den Mißerfolg ausgeprägt auf die stabilen Verursachungsfaktoren zurückführen ($F\,[1/148] = 3{,}51$; $p < .025$).

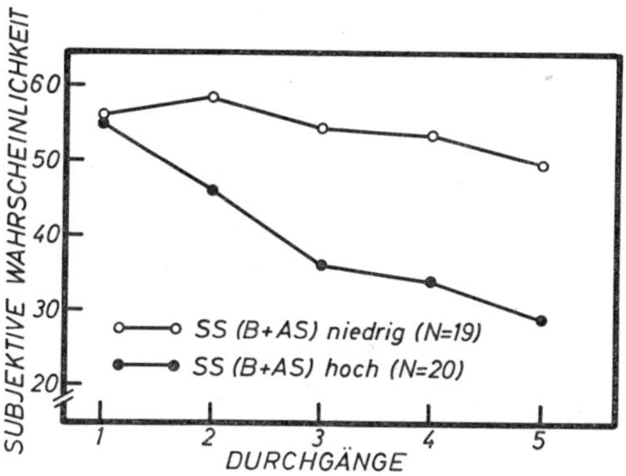

Abb. 23: Mittelwerte der subjektiven Wahrscheinlichkeit für die einzelnen Durchgänge bei Vpn, die die Aufgabenlösung als stark (*SS* [*B*+*AS*] hoch) oder weniger stark (*SS* [*B*+*AS*] niedrig) abhängig von der eigenen Begabung (*B*) und Aufgabenschwierigkeit (*AS*) erleben.

Die entsprechende Analyse für die beiden Motivationsgruppen zeigt bei den Erfolgsmotivierten einen ähnlichen Trend wie in der Gruppe mit niedriger stabiler Attribuierung und bei den Mißerfolgsmotivierten wie in der Gruppe mit hoher stabiler Attribuierung (s. Abb. 24, S. 106). Die Erwartung liegt bei den Erfolgsmotivierten für alle Durchgänge höher als bei den Mißerfolgsmotivierten ($F\,[1/37] = 14{,}91$; $p < .005$). Das gilt auch für den ersten Durchgang ($p < .10$; nach U-Test bei einseitiger Fragestellung). Allerdings ist die Wechselwirkung Motivation *x* Durchgänge nicht signifikant, obwohl sich eine stärkere Abnahme der Wahrscheinlichkeit vom 1. zum 2. und vom 2. zum 3. Durchgang bei den Mißerfolgsmotivierten andeutet.

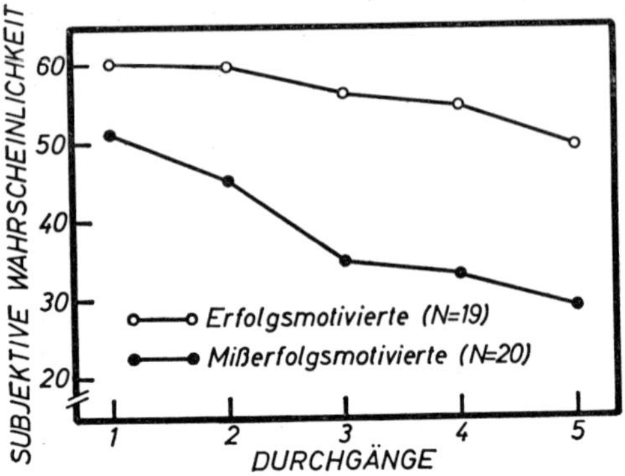

Abb. 24: Mittelwerte der subjektiven Wahrscheinlichkeit für die einzelnen Durchgänge bei Erfolgs- ($N = 19$) und Mißerfolgsmotivierten ($N = 20$).

Eine getrennte Überprüfung der Differenzwerte (s. Tab. 14) ergibt größere Veränderungen der Wahrscheinlichkeit vom 1. zum 2. und vom 2. zum 3. Durchgang bei Mißerfolgs- als bei Erfolgsmotivierten ($p < .10$ bzw. $p < .05$; jeweils nach U-Test bei einseitiger Fragestellung).

Tab. 14: Mittelwerte ($\bar{x}$) und Streuungen (s) der Differenzwerte der subjektiven Wahrscheinlichkeit zwischen den einzelnen Durchgängen bei Erfolgs- ($N = 19$) und Mißerfolgsmotivierten ($N = 20$).

		Durchgänge			
		1-2	2-3	3-4	4-5
Erfolgsmotivierte	$\bar{x}$	—0,53	—3,15	—1,57	—5,26
	s	16,49	10,03	12,58	16,79
Mißerfolgsmotivierte	$\bar{x}$	—6,50	—10,50	—1,50	—4,00
	s	10,40	13,16	10,89	9,40

Bei 14 der 20 Mißerfolgsängstlichen ist *SS* (*B* + *AS*) hoch, bei den anderen niedrig, dagegen nur bei 6 der 19 Erfolgsmotivierten. Beide Motivationsgruppen wurden nach der Höhe der Attribuierungswerte geteilt und die Mittelwerte der subjektiven Wahrscheinlichkeit für jeden Durchgang bestimmt.

Ein Abfall der subjektiven Wahrscheinlichkeiten über die Durchgänge findet bei den Mißerfolgsmotivierten nur dann statt, wenn die Begabungs- und Schwierigkeitsattribuierung hoch ist (s. Abb. 25). Da die Besetzungshäufigkeiten in den beiden Gruppen sehr unterschiedlich sind, wurden statt einer zweifaktoriellen Varianzanalyse zwei einfaktorielle berechnet.

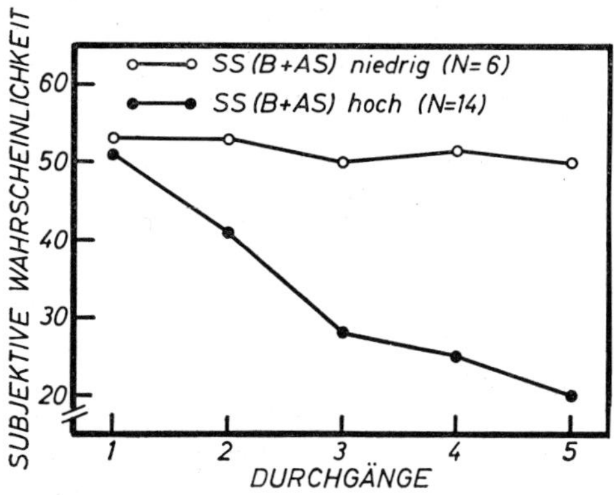

Abb. 25: Mittelwerte der subjektiven Wahrscheinlichkeit für zwei Gruppen *mißerfolgsmotivierter* Vpn, bei denen die Summe der Begabungs- und Schwierigkeitsattribuierung (*SS* [*B* + *AS*]) hoch ($N = 14$) bzw. niedrig ($N = 6$) ist.

Danach unterscheiden sich die Mittelwerte in der Gruppe „*SS* (*B* + *AS*) hoch" ($F = 15{,}07$; $p < .005$), nicht dagegen in der Gruppe „*SS* (*B* + *AS*) niedrig" ($F = 0{,}18$). Bei den Erfolgsmotivierten zeigen sich insgesamt keine bedeutsamen Unterschiede der Wahrscheinlichkeit über die Durchgänge in Abhängigkeit von der Attribuierung (s. Abb. 26). Zwar sinkt in der Gruppe „*SS* (*B* + *AS*) hoch" die subjektive Wahrscheinlichkeit

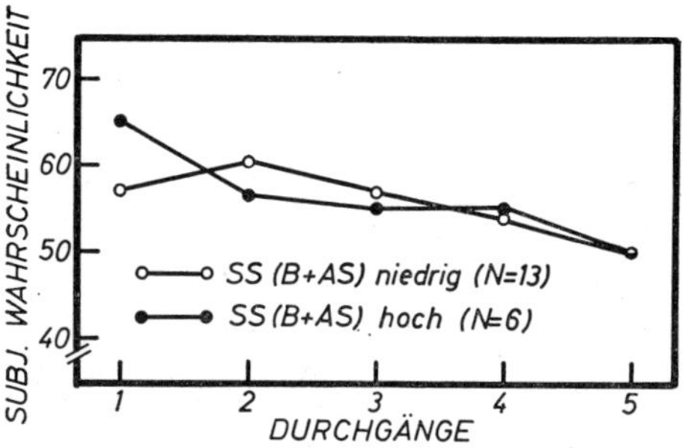

Abb. 26: Mittelwerte der subjektiven Wahrscheinlichkeit für zwei Gruppen *erfolgsmotivierter* Vpn, bei denen die Summe der Begabungs- und Schwierigkeitsattribuierung (*SS* [*B* + *AS*]) hoch ($N = 6$) bzw. niedrig ($N = 13$) ist.

vom ersten zum zweiten Durchgang ab, während sie in der anderen Gruppe ansteigt (der Unterschied der Differenzwerte zwischen den beiden Gruppen ist annähernd signifikant: $p < .10$; nach U-Test bei einseitiger Fragestellung); im Hinblick auf die anderen Durchgänge zeigen sich jedoch keinerlei bedeutsame Divergenzen.

7.1.4. Erörterung der Befunde

Mit der Unterbrechung der Aufgabentätigkeit bei allen fünf Durchgängen war intendiert, konstant Mißerfolg zu induzieren, um Attribuierungsverschiebungen mit der Häufung von Mißerfolg zu untersuchen. Der Unterbrechungspunkt wurde über die einzelnen Aufgaben variiert, um den Abbruch nicht als Strategie des Vl durchsichtig werden zu lassen. Beim ersten Blatt wurde nach Bearbeiten der 3. Ziffer in der letzten Reihe abgebrochen, beim zweiten nach der 4., beim dritten nach der 6., beim vierten nach der 4. und beim fünften nach der 5. Ziffer.
Es war während des Versuchs erkennbar, daß nicht von allen Vpn die Nichtbeendigung durchweg als Mißerfolg aufgefaßt wurde. Besonders nach Bearbeiten der 3. Aufgabe, bei der die größte Anzahl an Zeichen substituiert wurde, aber auch schon nach Bearbeiten der 2. war bei einigen Vpn deutlich positiver Affekt über die Leistungssteigerung gegenüber dem vorauslaufenden Durchgang erkennbar. Leider wurde es versäumt, diese Phänomene zu protokollieren, so daß im nachhinein nicht mehr feststellbar ist, ob sie besonders in einer Motivationsgruppe auftraten. Insgesamt faßten 5 bis 7 Vpn die Unterbrechung bei diesen Durchgängen nicht als Mißerfolg auf. Das dürfte sich auf die Versuchsergebnisse ungünstig ausgewirkt haben; aus diesem Grunde wurden die Auswirkungen von Attribuierung und Motivation auf Leistungsveränderungen auch lediglich für die ersten beiden Durchgänge eingehend überprüft.
Zum anderen muß auf zwei kritische Punkte bei der Attribuierungserhebung hingewiesen werden. 1. Wir erfragten, inwieweit Mißerfolg davon abhängig sei, „daß die Aufgabe sehr leicht oder sehr schwer war". Diese Formulierung zielt nicht deutlich genug auf den Faktor Aufgabenschwierigkeit ab. Nicht auszuschließen ist nämlich, daß in die Beantwortung eine Begabungsattribuierung mit eingegangen ist, wenn die Frage nämlich aufgefaßt wurde als „weil die Aufgabe *für mich* sehr leicht oder sehr schwer war". 2. Es ist bedenklich, Attribuierungen in Prozentangaben zu erfassen. Dieses methodische Vorgehen hat zur Folge, daß die Skalierungswerte teilweise abhängig voneinander sind. Zwar ist kaum zu vermuten, daß die einzelnen Faktoren „psychologisch" unabhängig sind. Hohe Korrelationen einzelner Kausalelemente können jedoch Artefakte der verwendeten Methode sein.

7.1.4.1. Motivation und Attribuierung

Die Unterschiede der Mißerfolgsattribuierung zwischen den Motivationsgruppen sind bemerkenswert. Sie betreffen nicht, wie wir ursprünglich angenommen haben, die Dimension internal-external, sondern stabil-variabel. Erfolgsmotivierte machen Mißerfolg mehr von mangelnder Anstrengung und Zufall abhängig als Mißerfolgsmotivierte, die ihrerseits das Resultat vergleichsweise mehr als durch mangelnde Begabung und die Schwierigkeit der Aufgabe determiniert sehen. Dabei ist, wie erwähnt, nicht auszuschließen, daß in die Schwierigkeitsskalierung der Faktor Begabung mit eingegangen ist.
Unerwartet ist, daß die Attribuierung der Erfolgsmotivierten sich nicht oder nur wenig von den variablen auf die stabilen Faktoren verschiebt. Unter dem Aspekt kontinuierlichen Mißerfolgs erscheint das Verhalten der Mißerfolgsmotivierten als realistischer. Die Begabungsattribuierung nimmt bei ihnen deutlich zu, die Anstrengungsattribuierung deutlich ab, ebenso die Zufallsattribuierung — abgesehen vom 4. Durchgang. Diese Verschiebungen sind mit den anfänglichen Plausibilitätsüberlegungen konsistent. Da das Leistungsresultat konstant ist, wird zunehmend die Auffassung bestärkt, daß Zufall kaum als Determinante in Frage kommt; ebenso kann es immer weniger mangelnder Anstrengung zugeschrieben werden, wenn sie bei jedem Durchgang — wie es die Instruktion fordert — maximal ist. Es bleiben nur noch die zu große Aufgabenschwierigkeit bzw. die mangelnde eigene Begabung als phänomenale Verursachungsfaktoren des Leistungsresultates.
Allerdings wirft die hier verwandte Methode der wiederholten Attribuierungsmessung bei denselben Vpn einige Probleme auf. Es kann sein, daß die Erfolgsmotivierten — aus was für Gründen auch immer — es für inkonsistent erachten, die Skalierung nach Wiederholung der Aufgabentätigkeit zu ändern. Näheren Aufschluß darüber könnte eine Replikation des Experimentes geben, in der nur jeweils einmal bei verschiedenen Gruppen Erfolgs- und Mißerfolgsmotivierter nach einer unterschiedlichen Anzahl von Durchgängen Attribuierungen erhoben werden.
Krug (1972) hat unsere Untersuchung unter leichter Abänderung der Methodik repliziert (7 statt 5 Mißerfolgsdurchgänge; unabhängige Skalierung der Kausalfaktoren). Sie konnte die hier berichteten Attribuierungsunterschiede zwischen den Motivationsgruppen bestätigen bis auf die Zufallsattribuierung, die bei den Mißerfolgsmotivierten höher lag als bei Erfolgsmotivierten, wenn auch die Unterschiede nicht signifikant waren. Zudem fand sie ebenso wie wir mit gehäuftem Mißerfolg eine stärkere Zunahme der stabilen Attribuierung bei den Mißerfolgsmotivierten

(F [6/174] = 2,51; $p < .05$). Allerdings ergab sich — abweichend von den hier berichteten Befunden — auch bei den Erfolgsmotivierten ein deutlicher Anstieg.

7.1.4.2. Subjektive Wahrscheinlichkeit — Attribuierung und Motivation

Nicht auszuschließen ist, daß die unterschiedlichen Attribuierungen und deren Veränderungen in beiden Motivationsgruppen Folge motivationsspezifischer Erfolgserwartungen sind. Die Aufgaben waren als mittelschwer gekennzeichnet; Erfolg und Mißerfolg wurden als annähernd gleich wahrscheinlich ausgegeben, was bei Erfolgsmotivierten eine höhere Erfolgserwartung für den ersten Durchgang nach sich zieht als bei den Mißerfolgsmotivierten (s. Abb. 24, S. 106). Das bedeutet, daß der erste Mißerfolg bei den Erfolgsmotivierten in stärkerem Widerspruch zur Erwartung steht. Die Folge solcher unterschiedlichen Diskrepanz zum Erwartungswert könnten unterschiedliche Attribuierungen sein: Je höher die anfängliche Erfolgserwartung ist, desto mehr wird das diskrepante Resultat auf Zufall oder auf mangelnde eigene Anstrengung zurückgeführt und desto weniger ändert sich nachher für die folgenden Durchgänge die subjektive Wahrscheinlichkeit.
Allerdings bestätigt sich diese Vermutung nicht. Denn wie Abb. 23 (S. 105) zeigt, bestehen keinerlei Unterschiede in der Einschätzung der Erfolgswahrscheinlichkeit für den ersten Durchgang zwischen Vpn, die hoch bzw. niedrig auf die stabilen Faktoren attribuieren; gleichzeitig zeigt sich nur für die erste Gruppe ein rapider Abfall der Wahrscheinlichkeit über die Durchgänge. Zudem sind, wie eine nachträgliche Prüfung ergab, die Korrelationen zwischen der subjektiven Wahrscheinlichkeit für den ersten Durchgang und der Zufalls- bzw. Anstrengungsattribuierung nach dem ersten Durchgang nicht signifikant (.03 bzw. .17).
Die Attribuierung ist daher wohl nicht als Folge der anfänglichen Einschätzung der Erreichungswahrscheinlichkeit anzunehmen, sondern umgekehrt die Veränderungen der subjektiven Wahrscheinlichkeit als Folge der Attribuierung. Bei hoher stabiler Attribuierung wird das Resultat als nicht änderbar aufgefaßt; die Wahrscheinlichkeit nimmt über die Durchgänge daher in sehr viel stärkerem Maße ab, als wenn die Attribuierung auf die variablen Determinanten erfolgt. Entsprechend ist der vergleichsweise stärkere Wahrscheinlichkeitsabfall der Mißerfolgs- als der Erfolgsmotivierten auf deren ausgeprägtere stabile Attribuierung zurückzuführen.
Bemerkenswert ist, daß innerhalb der Gruppe der Mißerfolgsängstlichen eine Trennung nach hoher bzw. niedriger stabiler Attribuierung eine der-

art scharfe Differenzierung im Hinblick auf die Veränderung der subjektiven Wahrscheinlichkeit erbringt (s. Abb. 25, S. 107). Bei niedriger Attribuierung ändert sie sich mit gehäuftem Mißerfolg nicht, bei hoher nimmt sie rapide ab.

7.1.4.3. Leistungsveränderungen nach Mißerfolg — Attribuierung und Motivation

Eine globale Analyse der Leistungsveränderungen nach Mißerfolg bestätigt die anfänglich aufgestellten Hypothesen: Erfolgsmotivierte verbessern ihre Leistung vom ersten zum zweiten Durchgang mehr als Mißerfolgsmotivierte, ebenso Vpn, die das Resultat nur wenig von den Determinanten „Begabung“ und „Aufgabenschwierigkeit“ abhängig machen. Dabei ist erstaunlich, daß die Begabungs- und Schwierigkeitsattribuierung als Summenwert über alle Durchgänge in engerem Zusammenhang zur Leistungsveränderung steht als die Attribuierung nach dem ersten Durchgang. Vermutlich erhöht die wiederholte Messung (nach jedem Durchgang) die Gültigkeit der Attribuierungsdaten.
Berücksichtigt man jedoch Motivation und Attribuierung gleichzeitig (Tab. 13, S. 104), so klärt die Kombination beider Faktoren die Varianz der Leistungsveränderung nach dem ersten Durchgang am besten auf: Eine Verschlechterung findet sich nur bei den Mißerfolgsmotivierten, bei denen gleichzeitig die Attribuierung auf die stabilen Faktoren hoch ist. Der Unterschied zu den übrigen Gruppen ist signifikant, die sich ihrerseits nicht voneinander unterscheiden.
Dieser Befund ist weder mit der Leistungsmotivationstheorie (WEINER, 1965) noch mit den hier angestellten attributionstheoretischen Überlegungen vereinbar. Denn nach der Motivationstheorie müßte bei Mißerfolgsängstlichen generell — unabhängig von der Attribuierung — nach Mißerfolg ein Leistungsdekrement erfolgen oder aber zumindest ein geringerer Leistungsanstieg als bei den Erfolgsmotivierten. Nach der Attribuierungstheorie müßte sowohl bei Erfolgs- wie auch bei Mißerfolgsmotivierten ein Abfall (oder zumindest kein Anstieg) zu finden sein, wenn die Attribuierung auf die stabilen Determinanten hoch ist.
Nun sind Attribuierung und Motivation nicht unabhängig voneinander, wie die Besetzungshäufigkeiten der Gruppen in Tab. 13 (S. 104) anzeigen. Nimmt man theoretisch eine perfekte Abhängigkeit beider Variablen an, so müßten die Erfolgsmotivierten mit hoher stabiler Attribuierung und die Mißerfolgsmotivierten mit niedriger Attribuierung Fehlklassifizierungen aufgrund von Meßfehlern entweder bei der Motivations- oder Attribuierungserhebung (oder aber bei beiden) sein.

Die Meßfehlerhypothese wird aber durch eine nachträgliche weitergehende Analyse der Befunde widerlegt. Teilt man nämlich die beiden Motivationsgruppen nicht nach der Summe der Begabungs- *und* Schwierigkeitsattribuierung auf, sondern nach der Summe der Begabungsattribuierung über alle Durchgänge, so zeigen sich — während Motivation und Begabungsattribuierung weitgehend *unabhängig* voneinander sind — fast völlig übereinstimmende Befunde. Dasselbe gilt, wenn man die Begabungsattribuierung nach dem ersten Durchgang heranzieht. (Eine Unterteilung nach hoher bzw. niedriger Begabungsattribuierung war nur bei einer Stichprobe möglich [Gymnasium Dorsten], da bei der anderen die Werte der Begabungsattribuierung kaum variierten und die Bildung auch nur annähernd gleich großer Gruppen nicht möglich war). Bei Erfolgsmotivierten mit hoher bzw. niedriger Begabungsattribuierung betragen die Werte der Leistungsveränderung 4,71 ($N = 7$) bzw. 4,20 ($N = 5$), bei den Mißerfolgsmotivierten entsprechend —2,57 ($N = 7$) bzw. 3,00 ($N = 6$). Wie die Häufigkeiten zeigten, kovariieren Motivation und Begabungsattribuierung für den ersten Durchgang nicht.

Es bleibt zu fragen, ob die Befunde nicht einfach durch die nach Mißerfolg resultierenden Veränderungen der subjektiven Wahrscheinlichkeit erklärbar sind. Denn entsprechend dem Modell ATKINSONS (1957) liegt das Maximum der aufsuchenden wie der meidenden Motivierung bei einer Erfolgswahrscheinlichkeit von .50 (die in unserem Experiment durch die Instruktion anfänglich induziert werden sollte). Ein Absinken oder Ansteigen der subjektiven Wahrscheinlichkeit von .50 müßte bei überwiegend Erfolgsmotivierten ein Leistungsdekrement nach sich ziehen, da die Motivierung abnimmt; bei überwiegend Mißerfolgsmotivierten müßte ein Inkrement die Folge sein, da die Stärke der hemmenden, meidenden Motivierung abnimmt.

Die Abb. 25 und 26 (S. 107) zeigen für die vier nach Attribuierung und Motivation gespaltenen Gruppen die subjektiven Wahrscheinlichkeiten für alle Durchgänge. Bei den Mißerfolgsmotivierten mit hoher stabiler Attribuierung findet der stärkste Abfall der Wahrscheinlichkeit vom ersten zum zweiten Durchgang statt, von ca. .50 auf ca. .40. Bei ihnen wäre demnach ein Leistungsanstieg zu erwarten; es zeigt sich aber ein Leistungsabfall. Bei den Mißerfolgsmotivierten mit niedriger Attribuierung ändert sich die Erfolgswahrscheinlichkeit nicht; sie liegt bei .50, dem Punkt, wo die meidende Motivierung maximal sein soll; bei ihnen zeigt sich ein Leistungsanstieg.
Bei den Erfolgsmotivierten mit hoher stabiler Attribuierung geht mit einem Abfall der subjektiven Wahrscheinlichkeit von ca. .65 auf ca. .55, wie erwartet, eine Leistungsverbesserung einher, bei denen, die niedrig attribuieren, mit einem leichten Anstieg von ca. .57 auf ca. .60 ebenso — nun allerdings entgegen der Erwartung — eine Leistungsverbesserung.
Die Wirkungen des Mißerfolgs allein auf Veränderungen der subjektiven Wahrscheinlichkeit zurückzuführen, erweist sich danach kaum als geeigneter Erklärungsansatz.
Der von HECKHAUSEN (1967) vorgetragene Revisionsvorschlag, wonach der Erfolgs- (A_e) bzw. Mißerfolgsanreiz (A_m) nicht wie bei ATKINSON $1—E_e$ betra-

gen soll, sondern $A_e = .70 - E_e$ bzw. $-A_m = E_e - .30$, liefert auch nur für einen Teil der Befunde eine befriedigende Erklärungsgrundlage. Danach liegt das Maximum der aufsuchenden bzw. meidenden Motivierung zwischen $E_e = .30$ und $E_e = .40$ bzw. zwischen $E_e = .60$ und $E_e = .70$. Ein Anstieg bzw. Absinken der subjektiven Wahrscheinlichkeit von .30, .40 müßte bei den Erfolgsmotivierten zu einem Leistungsabfall führen, ein Absinken bzw. Anstieg von .60, .70 bei den Mißerfolgsmotivierten zu einem Leistungsanstieg. Die Leistungsverschlechterung der Mißerfolgsmotivierten mit hoher Attribuierung steht mit den Annahmen HECKHAUSENs im Einklang, ebenso der Leistungsanstieg der Erfolgsmotivierten mit hoher Attribuierung, nicht dagegen die Leistungsveränderungen der restlichen beiden Gruppen.

Zur Erklärung der Befunde stehen zumindest noch drei andere theoretische Modelle zur Verfügung: die von SPENCE (1956; SPENCE & SPENCE, 1966) vorgenommene Weiterführung der HULLschen Theorie, das Aktivierungskonzept (MALMO, 1959) und die Interferenztheorie CHILDS (1954). Der SPENCEsche Ansatz scheint der bislang umfassendste zu sein, unter dem sich die Vielfalt der experimentellen Befunde am besten ordnen läßt.

Danach ist die Reaktion (*R*) eine Funktion des excitatorischen Potentials (*E*), das sich aus der multiplikativen Verknüpfung von Triebstärke (*D*) und *Habit*stärke (*H*) ergibt: $R = f(E) = f(D \times H)$. Es läßt sich ableiten, daß bei „einfachen“ Aufgaben ohne konkurrierende Reaktionstendenzen hoch ängstliche Vpn bessere Leistungen zeigen müssen als niedrig ängstliche. Bei „komplexen“ Aufgaben dagegen, die konkurrierende Reaktionen unterschiedlicher *Habit*stärke evozieren und bei denen *H* der falschen Reaktion(en) stärker ist als der richtigen, müßten Ängstliche so lange schlechtere Leistungen aufweisen, bis mit fortlaufender Übung *H* der richtigen Reaktion stärker ist als der falschen.
Stress soll — aufgrund unterschiedlicher Schwellen in beiden Gruppen — bei Hochängstlichen zu größerer reaktiver Angst führen als bei Niedrigängstlichen und daher den Trieb vergleichsweise mehr verstärken (SPENCE, 1958).
Neben dem energetischen (multiplikativen) ziehen SPENCE & SPENCE (1966) noch einen anderen Aspekt der HULLschen Theorie heran, nämlich die mit dem Trieb einhergehenden Triebreize (S_D), die gelernte und ungelernte, offene und verdeckte Reaktionen anregen können. Darunter befinden sich auch aufgaben-irrelevante Reaktionen, wie „Selbstkritik, Ärger, der Wunsch zu entkommen“ (1966, S. 308), die mit der richtigen Reaktion interferieren (Reaktionsinterferenz-Hypothese) und die Leistung beeinträchtigen können. Solche störenden Reaktionen sollen in sehr viel stärkerem Maße bei Hoch- als bei Niedrigängstlichen angeregt werden. Mißerfolg soll daher bei solchen Aufgabentätigkeiten, die durch interferierende Reaktionen störbar sind, die Leistung Hochängstlicher mehr beeinträchtigen als die Niedrigängstlicher.

SPENCE & SPENCE nehmen in Übereinstimmung mit CHILD (1954) bei Hochängstlichen ganz allgemein ein Auftreten interferierender Reaktionen an, ohne auf mediatisierende kognitive Prozesse einzugehen. Unter attribuierungstheoretischen Gesichtspunkten sind solche personzentrierten Reaktionen nur dann zu erwarten, wenn auch die eigene Person als Urheber des Mißerfolgs erlebt wird, besonders, wenn die Ursache des Versagens in mangelnder eigener Begabung gesucht wird.

Wie sind im Rahmen dieser Theorie unsere Befunde zu erklären, wenn man davon ausgeht, daß es sich bei der hier verwandten Form des Zahlen-Symbol-Tests um eine — im Sinne von SPENCE — „komplexe“ Aufgabe handelt und die Aufgabentätigkeit durch interferierende Reaktionen störbar ist? Der Mißerfolg nach dem ersten Durchgang führt generell zu einer Erhöhung des *Drive,* aufgrund unterschiedlicher Schwellen bei den Mißerfolgsmotivierten stärker als bei den Erfolgsmotivierten. Bei den Erfolgsmotivierten resultiert in jedem Falle eine Leistungsverbesserung, da irrelevante Reaktionen, die mit der „richtigen“ interferieren können, gar nicht oder kaum auftreten. Bei den Mißerfolgsmotivierten bedingt der induzierte Mißerfolg zwar eine vergleichsweise stärkere Erhöhung des *Drive,* was jedoch nicht zu einem Leistungsanstieg führt, da gleichzeitig aufgaben-irrelevante Reaktionen angeregt werden, durch die die Leistung stärker beeinträchtigt wird, als sie durch die Erhöhung des *Drive* gefördert wird. Da (entsprechend unserer Zusatzannahme) solche personzentrierten störenden Reaktionen um so stärker auftreten, je mehr der Mißerfolg auf mangelnde Begabung als Verursachungselement zurückgeführt wird, tritt ein Leistungsabfall bei Hochängstlichen nur dann ein, wenn der Mißerfolg als begabungsabhängig erlebt wird. Im anderen Falle überwiegt der fördernde Effekt der Trieberhöhung, was eine Leistungsverbesserung zur Folge hat.

Dieser Interpretationsansatz für die vorliegenden Befunde ist jedoch allgemein kaum befriedigend. Er stützt sich auf das HULL-SPENCEsche Modell und führt in diese „mechanistische“ Theorie zusätzlich die Attribuierung als „kognitive“ Determinante ein. Dabei wird die Wirksamkeit kognitiver Prozesse nur bei Mißerfolgsmotivierten im Zusammenhang mit dem Zustandekommen interferierender Reaktionen unterstellt; bei den Erfolgsmotivierten bleiben mögliche Wirkungen kognitiver Prozesse unberücksichtigt. Zudem ist die Wirksamkeit von Attribuierungsvorgängen vermutlich nicht auf das Zustandekommen irrelevanter Reaktionen beschränkt. Eine Begabungs- und Schwierigkeitsattribuierung kann auch ein Nachlassen der Anstrengung zur Folge haben, ebenso wie eine Anstrengungsattribuierung vermehrten Einsatz.

Somit bietet kein einziger der erwogenen Ansätze eine genügend breite Erklärungsgrundlage für die vorgetragenen Befunde. Bevor über deren Fruchtbarkeit entschieden werden kann, bleiben eine Replikation dieses Experimentes sowie weitere Untersuchungen über den Zusammenhang zwischen Attribuierung und der Wirkung von Mißerfolg auf die Leistung abzuwarten.

7.2. Erwartungs- und Leistungsänderungen nach Erfolg in Abhängigkeit von Attribuierungen

Die im vorauslaufenden Abschnitt berichteten Änderungen der subjektiven Wahrscheinlichkeit in Abhängigkeit von der Kausalerklärung des induzierten Mißerfolgs widersprechen dem Postulat von ROTTER und Mitarbeitern (PHARES, 1957; ROTTER et al., 1961), wonach Erwartungsänderungen um so stärker sein sollen, je mehr das Resultat internalen Faktoren zugeschrieben wird. Nach den hier berichteten Befunden hängen sie vielmehr davon ab, ob Mißerfolg mehr mit stabilen oder mehr mit variablen Ursachenfaktoren erklärt wird (s. WEINER et al., 1971, 1972). Wir haben in der Abbildung 23 (S. 105) zwei Gruppen mit je hoher bzw. niedriger stabiler Attribuierung im Hinblick auf die Erfolgswahrscheinlichkeiten verglichen und nicht auch für jeden der vier Faktoren einzeln Gruppen mit jeweils hohen und niedrigen Kennwerten gebildet. Diese differenziertere Aufschlüsselung unserer Daten findet sich in WEINER et al. (1972), wobei aber zu berücksichtigen ist, daß die einzelnen Attribuierungskennwerte aufgrund der Erhebungsmethode (Prozentangaben) nicht unabhängig voneinander sind und mit drei Attribuierungen die vierte zwangsläufig festgelegt ist. KRUG (1972) erfaßte Kausalinterpretationen in einem ähnlichen Versuch bei Verwendung der gleichen Aufgaben unabhängig voneinander jeweils auf einer 11-Punkte-Skala. Sie fand, daß bei kontinuierlichem Mißerfolg über sieben Durchgänge die Erfolgswahrscheinlichkeiten stärker absinken bei hoher als bei niedriger Begabungs- und Schwierigkeitsattribuierung und weniger sinken bei hoher als bei niedriger Anstrengungs- und Zufallsattribuierung. Das widerspricht eindeutig dem Postulat ROTTERS, worauf wir noch zurückkommen werden.
In einem neuen Versuch soll überprüft werden, ob auch nach *Erfolg* Erwartungsänderungen in ähnlichem Zusammenhang mit der Stabilität bzw. Variabilität der angegebenen Kausalfaktoren stehen wie nach Mißerfolg. Das ist zwar für die Determinanten Begabung, Aufgabenleichtigkeit und Zufall zu erwarten, nicht dagegen für den Faktor Anstrengung. Denn wird Erfolg bei einer anfänglich als mittelschwer eingeschätzten Aufgabe überwiegend mit Anstrengung erklärt, so wird das Resultat bei gleichem Anstrengungsaufwand als wieder erreichbar wahrgenommen, was zu einer Erhöhung der subjektiven Wahrscheinlichkeit führen dürfte. Nur im Extremfall, wenn für Erfolg *übermäßige* Anstrengung verantwortlich gemacht wird, die man bei erneutem Bearbeiten der Aufgabe nur schwer oder nicht wieder aufbringen zu können glaubt, kann es sein, daß keine Zunahme oder sogar eine Abnahme der Erfolgswahrscheinlichkeit eintritt.

Wir vermuten daher, daß es in Abhängigkeit von hoher und niedriger Anstrengungsattribuierung nach Erfolg zu keinen unterschiedlichen Erwartungsänderungen kommt. Wir nehmen weiterhin an, daß die Wahrscheinlichkeit mehr ansteigt bei hoher Attribuierung auf Begabung und Aufgabenleichtigkeit als bei niedriger und weniger ansteigt bei hoher als bei niedriger Zufallsattribuierung. Wir vermuten schließlich drittens, daß bei hoher Zufallsattribuierung die Erfolgserwartung sich weniger ändert als bei hoher Anstrengungsattribuierung.

7.2.1. Versuchspersonen und Methodik

Versuchspersonen waren 9 Schülerinnen und 21 Schüler der neunten Klasse einer Realschule.

Versuchsdurchführung: Sie gleicht weitgehend der des vorauslaufend dargestellten Experimentes. Auch hier fand die Datenerhebung in Einzelversuchen statt. Versuchsaufgabe war die auf S. 93 dargestellte Form des Zahlensymboltests. Anfangs wurde wieder eine Minute Zeit gegeben, um die Ziffern und zugehörigen Zeichen einzuprägen. Anschließend lösten die Vpn acht DIN-A 5-Blätter mit je 32 Ziffern. Die dazu benötigte Zeit wurde nicht gestoppt. Beide Versuchsabschnitte dienten dazu, den bei diesem Aufgabentyp steilen Lernanstieg abzufangen. Die Vp bekam dann ein Heftchen mit sechs Aufgabenblättern, sechs Blättern zur Angabe der Erfolgswahrscheinlichkeit und sechs Attribuierungsblättern. Die Aufgabenbögen entsprachen denen des vorigen Experimentes; oben waren jeweils die Ziffern 1 bis 6 mit den zugehörigen Symbolen abgebildet und darunter vier Reihen mit je 16 Ziffern, denen die entsprechenden Symbole zuzuordnen waren. Vor jeder Aufgabe war wieder die Höhe der Erfolgserwartung anzugeben, und nach Beendigung einer Aufgabe waren Attribuierungen des Resultates vorzunehmen. Sie erfolgten hier aber nicht in Prozentangaben, sondern waren für jeden Faktor getrennt jeweils auf einer 11-Punkte-Skala (0 bis 10) vorzunehmen, deren Endpunkte mit „liegt gar nicht daran“ und „liegt sehr viel daran“ beschriftet waren. Im einzelnen wurden jeweils folgende Fragen gestellt:

Woran liegt es, daß Du diese Aufgabe geschafft hast?

Wie stark liegt es daran, daß Du Dir soviel Mühe gegeben hast, wie Du konntest?

Wie stark liegt es daran, daß die Aufgabe so leicht war, daß sie fast jeder in der Zeit schaffen kann?

Wie stark liegt es daran, daß Du Glück gehabt hast, daß Du es in der Zeit geschafft hast?

Wie stark liegt es daran, daß Du für diese Art von Aufgaben ein gutes Geschick und eine gute Begabung hast?

Um nicht den Eindruck entstehen zu lassen, als sei bei dem Versuch nur Erfolg möglich, waren die Fragen auf demselben Blatt auch immer für Mißerfolg formuliert (Woran liegt es, daß Du diese Aufgabe nicht geschafft hast?).

In der Anweisung wurde die Versuchsabsicht und die Aufgabenschwierigkeit nicht spezifiziert. Der Vl bemerkte vor Beginn des eigentlichen Hauptversuchs:

Und nun wollen wir zum dritten Teil des Versuchs übergehen, bei dem es darauf ankommt, die Aufgaben in einer bestimmten Zeit zu lösen, nämlich in einer Minute. Dieses Heftchen hier enthält sechs Aufgabenblätter mit jeweils vier Reihen. Alle sechs Aufgaben sind in der Schwierigkeit gleich, keine ist leichter oder schwerer als die andere. Du sollst jedes Blatt in einer Minute bearbeiten. Nach einer Minute sage ich „Halt". Ist ein Blatt in dieser Zeit nicht geschafft, muß aufgehört werden zu arbeiten ...

Entgegen der Anweisung ließ der Vl jedoch unabhängig von der benötigten Zeit jede der sechs Aufgaben zu Ende bearbeiten, so daß die Vp der Überzeugung war, sie habe die Aufgabe tatsächlich in der vorgegebenen Zeit geschafft. Unbemerkt für die Vp stoppte und notierte der Vl die für jeden Durchgang benötigte Zeit.

7.2.2. Befunde

Um unsere Hypothesen unter Einbeziehung der Erfolgswahrscheinlichkeiten *aller* Durchgänge varianzanalytisch prüfen zu können, bildeten wir für jede der vier Attribuierungen getrennt die Summe der Kennwerte über alle sechs Durchgänge und trennten danach je zwei möglichst gleich große Gruppen mit hoher und niedriger Begabungs-, Anstrengungs-, Leichtigkeits- und Zufallsattribuierung, wobei wir jedesmal das Vpn-Drittel mit den höchsten und niedrigsten Werten auswählten.

Unsere Hypothesen bestätigen sich zwar alle in der Tendenz, die Unterschiede lassen sich jedoch sämtlich nicht genügend gegen Zufälligkeit absichern. Wie Abb. 27 (S. 118) zeigt, steigt zwar die Erwartung stärker an bei hoher als bei niedriger Attribuierung auf die Leichtigkeit der Aufgabe, ebenso bei niedriger als bei hoher Zufallsattribuierung und über die ersten drei Durchgänge auch stärker bei hoher als bei niedriger Begabungsattribuierung. Bei varianzanalytischer Prüfung erreicht jedoch keine der Wechselwirkungen zwischen Attribuierung und Durchgängen das übliche Signifikanzniveau; lediglich für den Faktor Aufgabenleichtigkeit läßt sich der Effekt wenigstens auf dem 10-Prozent-Niveau absichern (F [5/90] = 1,98;

$p < .10$). Der Effekt für die Durchgänge ist in allen Fällen signifikant[1]; zudem ergeben sich in Abhängigkeit von hoher und niedriger Begabungs- und Zufallsattribuierung signifikante bzw. fast signifikante Unterschiede in der Höhe der subjektiven Wahrscheinlichkeit (F [1/17] = 8,43; $p < .01$ bzw. F [1/19] = 4,29; $p < .10$).

Wir haben bei dieser Art der Datenanalyse die einzelnen Attribuierungskennwerte über alle Durchgänge summiert und nach diesen Summenwerten

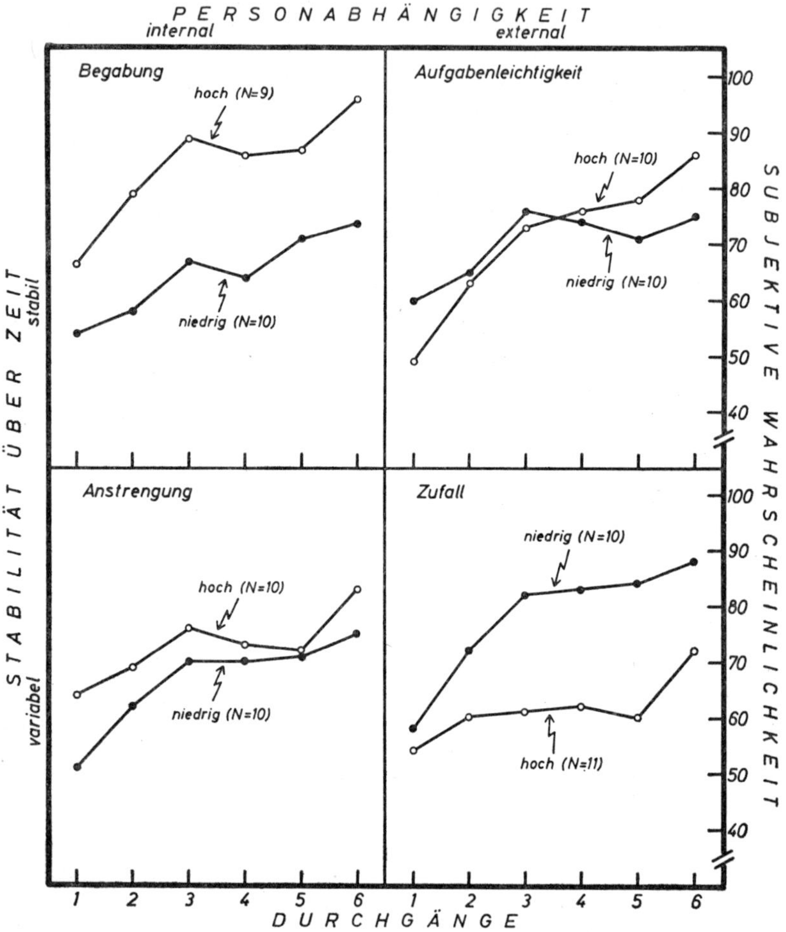

Abb. 27: Mittelwerte der Erfolgswahrscheinlichkeit für sechs Durchgänge bei hoher und niedriger Begabungs-, Anstrengungs-, Leichtigkeits- und Zufallsattribuierung.

[1] Begabung: F (5/85) = 8,98; Aufgabenleichtigkeit: F (5/90) = 11,70; Anstrengung: F (5/90 = 5,69; Zufall: F (5/95) = 9,00. p jeweils kleiner .005.

die Gruppeneinteilung vorgenommen. Das ermöglicht zwar eine relativ einfache Art der varianzanalytischen Prüfung unter Einbeziehung aller sechs Durchgänge gleichzeitig, beinhaltet aber — damit dieses Vorgehen zur Hypothesenprüfung sinnvoll ist — die Voraussetzung, daß in den entsprechenden Gruppen „hoch" bzw. „niedrig" die Attribuierungskennwerte über alle Durchgänge hinweg relativ hoch bzw. niedrig sind. Eine Inspektion der Rohdaten zeigt, daß diese Voraussetzung recht gut erfüllt ist. So ergeben sich auch keine abweichenden Befunde, wenn man nur die Attribuierungen des ersten Durchgangs heranzieht, nach deren Höhe in bester Annäherung ungefähr das obere und untere Vpn-Drittel herausgreift[1] und für die so zusammengestellten Gruppen die subjektiven Wahrscheinlichkeiten für den ersten und zweiten Durchgang berechnet (siehe Abb. 28). Auch hier ergeben sich in Abhängigkeit von hoher und niedriger

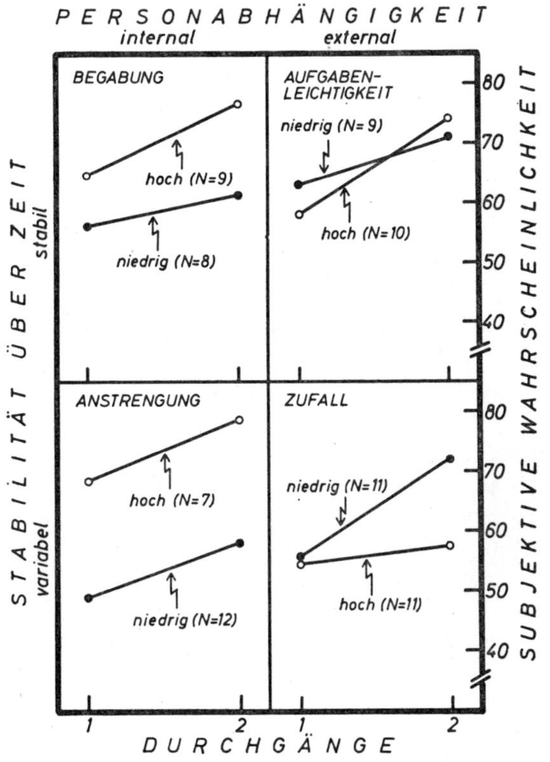

Abb. 28: Mittelwerte der subjektiven Wahrscheinlichkeit für den ersten und zweiten Durchgang bei hoher und niedriger Begabungs-, Anstrengungs-, Leichtigkeits- und Zufallsattribuierung nach dem ersten Durchgang.

[1] Eine Gruppengröße von jeweils 10 Vpn war aufgrund des häufigen Vorkommens gleich großer Werte nicht möglich.

Anstrengungsattribuierung keine unterschiedlichen Erwartungsänderungen, die bei den übrigen drei Faktoren stimmen mit den in der Abb. 27 dargestellten überein. Allerdings lassen sich auch hier bei varianzanalytischer Prüfung die unterschiedlichen Erwartungsänderungen nicht genügend gegen Zufälligkeit sichern.
Auch in diesem Experiment wurden Bearbeitungszeiten für die einzelnen Durchgänge festgehalten, ohne daß wir allerdings Hypothesen über deren Zusammenhang mit den Attribuierungsdaten formulierten. Für die in die Abb. 28 eingegangenen Gruppen bildeten wir die Differenzen der Bearbeitungszeit für den ersten und zweiten Durchgang. Da einzelne Extremwerte Mittelwertsvergleiche zwischen den Attribuierungsgruppen nicht sinnvoll erscheinen ließen, zählten wir für die jeweiligen Gruppen „hoch" und „niedrig" die Anzahl der Leistungsverbesserungen und -verschlechterungen aus und prüften die Häufigkeitsunterschiede mittels FISHER *Exact Test.* Dabei ergaben sich keinerlei Unterschiede bei hoher und niedriger Attribuierung auf Zufall, Anstrengung und Aufgabenleichtigkeit. Allerdings verschlechterten 5 von 9 Vpn mit hoher Begabungsattribuierung ihre Leistung vom ersten zum zweiten Durchgang, dagegen nur 1 von 8 Vpn mit entsprechend niedrigen Werten[1]; aber auch diese Häufigkeitsunterschiede lassen sich nicht genügend gegen Zufälligkeit sichern.

7.2.3. Kurze Erörterung

Wir wollen hier noch nicht auf die Bedingungen unterschiedlicher Erwartungsänderungen eingehen; das geschieht im nächsten Abschnitt. Bemerkenswert erscheint uns die zwar nicht signifikante, in der Tendenz aber deutlich ausgeprägtere Leistungsverschlechterung bei hoher als bei niedriger Begabungsattribuierung. Wird Erfolg retrospektiv von hoher eigener Fähigkeit abhängig gemacht, läßt offensichtlich die Anstrengung bei erneuter Bearbeitung der Aufgabe nach, da das Resultat auch bei geringerem Kräfteaufwand erreichbar erscheint. Ein Nachlassen der Anstrengung bei hoher Begabungsattribuierung ist jedoch nicht generell zu erwarten, sondern dürfte mit abhängen von der wahrgenommenen Aufgabenschwierigkeit. In unserem Versuch wird die subjektive Wahrscheinlichkeit der Zielerreichung von der entsprechenden Vpn-Gruppe mit 77 % angegeben, die Aufgabe erscheint damit als ziemlich leicht. Aber auch bei

[1] Die Mittelwerte für den ersten und zweiten Durchgang betragen für die Gruppe mit hoher Begabungsattribuierung 118,89 und 117,00 Sekunden, die entsprechenden Werte für die Gruppe mit niedriger Begabungsattribuierung 120,75 und 108,13 Sekunden.

einer schweren Aufgabe, die nur von wenigen geschafft wird, kann Erfolg mit hoher eigener Fähigkeit erklärt werden, was nicht zu einem Nachlassen der Anstrengung führen muß, da neben guter Begabung auch gleichzeitig hohe Anstrengung als notwendig zur Zielerreichung wahrgenommen wird.
Diese Vermutungen geben Anlaß zu weiteren Spekulationen über die Ursachen der wiederholt nachgewiesenen besseren Leistungen von Mißerfolgsmotivierten gegenüber Erfolgsmotivierten bei relativ leichten Aufgaben (s. weiter unten, S. 164f.). Erfolgsmotivierte strengen sich vielleicht bei diesen Aufgaben wenig an, da sie sie aufgrund hoher Einschätzung der eigenen Fähigkeit (was sich in unseren Experimenten gezeigt hat) mit wenig Kräfteaufwand erreichen zu können glauben. Mißerfolgsmotivierte dagegen, die sich nach unseren Befunden als vergleichsweise unbegabter erleben, wenden mehr Anstrengung auf, die sie aufgrund der wahrgenommenen geringen eigenen Fähigkeit als notwendig zur Zielerreichung erachten, was sich in besseren Leistungen niederschlägt.

7.3. Erwartungsänderungen und Kausalinterpretationen von Erfolg und Mißerfolg: Kritik an der Position Rotters

Bereits weiter oben (Kap. 1, S. 21f.) haben wir knapp die Hypothesen Rotters über Auswirkungen von Attribuierungen auf Verschiebungen der subjektiven Wahrscheinlichkeit dargestellt. Danach soll die Veränderung des Modellparameters *E (expectancy)* davon abhängen, ob Handlungsausgänge überwiegend von internalen oder externalen Ursachenfaktoren abhängig gemacht werden. Erwartungen (und damit die Höhe des Verhaltenspotentials [*BP*]) sollen dann besonders stark beeinflußt werden, wenn Resultate mit internalen Faktoren erklärt werden.
Im Experiment haben Rotter und Mitarbeiter (Phares, 1957; James & Rotter, 1958; Rotter et al., 1961; Holden & Rotter, 1962) zur Überprüfung dieser Vermutungen stets Begabung und Zufall als Ursachenfaktoren thematisiert. Phares beispielsweise benutzte zwei Aufgaben, bei denen identische Grautöne bzw. Längen zuzuordnen waren. Einer Vpn-Gruppe wurde die Aufgabenlösung als begabungsabhängig vorgestellt,

[1] Es handelte sich in diesem Experiment um keine reine Zufallsbedingung. Den Vpn wurde nämlich mitgeteilt, die Aufgabe sei so schwer, daß Erfolge Zufallstreffer seien. Das bedeutet, daß zwar positive Resultate mit Zufall erklärt werden können, nicht aber auch negative, die aufgrund der Instruktion wohl eher auf Aufgabenschwierigkeit attribuiert wurden.

einer anderen als zufallsabhängig.[1] Bei insgesamt 13 Durchgängen wurde in fester Zufallsfolge siebenmal Erfolg und sechsmal Mißerfolg rückgemeldet. Vor jedem Durchgang hatten die Vpn die Höhe der Erfolgswahrscheinlichkeit anzugeben. PHARES fand größere und häufigere Erwartungsänderungen unter der Begabungs- als unter der Zufallsbedingung.

JAMES & ROTTER untersuchten Löschungsresistenz unter verschiedenen Bedingungen. Die Autoren boten mittels eines tachistoskopähnlichen Apparates entweder ein X oder ein O dar; die Vp hatte vorauszusagen, welches Symbol erscheinen wird, wobei Erfolg und Mißerfolg vom Vl kontrolliert wurden. Insgesamt gab es vier Bedingungen: zwei Instruktionsbedingungen, nämlich Thematisierung der Aufgaben als zufalls- oder begabungsabhängig, und für jede dieser beiden Gruppen zwei Bekräftigungsbedingungen, indem nämlich bei den ersten 10 Durchgängen entweder konstant (100 %) oder in 50 Prozent der Fälle Erfolg induziert wurde. In der daran anschließenden Extinktionsphase wurde in allen Bedingungen Mißerfolg induziert. Vor jedem Durchgang war die Erfolgserwartung auf einer 11-Punkte-Skala (0 bis 10) anzugeben. Extinktion wurde dann als gegeben angesehen, wenn die Wahrscheinlichkeit bei drei Durchgängen hintereinander entweder mit 0 oder 1 angegeben wurde. Unter der Bedingung anfänglich fünfzigprozentiger Erfolgsrückmeldung trat bei Begabungsinstruktion nach 19,75 Durchgängen Extinktion ein, bei Zufallsinstruktion erst nach 29,05 Durchgängen.[1] Das heißt, bei internaler Attribuierung sinken die Erwartungen schneller ab als bei externaler. HOLDEN & ROTTER konnten diesen Befund replizieren; sie erfaßten Erwartungen nicht mittels Skalierung, sondern durch den Einsatz von Geldbeträgen.

ROTTER et al. schließlich induzierten internale und externale Attribuierungen nicht durch Instruktionsvariation, sondern durch unterschiedliche Aufgaben; sie berichten ähnliche Befunde wie eben dargestellt.

ROTTER (1966) schlußfolgert aus diesen Ergebnissen, daß Erwartungsänderungen vornehmlich dadurch determiniert sind, ob Erfolg bzw. Mißerfolg mehr von internalen oder externalen Faktoren abhängig gemacht wird.

Wenn Versuchspersonen die Situation als solche auffassen, in der Glück oder Zufall oder der Versuchsleiter die Bekräftigungen bestimmen, dann werden deren Erwartungen zukünftiger Bekräftigungen nach Erfolg nicht derart stark ansteigen, als wenn sie Bekräftigungen als abhängig von eigener Tüchtigkeit und Anstrengung wahrnehmen. Ähnlich werden dann ihre Erwartungen nach Mißerfolg weniger fallen ...

---

[1] Unter der Bedingung anfänglich konstanten Erfolgs ergeben sich in Abhängigkeit von der Attribuierung genau entgegengesetzte Befunde, was von WEINER et al. (1971) unter attribuierungstheoretischen Gesichtspunkten ausführlich diskutiert wird.

Die Untersuchungen zum Lernen beim Menschen sollten gesehen und interpretiert werden unter dem Aspekt, wo auf dem Kontinuum der internalen zur externalen Kontrolle die Versuchsperson Aufgabe und Vorgehen als lokalisiert wahrnimmt. (Rotter, 1966, S. 25)

Weiner et al. (1971, 1972) haben darauf hingewiesen, daß in den von Rotter und Mitarbeitern durchgeführten Versuchen die Dimensionen Personabhängigkeit (internal vs. external) und Stabilität über Zeit (stabil vs. variabel) konfundiert wurden. Denn die in allen Experimenten thematisierten Kausalfaktoren Zufall und Begabung lassen sich nicht nur nach Personabhängigkeit trennen, sondern gleichzeitig auch nach zeitlicher Stabilität. Zufall ist nach dem Klassifikationsschema von Weiner et al. (1971) external und gleichzeitig variabel, Begabung internal und gleichzeitig stabil. Die Schlußfolgerungen Rotters (1966), die sogar über die in den Experimenten erfaßten Faktoren hinaus auch Anstrengung mit einbeziehen (s. obiges Zitat), sind daher voreilig, da die Stabilitätsdimension nicht mit berücksichtigt ist. Die von uns berichteten Befunde zeigen zumindest für Mißerfolg sehr deutlich, daß die Höhe der Erwartungsänderungen davon abhängt, ob das Resultat mehr mit stabilen oder mehr mit variablen Faktoren erklärt wird.
Für Erfolg sind unsere Ergebnisse (s. Abb. 27, 28) nicht ganz so eindeutig. Denn auch bei hoher Anstrengungsattribuierung zeigt sich ein deutlicher Erwartungsanstieg, der — wenn man die Abb. 28 betrachtet — annähernd dem bei hoher Attribuierung auf Begabung und Aufgabenleichtigkeit entspricht und der sich deutlich von dem bei hoher Zufallsattribuierung unterscheidet. Da sich unsere Befunde nicht genügend gegen Zufälligkeit sichern lassen, bleiben weitere Untersuchungen über den Einfluß von Erfolgsattribuierungen auf Erwartungsänderungen abzuwarten, bevor man auch für Erfolg in gleicher Weise wie für Mißerfolg annehmen kann, daß die Höhe der Erwartungsänderungen nicht von der Internalität vs. Externalität, sondern der Stabilität vs. Variabilität der wahrgenommenen Ursachenfaktoren abhängt.

8. Kritische Anmerkungen zum Revisionsvorschlag FEATHERs

8.1. Anspruchsniveau und Attribuierungen von Erfolg und Mißerfolg

In diesem Kapitel soll der FEATHERsche Revisionsvorschlag des Motivierungsmodells von ATKINSON (1957) erneut untersucht werden, nun aber differenzierter auch unter dem Aspekt stabiler und variabler Kausalattribuierungen. Wie bereits in Kapitel 2 (S. 39ff.) ausführlich dargelegt wurde, sind nach dem revidierten Modell bei konstanter Motivstärke in Abhängigkeit vom Ausmaß der Selbstverantwortlichkeit für Erfolg und Mißerfolg Unterschiede der Anspruchsniveau-Setzung zu erwarten, wenn man das Zielsetzungsverhalten als Motivierungsindikator betrachtet. Wir haben in Kapitel 3 (S. 47ff.) solche Unterschiede bei hoher und niedriger Erfolgsverantwortlichkeit nachweisen können, was mit den Voraussagen FEATHERs in guter Übereinstimmung steht. Allerdings zeigte sich auch, daß die Mißerfolgsverantwortlichkeit kaum zur Varianzaufklärung des Zielsetzungsverhaltens beiträgt, was mit den Annahmen FEATHERs nicht zu vereinbaren ist.

Bei unseren früheren Erörterungen über Wirkungen der Attribuierung auf die Anspruchsniveau-Setzung hatten wir nur die Unterscheidung internaler und externaler Faktoren im Auge gehabt. Es ist jedoch zu vermuten, daß Zielsetzungen auch davon beeinflußt werden, inwieweit Leistungsresultate von stabilen oder variablen Faktoren abhängig gemacht werden. Betrachten wir diese Differenzierung zunächst für die *internale Attribuierung*.

Wird *Mißerfolg* im Anspruchsniveau-Versuch mehr von mangelnder Anstrengung als von mangelnder Begabung abhängig gemacht, dann wird dasselbe Ziel bei vermehrter Anstrengung als erreichbar wahrgenommen. Die Folge kann sein, daß auch für den nachfolgenden Durchgang die Zielhöhe beibehalten wird. Das müßte sich in positiven Zieldiskrepanzen und starren Zielsetzungen nach Mißerfolg niederschlagen. Wird dagegen Mißerfolg mehr auf mangelnde Begabung als auf ungenügende Anstrengung bezogen, müßte genau das entgegengesetzte Verhalten resultieren: Dasselbe Anspruchsniveau wird bei der nächsten gleich schwierigen Aufgabe als nicht erreichbar wahrgenommen, was zu einer Senkung des angestrebten Ziels führen kann und sich bei der Verrechnung dann in Null-Diskrepanzen oder vielleicht sogar negativen Zieldiskrepanzen und weniger starren Reaktionen nach Mißerfolg zeigt.

Wird *Erfolg*, d. h. Erreichen oder Übertreffen des Anspruchsniveaus mehr von guter Begabung als von starker Anstrengung abhängig gemacht, so kann das Ziel für die nächste, gleich schwere Aufgabe dem letzten Leistungsniveau angepaßt oder leicht erhöht werden, da es aufgrund der eigenen Fähigkeit als wieder erreichbar oder übertreffbar wahrgenommen wird. Das müßte sich in Zieldiskrepanzen niederschlagen, die bei Null liegen oder leicht positiv sind, sowie in wenig starren Reaktionen nach Erfolg. Wird Erfolg dagegen mehr mit sehr starker Anstrengung als mit guter Begabung erklärt, ist nicht auszuschließen, daß das Ziel trotz Erfolgs gesenkt wird, nämlich immer dann, wenn man das Resultat als durch *übermäßige* Anstrengung zustande gekommen auffaßt, die man im nächsten Durchgang nicht mehr aufbringen zu können glaubt. In diesem Grenzfall der Anstrengungsattribuierung sind negative Zieldiskrepanzen zu erwarten sowie atypische Reaktionen nach Erfolg.

Auch bei *externaler Attribuierung* ergeben sich je nach Vorherrschen stabiler oder variabler Faktoren unterschiedliche Voraussagen im Hinblick auf das Anspruchsniveau. Wird *Mißerfolg* als zufallsbedingt aufgefaßt, besteht eher die Tendenz, das Ziel beizubehalten (starre Zielsetzung, positive Zieldiskrepanz), als wenn er mit zu großer Aufgabenschwierigkeit erklärt wird. Denn im letzteren Falle wird dieselbe Zielhöhe bei einer gleich schweren Aufgabe als nicht erreichbar wahrgenommen, was eher eine Senkung des Ziels zur Folge haben wird.

Wird *Erfolg* auf die Leichtigkeit der selbstgestellten Aufgabe zurückgeführt, dürfte das Ziel für den nachfolgenden Durchgang dem letzten Leistungsniveau angepaßt oder leicht erhöht werden (Zieldiskrepanz um Null oder positiv). Wird dagegen Erfolg als Zufallstreffer angesehen, so kann es sein, daß das nächste Ziel niedriger als die letzte Leistung gesetzt wird (negative Zieldiskrepanz), da man dieses Resultat nicht wieder zu erreichen glaubt.

Faßt man diese Überlegungen zusammen, sind positive Zieldiskrepanzen eher bei stabiler Erfolgs- und gleichzeitig variabler Mißerfolgsattribuierung zu erwarten, negative Zieldiskrepanzen eher bei variabler Erfolgs- und gleichzeitig stabiler Mißerfolgsattribuierung.

Das stimmt mit den Voraussagen, die sich aus dem durch FEATHER revidierten Modell ableiten lassen, nicht überein. Denn danach sind bei hoher Erfolgsmotivation um so ausgewogenere, d. h. der jeweiligen Leistung angepaßte Zielsetzungen zu erwarten, je mehr die Attribuierung auf internale Faktoren erfolgt. Demgegenüber ist aber zu vermuten, daß bei gleich hoher Internalität sich Unterschiede des Zielsetzungsverhaltens ergeben, je nachdem ob überwiegend Begabung oder überwiegend Anstrengung für Handlungsausgänge verantwortlich gemacht wird.

Unsere Überlegungen stehen auch in gewissem Widerspruch zu den in Kapitel 3 berichteten Befunden; denn dort zeigten sich in Abhängigkeit von hoher bzw. niedriger Erfolgsverantwortlichkeit genau die unterschiedlichen Zielsetzungen, wie sie nach dem revidierten Modell zu erwarten sind. Um diesen Widerspruch aufzuklären, analysierten wir den verwendeten Selbstverantwortlichkeits-Fragebogen auf die enthaltenen Kausalelemente hin. Es stellte sich heraus, daß 12 der insgesamt 17 Erfolgsfragen als externale Alternative den Einfluß anderer Personen thematisieren (z.B.: gute Leistungsbeurteilung, weil die Eltern geholfen oder gute Laune haben), 3 Fragen die Leichtigkeit der Aufgaben; 2 Items waren nicht zu klassifizieren. Die internale Alternative ist jeweils in 7 Fällen nicht klassifizierbar; bei 10 Fragen wird vornehmlich Anstrengung thematisiert, was allerdings keineswegs ausschließt, daß nicht auch Begabung impliziert ist. Denn nach HEIDER (1958) sind sowohl Motivation wie auch Fähigkeit erforderlich, um positive Leistungsresultate zu erzielen, wenn auch beide zu ganz unterschiedlichen Anteilen das Resultat determinieren können. Diese Anteile abzuschätzen erlaubt unser Fragebogen nicht, da nicht beide internale Faktoren thematisiert sind. Interpretiert man jedoch hohe Erfolgsverantwortlichkeit als Begabungsattribuierung, so wird das realistische Zielsetzungsverhalten in dieser Vpn-Gruppe unter Berücksichtigung der obigen Überlegungen verständlich. Niedrige Erfolgsverantwortlichkeit nach den Kennwerten des verwendeten Fragebogens könnte ein allgemeines Gefühl der mangelnden Kontrolle und Beeinflußbarkeit der eigenen Leistungen indizieren, deren Zustandekommen *und* Beurteilung man sehr stark von anderen Personen abhängig macht. Das Individuum kann daher kein eigenes resultatorientiertes Bezugssystem für die Einschätzung der eigenen Leistungsfähigkeit aufbauen, was sich im Anspruchsniveau-Versuch in mehr unrealistisch hohen und niedrigen Zielsetzungen äußert. Für diese beiden Bedeutungsvarianten hoher und niedriger Erfolgsverantwortlichkeit, wie sie hier als im Fragebogen thematisiert angenommen werden, sind daher unterschiedliche Zielsetzungen entsprechend den Voraussagen FEATHERS zu erwarten, nicht jedoch allgemein.

Wir überprüften unsere Vermutungen über den Zusammenhang zwischen stabilen bzw. variablen Attribuierungen und dem Zielsetzungsverhalten anhand von Fragebogendaten der Erfolgs- und Mißerfolgsattribuierung und Anspruchsniveau-Daten aus einem Rechenversuch.[1]

---

[1] Die Untersuchung war Teil eines größeren Projekts, das von der Deutschen Forschungsgemeinschaft unterstützt wurde.

8.1.1. *Versuchspersonen und Methodik*

Versuchspersonen waren 178 Jungen des vierten Schuljahres aus 12 Klassen in verschiedenen Grundschulen.
Methodik: Jeweils in Gruppenversuchen wurde mit den Jungen einer Klasse ein Rechenversuch zur Erfassung des Anspruchsniveaus und ein Fragebogen zur Attribuierungserhebung durchgeführt; zwischen der Datenerhebung mit beiden Verfahren lagen in jeder Klasse zwei bis drei Tage.
Der Rechenversuch entspricht dem bereits im 3. Kapitel beschriebenen. Die Gewinnung der Anspruchsniveau-Werte erfolgte auf dieselbe Weise, wie es dort dargestellt ist. Zur Attribuierungserfassung wurde ein Fragebogen konstruiert, der sich an den von CRANDALL et al. (1965) anlehnt. Allerdings wurden zu jeder Frage nicht zwei Antwortalternativen vorgegeben, sondern die vier von WEINER et al. (1971) spezifizierten Kausalelemente.

Woran liegt es, wenn Du eine schlechte Klassenarbeit geschrieben hast?
Weil die Klassenarbeit für Kinder in Deinem Alter viel zu schwer war?
Weil Du Dir nicht genügend Mühe gegeben hast und nicht genug gelernt hast?
Weil Du Pech gehabt hast und nur durch Zufall einige Fehler gemacht hast?
Weil Du nicht sehr klug bist und daher keine guten Arbeiten schreiben kannst?

Für jeden Kausalfaktor standen die Antwortmöglichkeiten „sehr viel", „viel", „etwas", „wenig", „gar nicht" zur Verfügung; die jeweils zutreffende Antwort war anzukreuzen. Sechs der insgesamt 12 Items thematisierten Erfolg, die restlichen 6 Mißerfolg. Die einzelnen Attribuierungskennwerte für Erfolg und Mißerfolg wurden durch Summation der Skalierungen für jeden Faktor über die jeweiligen 6 Fragen gewonnen (gar nicht: 0; sehr viel: 4).

8.1.2. *Hypothesen*

a) Wird Erfolg mehr von guter Begabung als von starker Anstrengung abhängig gemacht, treten häufiger positive Zieldiskrepanzen auf, als wenn umgekehrt Erfolg überwiegend durch starke Anstrengung verursacht erlebt wird.
b) Wird Mißerfolg mehr auf mangelnde Anstrengung als auf ungenügende Begabung attribuiert, treten häufiger positive Zieldiskrepanzen auf, als wenn Mißerfolg überwiegend von mangelnder Begabung abhängig gemacht wird.
c) Ist die Erfolgsattribuierung überwiegend stabil und gleichzeitig die

Mißerfolgsattribuierung überwiegend variabel, treten häufiger positive Zieldiskrepanzen auf, als wenn umgekehrt die Erfolgsattribuierung überwiegend variabel und die Mißerfolgsattribuierung überwiegend stabil ist.

8.1.3. *Befunde*

Zur Prüfung der Hypothesen a) und b) bildeten wir jeweils getrennt für Erfolg und Mißerfolg die Differenzwerte der Begabungs- und Anstrengungsattribuierung und wählten, um verläßliche Differenzwerte zu bekommen, jeweils das obere und untere Quartil mit den höchsten positiven bzw. negativen Differenzen aus (*N* jeweils 44).
Wie Tabelle 15 zeigt, bestätigen sich unsere Hypothesen recht gut. Bei

Tab. 15: Häufigkeiten positiver und negativer Zieldiskrepanzen, wenn die internale Erfolgs- (*EA*) und Mißerfolgsattribuierung (*MA*) mehr stabil bzw. mehr variabel ist (Differenzwerte Begabung minus Anstrengung positiv bzw. negativ).

		Zieldiskrepanz	
		positiv	negativ
EA	mehr stabil	26	18
	mehr variabel	15	29

		Zieldiskrepanz	
		positiv	negativ
MA	mehr stabil	18	26
	mehr variabel	25	19

mehr stabiler Erfolgs- und mehr variabler Mißerfolgsattribuierung treten häufiger positive Zieldiskrepanzen auf (Chi-Quadrat = 5,50; $p < .05$ bzw. Chi-Quadrat = 2,23; $p < .20$), wobei sich allerdings für die Mißerfolgsattribuierung die Unterschiede nicht genügend gegen Zufälligkeit sichern lassen.
Unsere dritte Hypothese besagte, daß bei stabiler Erfolgs- und gleichzeitig variabler Mißerfolgsattribuierung überwiegend positive Zieldiskrepanzen gegeben sein sollen, bei variabler Erfolgs- und gleichzeitig stabiler Mißerfolgsattribuierung überwiegend negative Zieldiskrepanzen. Um das zu überprüfen, subtrahierten wir getrennt für Erfolg und Mißerfolg den Summenwert der variablen Faktoren (Anstrengung und Zufall) von dem der stabilen Faktoren (Begabung und Aufgabenschwierigkeit). Man erhält so positive und negative Werte für Erfolg und Mißerfolg, wobei ein positiver Wert überwiegend stabile Attribuierung indiziert, ein negativer überwiegend variable. Um Vpn mit nur niedrigen Differenzwerten auszu-

scheiden, bei denen das Vorherrschen stabiler oder variabler Faktoren nicht sehr ausgeprägt ist, wählten wir jeweils für Erfolg und Mißerfolg das Vpn-Drittel mit den höchsten positiven und negativen Differenzwerten aus. War nach diesem Kriterium bei einer Vp der Wert der Erfolgsattribuierung positiv, der der Mißerfolgsattribuierung gleichzeitig negativ, wurde sie der Gruppe mit stabiler Erfolgs- und variabler Mißerfolgsattribuierung zugeschlagen (Gruppe I; $N = 19$). Vpn mit entsprechend negativen bzw. positiven Werten bildeten die Gruppe mit variabler Erfolgs- und stabiler Mißerfolgsattribuierung (Gruppe II; $N = 20$).

Tab. 16: Häufigkeiten positiver und negativer Zieldiskrepanzen bei Vpn mit stabiler Erfolgs- und gleichzeitig variabler Mißerfolgsattribuierung (Gruppe I) bzw. bei Vpn mit variabler Erfolgs- und gleichzeitig stabiler Mißerfolgsattribuierung (Gruppe II).

	Zieldiskrepanz	
	positiv	negativ
Gruppe I	14	5
Gruppe II	7	13

In diesen Gruppen überprüften wir die Häufigkeiten positiver und negativer Zieldiskrepanzen (s. Tab. 16). Entsprechend unseren Hypothesen finden sich in der Gruppe I mehr positive als negative Diskrepanzen, in der Gruppe II umgekehrt (Chi-Quadrat = 4,41; $p < .05$).
Um die in Tab. 15 berichteten Befunde in ihrer Bedeutung für die FEATHERsche Revision einschätzen zu können, errechneten wir für die Gruppen mit mehr stabiler bzw. variabler internaler Erfolgs- und Mißerfolgsattribuierung die Mittelwerte der internalen Attribuierung (Begabung plus Anstrengung). Sowohl zwischen den beiden Gruppen mit mehr stabiler bzw. variabler Erfolgsattribuierung als auch zwischen den entsprechenden Gruppen der Mißerfolgsattribuierung ergibt sich kein Unterschied (30,48 vs. 30,07; 20,50 vs. 18,55).

8.1.4. Erörterung der Befunde

Dieser Nachweis unterschiedlicher Zielsetzungen in Abhängigkeit von mehr stabiler oder variabler Attribuierung bei *konstanter* Internalität gibt Anlaß zu Zweifeln an der Nützlichkeit der FEATHERschen Revision des ATKINSON-Modells. Offenbar ist es nicht ausreichend, Verhaltensvoraussagen nur in Abhängigkeit von der Internalität bzw. Externalität der Ursachenerklärung für Handlungsresultate zu treffen, sondern darüber hinaus ist auch die Dimension „Stabilität vs. Variabilität" mit einzubeziehen.

Mit dem Einfluß des variablen Faktors Anstrengung auf die Anspruchsniveau-Setzung hat sich bereits YACORZYNSKI (1941, 1942b) auseinandergesetzt. Er entwickelte eine Methode (1942a), um das Ausmaß der Anstrengung zu diagnostizieren, mit der eine Vp an einer für sie neuartigen Aufgabe arbeitet, und setzte die so gewonnenen Werte zu Zielsetzungsdaten in Beziehung, die in einem unabhängigen Versuch gewonnen wurden. YACORZYNSKI fand inverse Beziehungen zwischen dem Ausmaß der Anstrengung und der Zielsetzung. Je mehr sich die Vp anstrengt, desto weniger glaubt sie, im Anspruchsniveau-Versuch die einmal erzielte Leistung übertreffen zu können. Der Autor (1942b) erklärt dieses Verhalten als Folge unterschiedlichen Selbstvertrauens. Individuen mit geringem Selbstvertrauen strengen sich, da sie ihre Fähigkeit für niedrig halten, sehr stark an, um gute Leistungen zu erzielen, was in der Erwartung resultiert, die eigene Leistung bei nachfolgenden ähnlichen Aufgaben nicht mehr verbessern zu können. Bei hohem Vertrauen in die eigene Fähigkeit soll das Ausmaß der Anstrengung in Aufgabensituationen geringer sein, da man positive Resultate aufgrund der eigenen Begabung auch bei niedrigem Einsatz erbringen zu können glaubt. Das hat zur Folge, daß man die eigene Leistung für verbesserbar hält, was sich in höheren positiven Zieldiskrepanzen niederschlägt.
Diese Unterscheidung von Vpn mit hohem und niedrigem Vertrauen in die eigene Fähigkeit entspricht der hier nach TAT vorgenommenen Trennung in Erfolgs- und Mißerfolgsmotivierte. Erfolgsmotivierte erleben sich nach den in den Kapiteln 5 und 7 dargestellten Befunden, verglichen mit Mißerfolgsmotivierten, als begabter. Nach den Überlegungen YACORZYNSKIS müßten sich daher die Mißerfolgsmotivierten zumindest immer dann, wenn sie gezwungen sind, eine Aufgabe zu bearbeiten, mehr anstrengen als die Erfolgsmotivierten. Sollte dieses hohe Maß an Anstrengung auch erlebnismäßig repräsentiert sein, müßten Mißerfolgsmotivierte Erfolg mehr von Anstrengung abhängig machen als Erfolgsmotivierte, dagegen Erfolgsmotivierte Mißerfolg vergleichsweise mehr auf mangelnde Anstrengung zurückführen. Für Mißerfolg zeigen sich diese Attribuierungsunterschiede zwischen den Motivgruppen recht eindeutig, nicht dagegen für Erfolg. Im Hinblick auf die Anstrengungsattribuierung nach Erfolg fanden wir keine nennenswerten Unterschiede; WEINER et al. (1971) berichten sogar, daß Erfolgsmotivierte nach Erfolg in vergleichsweise höherem Maße angeben, sich angestrengt zu haben.
Die Implikation YACORZYNSKIS, daß niedriges Selbstvertrauen automatisch hohe Anstrengung nach sich zieht, erscheint nicht in allen Fällen plausibel, nämlich dann nicht, wenn die eigene Fähigkeit für die erfolgreiche Bewältigung von Aufgaben als so niedrig angenommen wird, daß der Einsatz

von Anstrengung als nicht mehr lohnend erscheint, da auch dadurch kein positives Resultat zu erzielen ist. Die bislang empirisch gesicherten Unterschiede zwischen den Motivgruppen sind daher wohl nicht auf unterschiedliche Anstrengung als Folge des Selbstvertrauens zurückzuführen; sie lassen sich vielmehr allein mit Unterschieden des Selbstbildes erklären (siehe S. 154f.). Das bedeutet aber keineswegs, daß geringes Vertrauen in die eigene Fähigkeit nicht auch zu starker Anstrengung führen kann, wie YACORZYNSKI es als generell gegeben annimmt. Das wird vermutlich bei solchen Aufgaben der Fall sein, deren Lösung nicht überwiegend als begabungsabhängig angesehen wird, sondern wo neben Fähigkeit besonders auch das Ausmaß der Anstrengung als resultatdeterminierend erlebt wird. Das dürften vor allem solche Aufgaben sein, die relativ einfach sind, und für deren Lösung die Arbeitsgeschwindigkeit hauptsächlich maßgeblich ist. Es ist möglich, daß Mißerfolgsmotivierte bei solchen Tätigkeiten glauben, ihre als gering wahrgenommene Begabung durch maximale Anstrengung ausgleichen zu können.

Für diese Vermutung gibt es einige Belege. Bereits HECKHAUSEN (1963, S. 240f., S. 278) hat darauf aufmerksam gemacht, daß bei einfachen Anforderungen die Leistung mehr mit der richtungsunspezifischen Gesamtmotivation korreliert als mit der Erfolgsgerichtetheit des Leistungsmotivs. Er fand bei einer einfachen Additionsaufgabe bessere Leistungen und größere Ausdauer bei Mißerfolgs- als bei Erfolgsmotivierten. SCHNEIDER (1971) hat auf ähnliche Ergebnisse hingewiesen, die mit dem ATKINSON-Modell nicht erklärt werden können. FEATHER (1965b) und BERKUN & BURDICK (1963) berichten bessere Leistungen der Mißerfolgsmotivierten bei als leicht ausgegebenen Aufgaben bzw. einfachen Rechenaufgaben. BÄUMLER & WEISS (1967) sowie BÄUMLER & DVORAK (1969) wiesen ebenfalls positive Korrelationen zwischen „Furcht vor Mißerfolg" und den Leistungen in verschiedenen Tests nach. Schließlich wurden von SADER & SPECHT (1967) und in fünf bei BIRNEY et al. (1969) zitierten unveröffentlichten Arbeiten ähnliche Zusammenhänge mit Schul- und Studienleistungen berichtet. Allerdings gibt es auch andere Untersuchungen, die positive Korrelationen zwischen hoher erfolgsbezogener Leistungsmotivation und Schul- bzw. Studienleistungen nachweisen (s. zusammenfassend HECKHAUSEN, 1967), so daß die zuletzt angeführten Arbeiten keine Stütze für unsere Vermutung hoher Anstrengung der Mißerfolgsmotivierten bei einfachen Geschwindigkeitsaufgaben sind, da keine Informationen über die Art der verlangten schulischen Leistungen gegeben sind.

8.2. Beziehungen zwischen Aufgabenschwierigkeit und Attribuierung

Kehren wir nach diesen etwas abschweifenden Bemerkungen wieder zur FEATHER-Revision zurück. Bisher haben wir die Fruchtbarkeit des abgeänderten Modells mehr indirekt überprüft, indem wir das Anspruchsniveau als Motivierungsindikator heranzogen, ohne direkt Zusammenhänge zwischen Erwartung und Anreiz in Abhängigkeit von der Selbstverantwortlichkeit zu untersuchen. Wir werden das auch im folgenden nicht tun, sondern anhand einiger Befunde diskutieren, ob es überhaupt sinnvoll und belegbar ist, diese Beziehung als invariant linear zu konzipieren, so wie ATKINSON es tut und wovon auch FEATHER ausgeht.
Untersuchungen, die diese grundlegende Annahme des Modells überprüften, gibt es nur sehr wenige. Sie weisen zudem, worauf besonders SCHNEIDER (1971) und KARABENICK (1972) aufmerksam gemacht haben, einige Mängel auf, so daß deren Befunde kaum als Bestätigung zu werten sind.

LITWIN (1966) ließ eine Gruppe von Vpn die Erfolgswahrscheinlichkeit für verschiedene Entfernungen in einem Ringwurf-Experiment angeben. Eine andere Gruppe hatte die Attraktivität von Erfolg für dieselben Entfernungen zu beurteilen, indem ein Geldpreis anzugeben war, den man bei Erfolg auf jeder Schwierigkeitsstufe für angemessen hielt. Es zeigte sich, daß die mittlere Erfolgsattraktivität mit zunehmender Aufgabenschwierigkeit linear ansteigt und die mittlere Erfolgswahrscheinlichkeit mit zunehmender Schwierigkeit linear abnimmt. Man kann diesen Befund jedoch kaum als experimentelle Stütze der Annahme eines linearen Zusammenhanges zwischen Erwartung und Anreiz werten, da die Einschätzungen beider Modellparameter von *verschiedenen* Gruppen zu *unterschiedlichen* Zeitpunkten vorgenommen wurden, die Wahrscheinlichkeitsschätzung vor dem Spiel, die Attraktivitätsskalierung von einer anderen Gruppe, nachdem sie das Ringwurfspiel gemacht hatte. SCHNEIDER (1971) weist zudem darauf hin, daß die Erfolgshäufigkeiten im LITWINschen Experiment überschätzt wurden, und selbst für die weiteste Entfernung noch eine Wahrscheinlichkeit von durchschnittlich 24 % angegeben wurde, so daß — wenn überhaupt — Linearität nur für 3/4 der Erwartungsskala nachgewiesen ist.
FEATHER (1967b) konnte für eine hypothetische Leistungssituation ebenso eine lineare Zunahme der Erfolgsvalenz und Abnahme der Mißerfolgsvalenz bei einer Verminderung der subjektiven Erfolgswahrscheinlichkeit nachweisen. Abgesehen davon, daß es besser gewesen wäre, statt einer hypothetischen eine reale Leistungssituation zur Überprüfung der Annahmen zu schaffen, weist SCHNEIDER (1971) auf zwei andere Mängel des Experimentes hin. Zum einen erstreckt sich der Bereich der Erfolgserwartung nur von 43 % bis 85 %, so daß Linearität nur für diese Distanz nachgewiesen ist. Zum anderen kann vermutet werden, daß die Art der Skalierung zu einem Artefakt führt; die Einschätzung der Parameter für die 10 gleich abständigen Schwierigkeitsstufen kann die Versuchung nahelegen,

bei der Skalierung um einen identischen Betrag herauf- bzw. herunterzugehen. KARABENICK (1972) hat in diesem Zusammenhang darüber hinaus darauf aufmerksam gemacht und auch nachweisen können, daß es nicht zulässig ist, individuelle Werte über die Gruppe zusammenzufassen, da sich dann individuelle nicht-lineare Beziehungen zwischen Erwartung und Anreiz zu insgesamt linearen ausmitteln können. Die vorliegenden Befunde sind daher kaum als Bestätigung für die Annahme ATKINSONS zu werten, von der auch FEATHER ausgeht.

WEINER & KUKLA (1970) haben versucht, das Postulat eines linearen Zusammenhanges zwischen beiden Parametern attributionstheoretisch zu untermauern. Sie gingen dabei von Überlegungen KELLEYS (1967) aus, wonach (wie bereits weiter oben dargestellt, s. S. 19f.) der der internalen bzw. externalen Attribuierung zugrunde liegende Prozeß die Überprüfung von Variationen eines Effektes (z. B. Leistungsresultat) im Hinblick auf Variationen über Entitäten (z. B. gleiche bzw. ähnliche oder verschiedene Aufgaben), über Personen (z. B. verschiedene Bearbeiter einer Aufgabe), über die Zeit (z. B. wiederholte Bearbeitung einer Aufgabe durch eine Person) und über Modalitäten der Interaktion mit der Entität (z. B. verschiedene Lösungsstrategien) ist. Die Attribuierung soll external sein, d. h. das Leistungsresultat wird eher Eigentümlichkeiten der Aufgabe als der Person zugeschrieben, wenn es bei gleichen oder ähnlichen Aufgaben konstant (Erfolg oder Mißerfolg) ist, wenn es in Übereinstimmung mit dem verschiedener Bearbeiter derselben Aufgabe steht, wenn es bei wiederholter Bearbeitung derselben Aufgabe sowie bei Anwendung unterschiedlicher Lösungsstrategien konstant ist. Die subjektive Validität der Attribuierung hängt davon ab, inwieweit über diese vier Gegebenheiten Informationen zur Verfügung stehen und wie konsistent diese Informationen sind.
Unter Rückgriff auf diese Überlegungen nehmen WEINER & KUKLA folgendes an: Erfolg bei sehr leichten Aufgaben wird, da die meisten oder alle Bearbeiter Erfolg haben, external attribuiert (Aufgabenleichtigkeit), ebenso Mißerfolg bei sehr schweren Aufgaben (Aufgabenschwierigkeit), da die meisten oder im Extremfall alle Bearbeiter Mißerfolg haben. Der Erfolgs- bzw. Mißerfolgsanreiz soll daher entsprechend niedrig sein. Erfolg bei sehr schweren und Mißerfolg bei sehr leichten Aufgaben soll internal attribuiert werden und deren Anreiz entsprechend hoch sein, da das Resultat nicht in Übereinstimmung mit dem der meisten anderen Bearbeiter der Aufgabe steht.

Die Autoren haben diese Vermutungen teilweise überprüft, indem sie ihren Vpn in einem Fragebogen mitteilten, eine Gruppe von Individuen habe neun nicht näher bezeichnete Aufgaben bearbeitet. Die einzelnen Aufgaben seien jeweils von 99, 95, 90, 70, 50, 30, 10, 5 und 1 Prozent der Gruppe gelöst worden. Die Vpn hatten Angaben darüber zu machen, inwieweit Erfolg und Mißerfolg eines

Individuums bei diesen Aufgaben auf dessen Begabung und Anstrengung zurückgehen. Entsprechend der Erwartung zeigte sich, daß Erfolg mit zunehmender und Mißerfolg mit abnehmender Aufgabenschwierigkeit mehr internal attribuiert wird. Die Autoren ziehen daraus den Schluß, daß auch der Erfolgsanreiz mit zunehmender erlebter Aufgabenschwierigkeit ansteigt, der Mißerfolgsanreiz mit abnehmender.

Nun weist dieses Experiment einige Mängel auf, die derart weitreichende Schlußfolgerungen kaum zulassen. Abgesehen davon, daß hier subjektive Wahrscheinlichkeiten gar nicht erfaßt wurden, wie es nötig gewesen wäre, werden offenbar zudem objektive Aufgabenschwierigkeiten, definiert anhand von Leistungen einer Bezugsgruppe, und wahrgenommene Erfolgswahrscheinlichkeiten für andere Personen, die in deren eigenen Leistungen verankert sind, vermischt. Der Beurteiler im Experiment wird einer Person, die eine sehr schwere Aufgabe löst, die nur von 1% der Angehörigen der Bezugsgruppe zu lösen ist, eine sehr hohe Begabung zuschreiben, wie es die Daten von Weiner & Kukla zeigen. Das bedeutet nun aber nicht, wie die Autoren es offenbar voraussetzen, daß der Beurteiler der Person auch eine Erfolgswahrscheinlichkeit von nur 1% für die Lösung der Aufgabe zuschreibt. Sie wird vermutlich aufgrund der hohen angenommenen Begabung viel höher eingeschätzt.
Aufgrund dieser und anderer Bedenken (fiktive Situation, keine Konkretisierung der Aufgaben) ist mit dem Nachweis höherer internaler *Fremd*attribuierungen von Erfolg und Mißerfolg bei zunehmender bzw. abnehmender objektiver Aufgabenschwierigkeit unter attribuierungstheoretischen Gesichtspunkten die Beziehung zwischen Erwartung und Anreiz noch nicht geklärt.
Zudem sind die Voraussagen, die Weiner & Kukla aus den Überlegungen Kelleys (1967) ableiten, voreilig. Kelley betont ausdrücklich, daß Validität von Attribuierungen erst dann gegeben ist, wenn im Hinblick auf mehrere oder alle der von ihm beschriebenen vier Gegebenheiten Informationen zur Verfügung stehen. Bei Weiner & Kukla war nur eine Information gegeben, nämlich Variationen des Resultates über Personen. Es ist daher eine erhebliche Attribuierungsvarianz nicht auszuschließen. Denn solange eine Person nicht konstant bei sehr schweren bzw. sehr leichten Aufgaben Erfolg bzw. Mißerfolg hat, ist eine Zufallsattribuierung keineswegs auszuschließen. Diese externale Ursachenerklärung müßte zur Folge haben, daß der Erfolgsanreiz (Stolz über die eigene Tüchtigkeit) sehr schwieriger und der Mißerfolgsanreiz (Scham über die eigene Untüchtigkeit) sehr leichter Aufgaben eher niedrig ist, da Erfolg bzw. Mißerfolg im zeitlichen Vorausbezug nicht als tüchtigkeitsabhängig erlebt werden.
Der unspezifische Faktor *S* (Selbstverantwortlichkeit), den Feather als

Moderatorvariable der Beziehung zwischen Erwartung und Anreiz ansetzt, wäre dann in diesem Sinne näher zu spezifizieren, inwieweit nämlich Erfolg und Mißerfolg bei Aufgaben dieser erlebten Schwierigkeit prospektiv als personabhängig oder zufallsabhängig erlebt werden. Dann müßte auch die von FEATHER vorgeschlagene multiplikative Verknüpfung ($A_e = S\,[1\text{-}E_e]$; $A_{-m} = S \times Ee$) aufgegeben werden, da sie in jedem Fall zu einer linearen Beziehung zwischen Anreiz und Wahrscheinlichkeit führt, nach den eben angestellten Überlegungen jedoch bei überwiegender Zufallsattribuierung von Erfolg bei sehr schweren und von Mißerfolg bei sehr leichten Aufgaben ein sehr kurvilinearer Zusammenhang zu erwarten ist.

8.2.1. Beziehungen zwischen Aufgabenschwierigkeit und Attribuierung in einer fiktiven Leistungssituation

Um einen ersten Anhaltspunkt für die Richtigkeit dieser Überlegungen zu bekommen, versuchten wir, den von WEINER & KUKLA (1970) durchgeführten Versuch in etwas abgeänderter Form zu replizieren. Für neun nicht näher bezeichnete Aufgaben (A bis I) war wie bei WEINER & KUKLA angegeben, wieviel Prozent Studenten und Studentinnen sie erfolgreich gelöst haben. Die Vp wurde aufgefordert, sich vorzustellen, daß *sie selbst* (und nicht eine andere Person) bei den einzelnen Aufgaben Erfolg bzw. Mißerfolg habe. Gleichzeitig wurden ihr alle *vier* von WEINER et al. (1971) spezifizierten Attribuierungsfaktoren vorgegeben; die Vp sollte jeweils auf einer 11-Punkte-Skala angeben, inwieweit das Resultat von jedem Faktor abhänge. Um zu kontrollieren, ob den objektiven Aufgabenschwierigkeiten annähernd gleich hohe subjektive Wahrscheinlichkeiten entsprachen, hatte die Vp die Sicherheit anzugeben, mit der sie glaubte, die einzelnen Aufgaben lösen zu können. In einem ersten Vorversuch lehnten 3 von 5 Vpn ab, diese Skalierungen vorzunehmen, da die Aufgaben nicht expliziert und ohne deren Kenntnis die geforderten Angaben nicht möglich seien.
Wir änderten daraufhin die Methodik dahin gehend ab, daß ein Aufgabentyp anhand eines Beispiels vorgegeben wurde, und die Aufgaben A bis I unterschiedlich schwere Aufgaben dieses Typs darstellten.

8.2.1.1. Versuchspersonen und Methodik

Versuchspersonen waren 32 Studentinnen und Studenten verschiedener Fakultäten, in keinem Falle Psychologie-Studenten.
Ihnen wurde ohne nähere Angaben ein Fragebogen ausgehändigt mit der Bitte, ihn nach dem Ausfüllen ohne Angabe des Namens in einem bereits

vorfrankierten Kuvert zurückzusenden. Insgesamt wurden 23 Fragebögen zurückgeschickt; einer davon war unbrauchbar, da er nur teilweise ausgefüllt war.

Auf der ersten Seite war die Aufgabentätigkeit erläutert:

Erfolg und Mißerfolg bei der Verfolgung von Leistungszielen können von vier Faktoren in ganz unterschiedlichem Maße abhängen.
Man kann Erfolg oder Mißerfolg haben, weil man sich stark angestrengt hat (starke Anstrengung: *sA*) oder zu wenig angestrengt (mangelnde Anstrengung: *mA*) hat.
Ebenso können Erfolg und Mißerfolg vom Zufall abhängen; man kann Glück (*G*) bzw. Pech (*P*) gehabt haben.
Weiterhin können Erfolg und Mißerfolg von einer guten Begabung (*gB*) oder mangelnden Begabung (*mB*) für die Art der bearbeiteten Aufgaben abhängen.
Und schließlich kann beides davon abhängen, daß die Aufgabe sehr leicht (Aufgabenleichtigkeit: *AL*) oder zu schwer (Aufgabenschwierigkeit: *AS*) war. Mit „sehr leicht“ oder „zu schwer“ ist hier nicht gemeint, für jemanden persönlich sehr leicht, weil er eine gute Begabung hat und für jemanden persönlich zu schwer, weil er eine mangelnde Begabung für die Aufgabe hat. Gemeint ist vielmehr, daß die Aufgabe ganz allgemein — unabhängig von der Begabung — sehr leicht oder sehr schwer ist.
Von diesen vier Faktoren können Erfolge und Mißerfolge jeweils in ganz unterschiedlichem Maße abhängen.
In einem Experiment haben vor einiger Zeit 197 Studentinnen und Studenten neun verschiedene Aufgaben (A bis I) bearbeitet, die alle dem gleichen Aufgabentyp angehörten. Bei jeder Aufgabe sollte aus mehreren vorgegebenen Figuren diejenige herausgesucht werden, die nicht zu den übrigen paßte. Ein sehr einfaches Beispiel für diese Art von Aufgabentyp ist folgendes:

Hier paßt die Kreisfigur nicht zu den übrigen, da alle anderen Rechtecke sind.
Die Aufgaben A bis I gehörten alle diesem Aufgabentyp an, unterschieden sich aber in ihrer Schwierigkeit.
Auf den folgenden Seiten ist angegeben, wieviel Prozent (Dezimalstellen wurden auf- bzw. abgerundet) der Studentinnen und Studenten die einzelnen Aufgaben erfolgreich gelöst haben (s. 1. und 2. Spalte).
Stellen Sie sich bitte vor, daß Sie selbst die einzelnen Aufgaben bearbeiten und dabei Erfolg oder Mißerfolg haben (3. Spalte).
Geben Sie bitte an, wie stark Ihrer Ansicht nach der Erfolg oder Mißerfolg im einzelnen von den angegebenen vier Faktoren abhängt (4. Spalte). Sie finden die vier Faktoren jeweils abgekürzt und daneben eine Skala, deren Endpunkte mit *„völlig“* (abhängig von dem angegebenen Faktor) und *„gar nicht“* (abhängig von dem angegebenen Faktor) bezeichnet sind. Machen Sie bitte auf jeder Skala an der für Sie zutreffenden Stelle ein Kreuzchen. Sie können jeden Punkt auf der Skala wählen, so wie Sie es für angebracht halten. Achten Sie bitte darauf, daß die Bezeichnung der Skalenendpunkte wechselt.
Die benutzten Abkürzungen finden Sie auf dem letzten Blatt in diesem Heftchen noch einmal erläutert. Reißen Sie es bitte ab, und benutzen Sie es — falls notwendig — während des Abkreuzens.

Auf den folgenden vier Seiten hatte die Vp die entsprechenden Angaben zu machen. Den Aufgaben A bis I waren Prozentzahlen (Studenten, die die Aufgabe erfolgreich gelöst haben) von 1, 5, 10, 30, 50, 70, 90, 95, 99 zugeordnet. Jede Aufgabe erschien zweimal. Die Vp sollte sich vorstellen, daß sie Erfolg bzw. Mißerfolg habe und jeweils auf einer 11-Punkte-Skala angeben, wie stark ihrer Ansicht nach beides von den angegebenen vier Faktoren abhänge. Die Skalenendpunkte waren mit „völlig“ und „gar nicht“ gekennzeichnet. Sie waren nach Zufall vertauscht, ebenso wie die Reihenfolge der Aufgaben A bis I zufällig war.
Auf dem letzten Blatt wurde nach der subjektiven Wahrscheinlichkeit der Zielerreichung für jede Aufgabe gefragt: Wie sicher sind Sie, daß Sie Erfolg haben werden, wenn Sie die Aufgabe bearbeiten? Auf einer 12-Punkte-Skala, deren Endpunkte mit „schaffe ich ganz sicher“ und „schaffe ich ganz sicher nicht“ bezeichnet waren, waren jeweils die entsprechenden Angaben zu machen.

8.2.1.2. Befunde

Um zu überprüfen, ob den vorgegebenen Prozentangaben erfolgreicher Vpn annähernd äquivalente subjektive Wahrscheinlichkeiten entsprechen, bezogen wir die Skalierungen auf die einzelnen unterschiedlich schwierigen Aufgaben. Da nicht nur die Punkte auf der Skala angekreuzt, sondern auch dazwischen Markierungen vorgenommen wurden, maßen wir den Abstand vom Nullpunkt jeweils auf der 83 mm langen Skala aus und transformierten die Werte so, als reiche die Skala von 0 bis 100 mm.
Wie Tab. 17 zeigt, entsprechen den vorgegebenen Prozentzahlen 90, 95, 99 annähernd gleich hohe Wahrscheinlichkeiten. Dagegen liegen alle anderen Werte meist beträchtlich höher als die jeweiligen Prozentzahlen.

Tab. 17: Mittelwerte der subjektiven Wahrscheinlichkeit (*SW*) für neun Aufgaben mit unterschiedlichen Prozentangaben erfolgreicher Vpn.

	Prozent erfolgreicher Vpn								
	1	5	10	30	50	70	90	95	99
SW	16,2	23,7	33,8	50,6	69,1	81,8	92,3	95,0	98,1

Bei Erfolg variiert die Schwierigkeitsattribuierung (Aufgabenleichtigkeit) am stärksten über die Aufgaben (s. Abb. 29, S. 138). Die Anstrengungs- und Begabungsattribuierung entsprechen sich annähernd über alle Aufgaben. Beide liegen bei den leichteren Aufgaben (mit 30 bis 99 Prozent erfolgreicher Vpn) höher als die Zufallsattribuierung; bei den schwierigen Aufgaben (mit 1,5 und 10 Prozent erfolgreicher Vpn) ergeben sich keine großen Differenzen zwischen diesen drei Attribuierungswerten.

Bemerkenswert ist, daß die Streuung der Begabungs-, Anstrengungs- und Glücksattribuierung bei diesen schwierigen Aufgaben am größten ist. Erfolg bei der schwierigsten Aufgabe machen 6 Vpn überwiegend vom Glück abhängig, je 4 von starker Anstrengung und guter Begabung, der Rest von zwei oder drei Faktoren in gleicher Weise. Bei der zweit- und drittschwersten Aufgabe sind es 3 bzw. 5 Vpn, die Erfolg auf diesen Schwierigkeitsstufen überwiegend Glück zuschreiben.

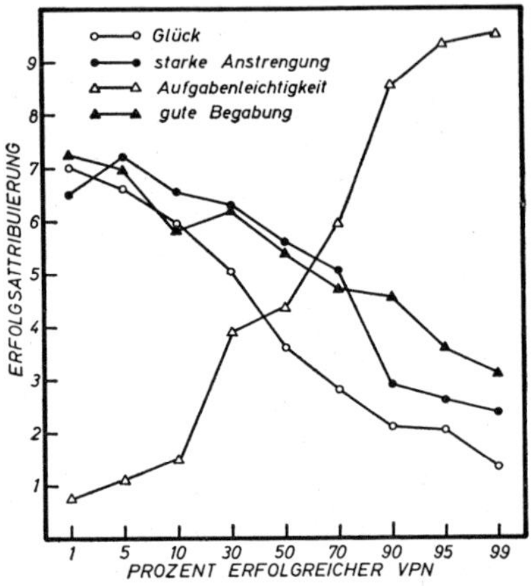

Abb. 29: Mittelwerte der Erfolgsattribuierung (Glück, starke Anstrengung, Aufgabenleichtigkeit, gute Begabung) für die einzelnen (durch Prozent erfolgreicher Vpn definierten) Schwierigkeitsstufen.

Auch bei Mißerfolg (s. Abb. 30, S. 139) variiert die Schwierigkeitsattribuierung am stärksten über die Aufgabenstufen. Die Anstrengungs- und Zufallsattribuierung nimmt mit abnehmender Schwierigkeit zu. Jedoch zeigt sich abweichend von der Erfolgsbedingung kein systematischer Zusammenhang zwischen Begabungsattribuierung und Aufgabenschwierigkeit. Zudem liegt die Zufallsattribuierung bei den vier leichtesten Aufgaben (70, 90, 95, 99), verglichen mit allen anderen Werten, am höchsten.
Bei einem Vergleich der Erfolgs- und Mißerfolgsattribuierung ergibt sich, daß Mißerfolg mehr als Erfolg dem Zufall zugeschrieben wird (s. Abb. 31, S. 139). Die mittlere Summe der Zufallsattribuierung über alle Schwierigkeitsstufen ist für Mißerfolg signifikant größer als für Erfolg (49,15 vs. 35,40; $t = 2{,}84$, $p < .02$ bei zweiseitiger Fragestellung).
Dagegen ist die Begabungsattribuierung für Erfolg bei schwierigen bis mittelschweren Aufgaben höher als die Begabungsattribuierung für Mißerfolg bei leichten bis mittelschweren Aufgaben (s. Abb. 32, S. 140). Die entsprechenden mittleren Summenwerte über alle Schwierigkeitsstufen betragen 47,35 und 40,00 ($t = 1{,}78$, $p < .10$ bei zweiseitiger Fragestellung).

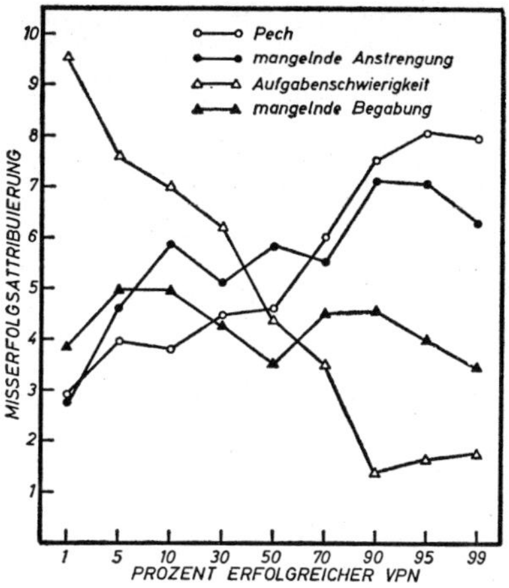

Abb. 30: Mittelwerte der Mißerfolgsattribuierung (Pech, mangelnde Anstrengung, Aufgabenschwierigkeit, mangelnde Begabung) für die einzelnen (durch Prozent erfolgreicher Vpn definierten) Schwierigkeitsstufen.

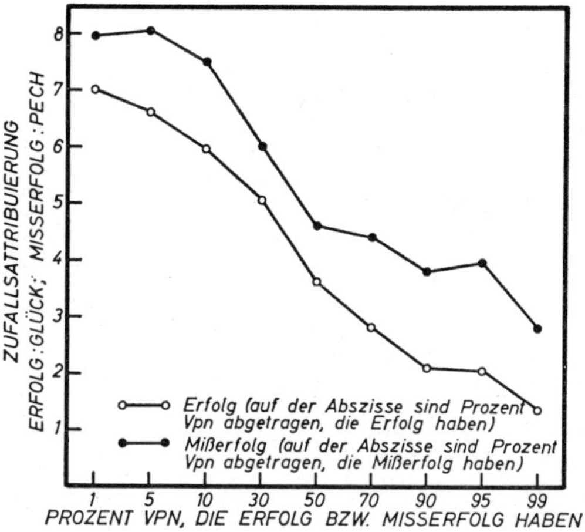

Abb. 31: Mittelwerte der Zufallsattribuierung bei Erfolg und Mißerfolg (Erfolg: Glück, Mißerfolg: Pech) für die einzelnen Schwierigkeitsstufen.

Wie der Tab. 17 (S. 137) zu entnehmen ist, entspricht bei leichten Aufgaben die subjektive Wahrscheinlichkeit annähernd den vorgegebenen Prozentwerten; gleichzeitig überwiegt hier — wie erwartet — die Zufallsattribuierung bei Mißerfolg alle anderen Attribuierungskennwerte.
Bei den sehr schwierigen Aufgaben dagegen liegen die subjektiven Wahrscheinlichkeiten beträchtlich über den angegebenen Prozentwerten; die Zufallsattribuierung nach Erfolg entspricht hier ungefähr der Begabungs-

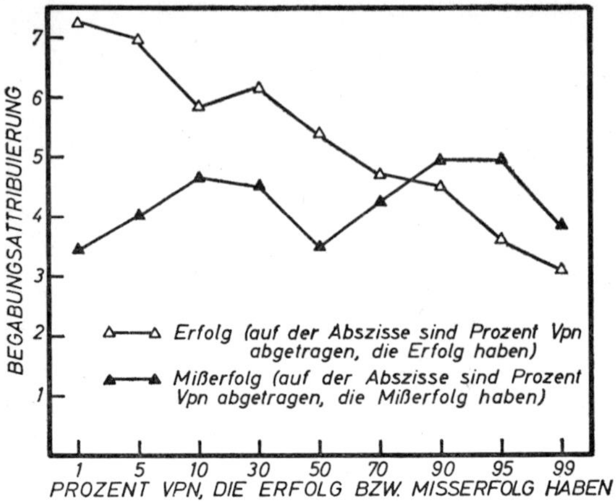

Abb. 32: Mittelwerte der Begabungsattribuierung bei Erfolg und Mißerfolg für die einzelnen Schwierigkeitsstufen.

und Anstrengungsattribuierung. Da die Streuung der subjektiven Wahrscheinlichkeiten für diese Schwierigkeitsstufen beträchtlich ist (die Werte streuen z.B. bei der schwierigsten Aufgabe zwischen 0 und 90,3), wäre es im Hinblick auf unsere Fragestellung aufschlußreicher, die Attribuierungskennwerte statt auf die objektiven Schwierigkeitsstufen auf die subjektiven Wahrscheinlichkeiten zu beziehen; denn es ist zu erwarten, daß nur bei niedrigen subjektiven Wahrscheinlichkeiten die Zufallsattribuierung — relativ zu den anderen — die höchsten Werte annimmt. Da aufgrund des kleinen *N* die Besetzungshäufigkeiten der einzelnen Wahrscheinlichkeitsstufen teilweise sehr gering sind, bildeten wir statt dessen nach dem Summenwert der Wahrscheinlichkeiten über alle Schwierigkeitsstufen zwei gleich große Gruppen ($N = 11$) und verglichen zwischen beiden die Erfolgs- und Mißerfolgsattribuierung für die einzelnen Schwierigkeitsstufen. Während sich für die Mißerfolgsattribuierung die allgemeinen Trends beider Gruppen weitgehend gleichen (die Werte der Wahrscheinlichkeit bei den sehr leichten Aufgaben streuen kaum), zeigen sich für die Erfolgsattribuierung deutliche Unterschiede zwischen den Gruppen (s. Abb. 33a, b). Die Zufallsattribuierung liegt bei Vpn mit niedriger subjektiver Wahrscheinlichkeit außer bei den drei leichtesten Aufgaben beträchtlich höher; varianzanalytisch geprüft, erreichen die Gruppenunterschiede knapp das übliche Signifikanzniveau (F [1/20] = 3,39; $p < .10$). Zudem ergibt sich ein signifikanter Effekt für die Schwierigkeitsstufen (F [8/160] = 18,81; $p < .001$).

Die Zufallsattribuierung überwiegt in dieser Gruppe auch — wie erwartet — bei den drei schwierigsten Aufgaben die Begabungs- und Anstrengungsattribuierung, während in der Gruppe mit hoher subjektiver Wahrscheinlichkeit die Begabungs- und Anstrengungsattribuierung in allen Fällen höher liegt als die Zufallsattribuierung.

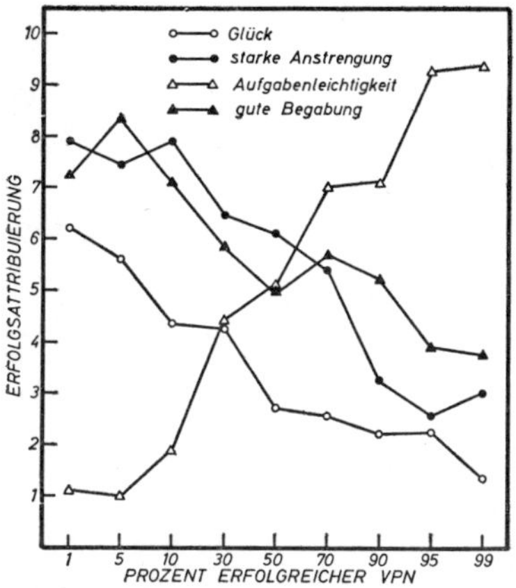

Abb. 33a

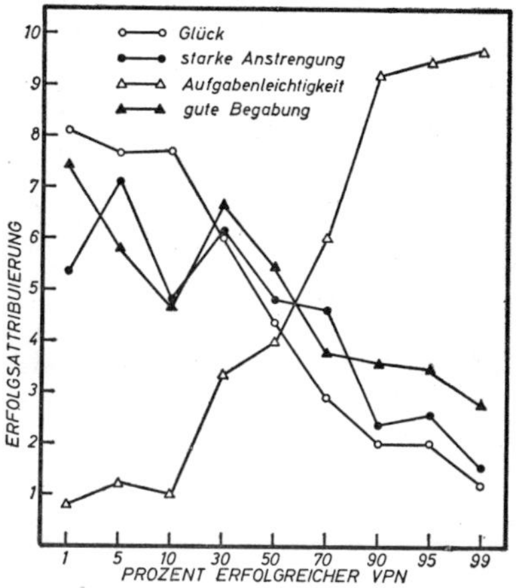

Abb. 33b

Abb. 33a, b: Mittelwerte der Erfolgsattribuierung (Glück, starke Anstrengung, Aufgabenleichtigkeit, gute Begabung) für die einzelnen Schwierigkeitsstufen bei Vpn mit hoher ($N = 11$; Abb. 33 a) und niedriger ($N = 11$; Abb. 33 b) subjektiver Wahrscheinlichkeit.

8.2.2. Beziehungen zwischen Aufgabenschwierigkeit und Attribuierung in einer realen Leistungssituation

Theorieangemessener und aufwendiger als wir hat Krug (1971) Kausalinterpretationen von Erfolg und Mißerfolg bei Aufgaben unterschiedlicher Schwierigkeit untersucht. An seinen Versuchen nahmen 100 Vpn aus mehreren Klassen einer Realschule (6. und 7. Schuljahr) einzeln teil. Den Vpn wurden 5 Labyrinthe unterschiedlicher Länge je 10mal zum Bearbeiten vorgelegt. Es handelte sich dabei um Aufgaben der von Heckhausen (1963, S. 93) verwandten Art. Das schwerste Labyrinth war doppelt so lang wie das leichteste, die Längendifferenz zwischen den einzelnen Schwierigkeitsstufen gleich. Jedes Labyrinth befand sich auf einem gesonderten Blatt; die 50 Aufgaben waren in Zufallsreihenfolge zusammengeheftet. Der Vl gab an, daß für die Bearbeitung jedes Labyrinths 20 Sekunden Zeit zur Verfügung stünden, was jedoch nicht konstant eingehalten wurde, denn der Vl induzierte nach einem vorher festgelegten

Plan Erfolg und Mißerfolg, so daß bei den 10 Aufgaben der höchsten Schwierigkeitsstufe (I) 1 Erfolg und 9 Mißerfolge erzielt wurden, auf der Stufe II 3 Erfolge und 7 Mißerfolge und entsprechend auf Stufe III 5 und 5, auf Stufe IV 7 und 3, auf Stufe V 9 und 1.

Zusätzlich erhielt die Vp ein besonderes Blatt, auf dem die 5 Labyrinthe abgedruckt waren. Sie hatte hier nach jeder Aufgabe unter dem entsprechenden Labyrinth selbst einzutragen, ob sie Erfolg oder Mißerfolg hatte, so daß nach Bearbeitung aller Aufgaben für sie anschaulich das eben dargestellte Verhältnis von Erfolg und Mißerfolg gegeben war. Keine Vp äußerte Zweifel an der Gültigkeit ihrer Resultate. Es war dann anzugeben, wie sehr Erfolg und Mißerfolg auf jeder Schwierigkeitsstufe von den vier Kausalfaktoren im einzelnen abhängen. Die Attribuierungserfassung erfolgte in Prozentangaben, so wie wir es im vorigen Kapitel für einen unserer Versuche (s. S. 95) getan haben.

Wie die Abbildungen 34a und 34b zeigen, entsprechen die Befunde Krugs weitgehend unseren. Erfolg wird mehr als Mißerfolg den internalen Determinanten Begabung und Anstrengung zugeschrieben und weniger

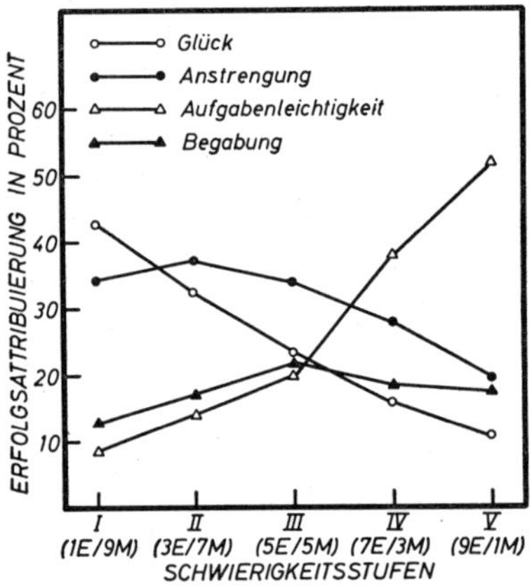

Abb. 34a

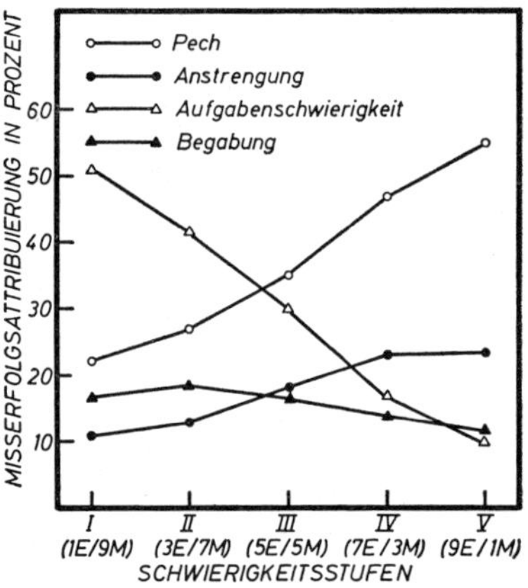

Abb. 34b

Abb. 34a, b: Mittelwerte der Erfolgs- (34a) und Mißerfolgsattribuierung (34b) für einzelne Schwierigkeitsstufen mit unterschiedlicher Erfolgs- (*E*) und Mißerfolgshäufigkeit (*M*) (nach Krug, 1971).

den externalen Aufgabenschwierigkeit und Zufall (varianzanalytisch geprüft p jeweils $<.005$). Zudem ist in Übereinstimmung mit unseren Befunden die Zufallsattribuierung für Erfolg bzw. Mißerfolg bei den schwierigsten bzw. leichtesten Aufgaben am höchsten. Dabei ist zu berücksichtigen, daß es auch KRUG in seiner Versuchsanordnung nicht gelungen ist, den unteren Bereich der *erlebten* Aufgabenschwierigkeit zu realisieren. Denn die Wahrscheinlichkeit, die schwierigste Aufgabe bei nochmaliger Bearbeitung zu schaffen, wird im Mittel noch mit ca. 20 % angegeben.

8.3. Erörterung

Die Ergebnisse beider Untersuchungen stellen den von ATKINSON (1957) generell als linear konzipierten Zusammenhang zwischen Erwartung und Anreiz in Frage ebenso wie die von WEINER & KUKLA (1970) dafür vorgetragene attributionstheoretische Begründung.

Der Erfolgsanreiz ist bei ATKINSON (1964, S. 241) definiert als *„pride in accomplishment"*, d. h. als Stolz über die eigene Tüchtigkeit bei Erreichung eines Ziels. Dabei bezieht sich der Affekt auf vorgestellte Resultate und nicht auf bereits eingetretene. Stolz über die eigene Tüchtigkeit (ebenso wie Scham über die eigene Untüchtigkeit) setzt eine prospektiv internale Attribuierung von Handlungsausgängen voraus. Sonst sind nämlich auf die eigene Person bezogene affektive Gefühlszuständlichkeiten gar nicht möglich, sondern Freude oder Ärger, daß ein Effekt eingetreten ist oder nicht, der jedoch nicht als Folge persönlicher Tüchtigkeit oder Untüchtigkeit gewertet wird. Von ähnlichen Überlegungen, die jedoch nicht einzelne Schwierigkeitsgrade berücksichtigten, ist FEATHER wohl ausgegangen (wenn er sie auch nicht expliziert), als er die Höhe des Anreizes von Erfolg und Mißerfolg vom Ausmaß der internalen Attribuierung mit abhängig machte.

Nun zeigen unsere Befunde und die von KRUG recht deutlich, daß bei dieser Art von Aufgaben positive Resultate bei extrem schwierigen und negative bei extrem leichten Aufgaben überwiegend auf die externale Determinante Zufall zurückgeführt werden. Das bedeutet, daß der Erfolgs- und Mißerfolgsanreiz in diesen Schwierigkeitsbereichen eher niedrig sein dürfte und nicht, wie ATKINSON es annimmt, höchste Werte erreicht. Letzteres würde nämlich voraussetzen, daß Erfolg und Mißerfolg hier maximal der eigenen Tüchtigkeit zugeschrieben werden. Die internale Attribuierung ist aber nach unseren und KRUGS Befunden höher im mittleren Schwierigkeitsbereich, so daß für diese Aufgaben eher ein kurvilinearer Zusammenhang zwischen Erwartung und Anreiz anzunehmen ist, wobei das Anreizmaximum nicht bei einer Wahrscheinlichkeit von 50 % liegen muß.

Damit soll nicht behauptet werden, daß die Beziehung der beiden Modellparameter *generell* kurvilinear ist; Linearität oder Kurvilinearität wird im Einzelfalle abhängen a) von individuellen Bevorzugungen der Ursachenerklärung von Erfolg und Mißerfolg sowie b) von Charakteristika der Aufgabe. In unserem auf S. 135ff. dargestellten Versuch lassen sich — bei gleicher Höhe der subjektiven Wahrscheinlichkeit — deutlich Vpn-Gruppen voneinander trennen, von denen die eine Erfolg bei sehr schweren Aufgaben überwiegend auf Glück zurückführt, die andere überwiegend auf gute Begabung. Nur für die erste Gruppe ist daher ein kurvilinearer Zusammenhang zwischen Erwartung und Anreiz zu erwarten. Ähnliches gilt für die Mißerfolgsattribuierung bei als extrem leicht erlebten Aufgaben. Neben solchen individuellen prospektiven Attribuierungen von Erfolg und Mißerfolg sind sicherlich auch Aufgabencharakteristika dafür maßgeblich, ob Zufallsattribuierungen in den Randbereichen der erlebten Schwierigkeit überhaupt nahegelegt werden. Es gibt sicherlich Aufgaben, bei denen Zufall als Ursachenerklärung zumindest für Erfolg gar nicht oder in nur sehr geringem Maße in Frage kommt, so vermutlich bei der Bewältigung extrem schwerer Schnelligkeitsaufgaben oder beim Lösen von Denkaufgaben, bei denen nicht bereits Lösungsalternativen vorgegeben sind. Andere Aufgaben dagegen legen Zufallsattribuierungen vermutlich in sehr viel stärkerem Maße nahe, so etwa beim Schießen das Treffen eines vorher nie erreichten Ziels oder das Durchlaufen eines als extrem schwer erlebten Labyrinths.

Aufgrund dieser Überlegungen und der vorauslaufend berichteten Befunde scheint uns zusammenfassend aus drei Gründen die FEATHERsche Revision des ATKINSON-Modells nicht angemessen zu sein. 1. FEATHER geht wie ATKINSON von der Annahme eines invariant linearen Zusammenhanges zwischen Erwartung und Anreiz aus, der auch im revidierten Modell, wo Attribuierungen in undifferenzierter Weise berücksichtigt werden, beibehalten wird. Nach den eben berichteten Befunden kann jedoch eine *invariant* lineare Beziehung keineswegs als gegeben angenommen werden, so daß die Revision in der vorliegenden Form als zu einfach erscheint, da in ihr Attribuierungen in Abhängigkeit von der erlebten Aufgabenschwierigkeit nicht beachtet sind. 2. Das revidierte Modell soll dazu dienen, leistungsbezogenes Verhalten unter Berücksichtigung der Selbstverantwortlichkeit möglichst umfassend vorauszusagen. Das gelingt aber nicht, wenn man Anspruchsniveau-Setzungen als Motivierungsindikatoren heranzieht. In einem unserer Versuche hat sich nämlich gezeigt, daß bei konstanter Höhe der internalen Attribuierung (Selbstverantwortlichkeit) Zielsetzungen davon mit beeinflußt werden, ob Handlungsresultate auf mehr stabile oder mehr variable Kausalfaktoren zurückgeführt werden.

Die Stabilität bzw. Variabilität der wahrgenommenen Verursachungsfaktoren wird von FEATHER jedoch nicht berücksichtigt. 3. FEATHER geht zudem offensichtlich von der Annahme aus, daß Attribuierung und Stärke bzw. Gerichtetheit des Leistungsmotivs unabhängig voneinander sind. Das ist aber nach unseren und den von WEINER et al. (1971) berichteten Befunden nicht der Fall.

Nun hat KARABENICK (1972) gerade Ergebnisse berichtet, die die Annahmen FEATHERS weitgehend zu bestätigen scheinen. Er fand in Abhängigkeit von hoher und niedriger Internalität (gemessen mit dem Fragebogen von ROTTER) einen steileren Anstieg der Erfolgs- und Mißerfolgsattraktivität mit abnehmender bzw. zunehmender Aufgabenschwierigkeit bei Vpn mit hoher Internalität. Allerdings schneiden sich die jeweiligen Funktionen der Gruppen mit hoher und niedriger Verantwortlichkeit im Bereich mittlerer Schwierigkeit und gehen nicht, wie FEATHER es annimmt, von einem gemeinsamen Punkt aus.

Diese Studie von KARABENICK weist aber Mängel auf, die eine Interpretation der Befunde als näherungsweise Bestätigung der Revision kaum zulassen. Ohne darauf im einzelnen einzugehen, sei nur auf einen kritischen Punkt hingewiesen. Es muß nämlich sichergestellt sein, daß in beiden Selbstverantwortlichkeitsgruppen die vorgegebenen „subjektiven" Wahrscheinlichkeiten auch in gleicher Weise realisiert wurden, wie vom Autor beabsichtigt. Das kann jedoch nicht unbedingt als gegeben angenommen werden, denn einige Befunde zeigen (z.B. MOOSHAGE, 1969; LEFCOURT et al., 1968), daß Vpn mit hohen Externalitätspunktwerten Aufgabenlösungen stärker als zufallsabhängig perzipieren. Sollte das auch für die entsprechende Teilgruppe bei KARABENICK zutreffen, dann sind vermutlich den vorgegebenen Schwierigkeiten entsprechende subjektive Wahrscheinlichkeiten gar nicht realisiert; denn eine Zufallsauffassung dürfte zur Folge haben, daß die erlebten Aufgabenschwierigkeiten mehr im mittleren Wahrscheinlichkeitsbereich liegen.

9. Konzeptionen des Leistungsmotivs und der Leistungsmotivierung

In diesem Kapitel sollen die hier und von WEINER et al. (1971) berichteten Attribuierungsunterschiede zwischen den Motivgruppen kurz zusammengefaßt werden und verschiedene theoretische Konzeptionen des Leistungsmotivs und der Leistungsmotivierung erörtert werden. Wir werden dabei auf das Modell ATKINSONS (1957) und auf von WEINER et al. (1971) vorgetragene Überlegungen eingehen sowie analysieren, ob sich die Befunde der bislang fast ausschließlich an der ATKINSON-Theorie orientierten Arbeiten unter dem Aspekt eines kognitiven Modells leistungsmotivierten Verhaltens reinterpretieren und möglicherweise besser erklären lassen.

9.1. Leistungsmotiv und Ursachenerklärung von Erfolg und Mißerfolg

Unsere und die von WEINER und Mitarbeitern (WEINER & KUKLA, 1970; WEINER & POTEPAN, 1970; WEINER et al., 1971) berichteten Ergebnisse zeigen übereinstimmend, daß Erfolgs- und Mißerfolgsmotivierte die Folgen eigener Handlungen auf unterschiedliche Verursachungsfaktoren zurückführen. Nach unseren Befunden erleben Erfolgsmotivierte Erfolg als überwiegend abhängig von den internalen Faktoren Begabung und Anstrengung, Mißerfolgsmotivierte vergleichsweise mehr von Glück und — wie die Arbeit von KRUG (1971) zeigt — von der Leichtigkeit der Aufgaben, also den externalen Faktoren. Das trifft für die Ursachenerklärung von Mißerfolg nicht zu, die nach unseren Daten bei Erfolgsmotivierten überwiegend auf Anstrengung und Zufall erfolgt, bei Mißerfolgsmotivierten vergleichsweise mehr auf die stabilen Faktoren Begabung und Aufgabenschwierigkeit.

Diese unterschiedlichen Attribuierungs*muster* wurden nicht in allen einschlägigen Arbeiten gefunden. Übereinstimmend findet sich jedoch, daß mit höherer erfolgsbezogener Leistungsmotivation Erfolg mehr auf gute Begabung und Mißerfolg weniger auf mangelnde Begabung zurückgeführt wird (S. KRUG, 1971; B. KRUG, 1972; PRIESTER, 1972; SCHERER, pers.

Mitteilung; WEINER & KUKLA, 1970; WEINER & POTEPAN, 1970; WEINER et al., 1971). Erfolgs- und Mißerfolgsmotivierte haben offensichtlich unterschiedliche Selbstkonzepte der eigenen Fähigkeit, die bestimmte Kausalerklärungen für Erfolg und Mißerfolg ausschließen und andere nahelegen. Der Erfolgsmotivierte wird Mißerfolg im allgemeinen kaum auf Begabungsmängel zurückführen, denn das würde seinem Selbstkonzept guter Begabung widersprechen. Mangelnde Anstrengung als Ursachenerklärung für Mißerfolg ist andererseits bei Erfolgsmotivierten nicht in allen Fällen zu erwarten, sondern dürfte mit abhängig sein von der wahrgenommenen Aufgabenschwierigkeit (bezogen auf eine soziale Norm). Wird eine Aufgabe als leicht erlebt, so wird der Erfolgsmotivierte sie aufgrund seiner als hoch angenommenen Begabung auch ohne großen Anstrengungsaufwand für erreichbar halten, was zu geringem Kräfteeinsatz bei der Aufgabenlösung führen dürfte. Ein eintretender Mißerfolg wird in diesem Falle mit mangelnder Anstrengung erklärt. Wird dagegen eine Aufgabe als schwer wahrgenommen, so ist nicht auszuschließen, daß der Erfolgsmotivierte sie aufgrund seiner guten Fähigkeit bei hoher Anstrengung für erreichbar hält, was hohen Kräfteaufwand zur Folge haben dürfte. Unter dieser Bedingung wird vermutlich ein Mißerfolg kaum mit Anstrengungsmängeln in Zusammenhang gebracht.

Das Selbstkonzept geringer eigener Fähigkeit legt eine Ursachenerklärung von Erfolg mit guter Begabung kaum nahe. Das schließt aber nicht aus, daß Erfolg auf den anderen internalen Faktor Anstrengung zurückgeführt wird. Wir hatten bereits im Anschluß an die Diskussion der Überlegungen YACORZYNSKIS (1942b) darauf hingewiesen (s. S. 131), daß Erfolg auch von Mißerfolgsmotivierten mit hoher Anstrengung erklärt werden kann und nicht unbedingt mit den externalen Faktoren Zufall und Aufgabenleichtigkeit, so wie wir und KRUG (1971) es gefunden haben. Das sollte besonders bei solchen Aufgaben der Fall sein, deren Schwierigkeit (bezogen auf eine soziale Norm) als relativ niedrig wahrgenommen wird. Aufgrund der als gering erlebten eigenen Fähigkeit wird der Mißerfolgsmotivierte sich bei solchen Aufgaben vermutlich besonders anstrengen, da er sie aufgrund seiner als niedrig erlebten Fähigkeit nur bei hohem Kräfteeinsatz für erreichbar hält. In diesem Falle ist es für ihn naheliegend, Erfolg mit Anstrengung zu erklären. Als erste Belege für diese Annahme hatten wir auf Befunde hingewiesen, wonach bei einfachen Aufgaben Mißerfolgsmotivierte bessere Leistungen zeigen als Erfolgsmotivierte.

Die in den einzelnen Arbeiten gefundenen unterschiedlichen Attribuierungs*muster* einer Motivgruppe sind daher vermutlich mit dem nichtkontrollierten Faktor der wahrgenommenen Aufgabenschwierigkeit (bezogen auf eine soziale Norm) zu erklären. Berücksichtigt man die stets gefundenen divergenten Begabungsattribuierungen bei Erfolgs- und Mißerfolgsmotivierten, so lassen sich beide Motive *vorläufig* als Selbstkonzepte der eigenen Fähigkeit definieren: das Erfolgsmotiv als Selbstkonzept guter eigener Fähigkeit und damit als Tendenz, Erfolg der eigenen Begabung zuzuschreiben (und daher Mißerfolg nicht mangelnder eigener Begabung); das Mißerfolgsmotiv als Selbstkonzept mangelnder eigener Fähigkeit und damit als Tendenz, Mißerfolg mangelnder eigener Begabung zuzuschreiben (und daher Erfolg nicht hoher eigener Begabung).

Müßte man bei dieser vorläufigen Motivdefinition nicht hohe Zusammenhänge zwischen Motivation und Intelligenz erwarten, was bislang nicht gefunden worden ist? Die meisten Untersucher, die Leistungsmotivation mit Intelligenz-Daten korreliert haben, berichten keinerlei Beziehungen zwischen beiden (McClelland et al., 1953, S. 274; French, 1955; Krumboltz & Farquhar, 1957; McClelland, 1958b; Weiss et al., 1959; Mahone, 1960; Hayashi et al., 1962; Bartmann, 1963; Caron, 1963; Vukovich et al., 1964).

Wir haben in einer eigenen Untersuchung ebenso nur sehr schwache Zusammenhänge zwischen Erfolgs- und Mißerfolgsattribuierungen und der Intelligenz gefunden. Versuchspersonen waren 73 Jungen des dritten Schuljahres, die in Gruppenversuchen einen Intelligenztest bearbeiteten (eine deutsche Fassung der *Primary Mental Abilities*; Kemmler, 1967; Kemmler & Langheinrich, 1967) und einen Attribuierungsfragebogen ausfüllten. Im Fragebogen waren Erfolgs- und Mißerfolgssituationen thematisiert, wobei jeweils auf einer Fünf-Punkte-Skala anzugeben war, inwieweit das Resultat von Begabung, Anstrengung, Zufall und Aufgabencharakteristika abhängig ist. Die Korrelationen zwischen den einzelnen Attribuierungskennwerten und dem Gesamtstandardwert der *Primary Mental Abilities* waren bis auf die Anstrengungsattribuierung nach Mißerfolg (.22; $p < .10$) nicht signifikant und lagen meist unter .10. Wenn auch eine Bestätigung dieser Befunde bei älteren Kindern und Erwachsenen abzuwarten bleibt, so sind sie doch als erster Hinweis darauf zu werten, daß Selbstkonzepte der eigenen Fähigkeit und gemessene Intelligenz relativ unabhängig voneinander sind. Die sehr niedrigen Zusammenhänge zwischen Leistungsmotivation und Intelligenz widersprechen daher auch nicht der Definition beider Motive durch unterschiedliche Konzepte eigener Fähigkeit.

9.2. Das Leistungsmotiv als affektive Disposition (Atkinson)

Diese Charakterisierung der beiden Motive weicht von der Atkinsons (1957, 1964) ab. In seiner hedonistischen Theorie sind beides affektive Dispositionen; leistungsbezogenes Verhalten wird vollzogen oder unterlassen, um positiven Affekt zu maximieren bzw. negativen zu minimieren.

> Ein Motiv ist definiert als Disposition, eine bestimmte Art von Befriedigung anzustreben ...
> Das allgemeine Ziel einer Klasse von Motiven, die man gewöhnlich als Verlangen oder Aufsuchungstendenzen bezeichnet, ist, Befriedigung einer bestimmten Art zu maximieren. Das Leistungsmotiv wird als Disposition betrachtet, Erfolg aufzusuchen.
> Das Ziel einer anderen Klasse von Motiven ist, Unlust (*pain*) zu minimieren. Man hat sie auch Aversionen oder Meidetendenzen genannt. Ein Meidenmotiv stellt die Fähigkeit des Individuums dar, im Zusammenhang mit bestimmten negativen Handlungsfolgen Unlust zu erfahren. Das Motiv, Mißerfolg zu meiden, wird als Disposition angesehen, Mißerfolg zu meiden und/oder als Fähigkeit, Scham und Erniedrigung als Folge von Mißerfolg zu erleben.
> (Atkinson, 1957, S. 360)

Leistungsthematische Situationen sollen danach bewertet werden, inwieweit prospektiv Erfolg bzw. Mißerfolg positiven oder negativen Affekt nach sich ziehen, was unter dem Aspekt motivspezifischer Affektaufsuchungs- bzw. Affektmeidetendenzen zu unterschiedlichem Verhalten führt. Mißerfolgsmotivierte sollen unter Zwangswahlbedingungen extrem leichte oder extrem schwere Aufgaben zum Bearbeiten bevorzugen. Denn Erfolg bei sehr leichten Aufgaben ist fast sicher, so daß negativer Affekt kaum entstehen kann; Mißerfolg bei sehr schweren Aufgaben wird nicht der eigenen Person zugeschrieben, was ebenfalls keine negativen Affekte über die eigene Untüchtigkeit nach sich zieht (Atkinson, 1957, S. 364). Eine ähnliche Erklärung dafür, warum die bevorzugte Wahl von Aufgaben mittlerer erlebter Schwierigkeit durch die Erfolgsmotivierten zu einer Maximierung von positivem Affekt führen soll, gibt der Autor nicht. Wie wir bereits weiter oben (S. 38) dargestellt haben, werden im mathematischen Modell die Verhaltensunterschiede zwischen den Motivgruppen aus der multiplikativen Verknüpfung von Motiv, Erwartung und Anreiz abgeleitet. Dabei ist der Anreiz definiert als Stolz über die eigene Tüchtigkeit bzw. Scham über die eigene Untüchtigkeit und wird als völlig determiniert durch die subjektive Erfolgswahrscheinlichkeit angenommen (s. hier S. 38). Der Erfolgsanreiz soll maximal sein bei hoher erlebter Aufgabenschwierigkeit, der Mißerfolgsanreiz entsprechend bei niedriger. Das setzt die Annahme voraus, daß Erfolg bei sehr schweren und Miß-

erfolg bei sehr leichten Aufgaben maximal der eigenen Tüchtigkeit bzw. Untüchtigkeit zugeschrieben wird. Wir hatten bereits im Kapitel 8 (S. 143ff.) darauf hingewiesen, daß uns diese Annahme unter attribuierungstheoretischen Gesichtspunkten nicht plausibel erscheint.
Auch haben sich die Voraussagen ATKINSONs über das Wahl- und Zielsetzungsverhalten der Mißerfolgsmotivierten im allgemeinen nicht bestätigen lassen. Mißerfolgsmotivierte bevorzugen nicht extrem leichte und extrem schwere Aufgaben und meiden solche mittlerer Schwierigkeit. Vielmehr streuen deren Wahlen — verglichen mit denen der Erfolgsmotivierten — mehr über den gesamten Aufgabenbereich, wobei das Wahlmaximum meist im mittleren Schwierigkeitsbereich liegt (s. zusammenfassend SCHNEIDER, 1971). Wir werden darauf noch zurückkommen.
Uns erscheint es daher als nicht angemessen, das Verhalten der Mißerfolgsmotivierten als durch ein Bestreben gesteuert anzunehmen, negativen Affekt zu meiden. ATKINSON (1957, S. 360; 1964, S. 241) stützt sich bei dieser hedonistischen Motivkonzeption auf einen Befund WINTERBOTTOMS (1958), wonach höher motivierte Kinder nach Aussagen ihrer Lehrer mehr Freude nach Erfolg zeigen als niedrig motivierte. Ob das eine hinreichende Basis für so grundlegende theoretische Entscheidungen ist, muß freilich bezweifelt werden.

9.3. Das Leistungsmotiv als kognitive Disposition (WEINER et al.)

WEINER et al. (1971) haben die Theorie ATKINSONs vor allem unter dem Gesichtspunkt kritisiert, daß kognitive Prozesse des Individuums zu wenig berücksichtigt werden, insbesondere Kausalattribuierungen von Erfolg und Mißerfolg. Ausgehend von unterschiedlichen Ursachenerklärungen in beiden Motivgruppen definieren sie das Leistungsmotiv als *„capacity for perceiving success as caused by internal factors, particularly effort“* (WEINER et al., 1971, S. 18) und heben ihre Motivauffassung als „kognitive“ von der ATKINSONs als „affektive“ ab.

Auf der einen Seite kann man die von ATKINSON vorgetragene Konzeption leistungsmotivierten Verhaltens folgendermaßen darstellen:

Reiz ⟶ emotionale Antizipation ⟶ instrumentelle Reaktion

Im Gegensatz dazu sieht die theoretische Struktur des Attribuierungsmodells folgendermaßen aus ...

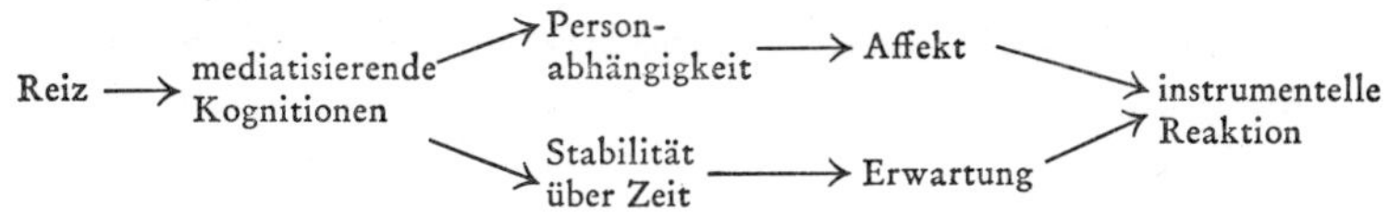

(WEINER et al., 1971, S. 18)

Diese Schematisierung entspricht allerdings nicht vorauslaufenden und nachfolgenden Ausführungen der Autoren. Sie legt die Auffassung nahe, als würden ebenso wie in der formalen Theorie ATKINSONS Erwartungen und Affekte als verhaltenswirksam angenommen und als seien Attribuierungen nur eine Anreicherung des bereits bestehenden Motivierungsmodells insofern, als die kognitiven Bedingungen spezifischer Affekte und Erwartungen näher bestimmt werden. Entgegen der Darstellung im Diagramm verweisen die Autoren jedoch gleich anschließend auf die von LAZARUS (1968) getroffene Unterscheidung zwischen *„emotion-as-motivation"* und *„emotion-as-response"*, und aus den weiteren Ausführungen geht hervor, daß Affekte wohl mehr als von Bewertungsprozessen abhängige Reaktionen aufgefaßt werden und nicht als motivierende Variable, wie es das Diagramm nahelegt. Unterschiedliches Verhalten in den beiden Motivgruppen wird direkt von divergierenden Attribuierungen abhängig gemacht.

An anderer Stelle (S. 10) allerdings wird vermutet, die höhere internale Erfolgsattribuierung der Erfolgs- als der Mißerfolgsmotivierten sei Bedingung ausgeprägterer Selbstbelohnung und das stärker zielgerichtete Verhalten der Erfolgsmotivierten nicht wie vorher direkt von Attribuierungen abhängig, sondern von der Höhe des antizipierten positiven Affekts. Bei der Erörterung von Anspruchsniveauphänomenen schließlich charakterisieren WEINER et al. die beiden Motive zusätzlich durch unterschiedliche Tendenzen der Informationseinholung. Erfolgsmotivierte sollen bestrebt sein, Informationen über die eigene Tüchtigkeit einzuholen; Mißerfolgsmotivierte sollen solche Informationen vermeiden, womit das unterschiedliche Zielsetzungsverhalten beider Gruppen erklärt werden soll.

Zusammenfassend ergeben sich damit drei mehr oder weniger unterschiedliche Erklärungsansätze für leistungsmotivabhängige Verhaltensdivergenzen (s. WEINER et al., 1971, S. 17):

1. Das ausgeprägtere Aufsuchen leistungsthematischer Situationen durch Erfolgs- als durch Mißerfolgsmotivierte wird mit vergleichsweise ausgeprägterem Erfolgsaffekt begründet, der durch die höheren internalen Erfolgsattribuierungen *vermittelt* wird. Hier scheint das Bestreben, posi-

tiven Affekt zu maximieren, als letztlich verhaltensdeterminierend angenommen zu werden.

2. Die vergleichsweise höhere Persistenz der Erfolgsmotivierten nach Mißerfolg wird direkt mit deren ausgeprägterer Attribuierung auf mangelnde Anstrengung in Zusammenhang gebracht.

3. Die Wahl von Aufgaben mittlerer Schwierigkeit durch die Erfolgsmotivierten und die von den Autoren angenommene Bevorzugung extrem leichter und schwerer Aufgaben durch die Mißerfolgsmotivierten wird begründet mit Tendenzen, Informationen über die eigene Tüchtigkeit einzuholen bzw. zu vermeiden.

Damit werden ganz unterschiedliche Motivcharakteristika zur Erklärung von Verhaltensunterschieden angenommen und deren Wirkungen an einzelnen Verhaltensmerkmalen expliziert. Die Überlegungen der Autoren sind daher eher ein überaus fruchtbarer Ansatz zu einem Modell leistungsmotivierten Verhaltens als eine bereits voll integrierte Theorie, da die Bedingungen nicht spezifiziert sind, unter denen die einzelnen Prinzipien verhaltenswirksam sein sollen.

Zudem erscheinen uns einige Annahmen als fraglich.

Motivdefinition: Wie bereits dargestellt, definieren WEINER et al. das Leistungsmotiv (gemeint ist die erfolgsbezogene Tendenz) als *„capacity for perceiving success as caused by internal factors, particularly effort"*. Sie stützen sich dabei auf die vorauslaufend berichtete höhere Anstrengungsattribuierung der Erfolgs- als der Mißerfolgsmotivierten. Wir haben diesen Unterschied nicht finden können, ebenso nicht KRUG (1971). Nach unseren Überlegungen (s. S. 147) ist diese Attribuierungsdivergenz zwischen den Motivgruppen auch gar nicht durchgehend zu erwarten, sondern dürfte mit abhängen von der Aufgabenschwierigkeit. Es scheint uns daher angemessener, unter Berücksichtigung der übereinstimmend berichteten Zusammenhänge die erfolgsbezogene Komponente des Leistungsmotivs als Disposition zu definieren, Erfolg der eigenen Begabung zuzuschreiben.

Tendenzen der Informationseinholung: WEINER et al. (1971) ersetzen die von ATKINSON (1957) angenommenen Tendenzen der Affektmaximierung bzw. Affektminimierung durch Tendenzen der Informationsmaximierung bzw. -minimierung. Wenn man diese angenommenen Dispositionen allerdings weiter hinterfragt, warum eigentlich die eine Gruppe Informationen über die eigene Tüchtigkeit aufsucht, die andere solche Informationen meidet, so bietet sich zumindest im letzteren Fall der eskamotierte Affekt wieder als Erklärungsgrundlage an: Extrem leichte und extrem schwere Aufgaben, deren Bearbeiten im allgemeinen keine Rückschlüsse über die eigene Tüchtigkeit, sondern über Aufgabencharakteristika liefert, werden gewählt, um negativen Affekten aus dem Wege zu gehen, die an die internale Attribuierung von Mißerfolg gebunden sind.

Internalität der Attribuierung als Affektdeterminante: In dem auf S. 151 wiedergegebenen Schema von WEINER et al. wird die Internalität bzw. Externalität der Attribuierung als maßgeblich angenommen für das Zustandekommen von Affekt. Ähnliche Überlegungen haben wir im Kapitel 2 (S. 30f.) angestellt, wonach mit zunehmender Internalität der Affekt nach Erfolg und Mißerfolg ausgeprägter sein sollte. WEINER et al. machen darüber hinaus die Annahme, daß Anstrengungsattribuierungen stärkere affektive Konsequenzen haben als Begabungsattribuierungen. Sie stützen sich dabei auf Befunde von WEINER & KUKLA (1970), die das allerdings nicht hinreichend deutlich belegen. Die Vermutung der Autoren erscheint uns auch nicht ohne weiteres plausibel, da beispielsweise eine Ursachenerklärung von Erfolg bei leichten oder mittelschweren Aufgaben mit sehr starker Anstrengung implizieren kann, daß die vorhandene Begabung als gering angenommen wird (sonst brauchte man sich nicht so anzustrengen). Eine hohe Anstrengungsattribuierung wird daher in diesem Falle kaum sehr ausgeprägten positiven Affekt nach sich ziehen, da sie eine niedrige Selbstwerteinschätzung impliziert. Wir haben dafür recht eindeutige Belege. In einem hier nicht dargestellten Experiment, das in der Anordnung dem auf S. 91ff. berichteten weitgehend gleicht, wurde bei der Bearbeitung von Zahlen-Symbol-Aufgaben über sieben Durchgänge konstant Erfolg induziert. Nach jedem Durchgang hatten die Vpn ($N = 30$) jeweils auf einer Elf-Punkte-Skala anzugeben, wie sehr sie das Resultat von Anstrengung, Begabung, Zufall und Aufgabenleichtigkeit abhängig machen. Nach dem Bearbeiten der sieben Teilaufgaben war auf einer Acht-Punkte-Skala das Gefühl der „Freude und Zufriedenheit" über die Aufgabenlösung anzugeben. Die Korrelationen zwischen der Affekthöhe und der Anstrengungsattribuierung für jeden der sieben Durchgänge sind sämtlich negativ, zwischen Affekt und Begabungsattribuierung sämtlich positiv. Die Begabungs- und Anstrengungsattribuierung für den letzten Durchgang korrelieren —.25 und die unmittelbar darauf erfaßte Affekthöhe mit der Anstrengungsattribuierung —.23, mit der Begabungsattribuierung +.31. Wer nach siebenmaligem Erfolg das Resultat immer noch mit hoher Anstrengung erklärt (vermutlich weil er sich sehr angestrengt hat), erlebt sich als unbegabt und freut sich daher weniger über den Erfolg als jemand, der weniger Anstrengung als vielmehr Begabung dafür verantwortlich macht.

Ähnliches dürfte für Mißerfolg gelten. Eine überwiegende Anstrengungsattribuierung läßt das Resultat als änderbar erscheinen und stellt keine derart gravierende Beeinträchtigung des Selbstwertes dar wie eine Begabungsattribuierung. HECKHAUSEN (1972 b) hat darauf hingewiesen, daß Begabungsattribuierungen nach Mißerfolg besonders dann ausgeprägte Affektkonsequenzen haben dürften, wenn damit eine Revision des Selbstkonzeptes verbunden ist.

9.4. Ansatz zu einem kognitiven Modell leistungsmotivierten Verhaltens

Im folgenden umreißen wir ein kognitives Modell leistungsmotivierten Verhaltens, in dem ein Bestimmungsstück des Leistungsmotivs das Selbstkonzept der eigenen Fähigkeit ist. Sicherlich reichen Fähigkeitskonzepte nicht aus, um die beiden Motive hinreichend zu charakterisieren. Zwar lassen sich damit — wie wir glauben — innerhalb des unten dargestellten Prozeßmodells sämtliche bislang gesicherten Verhaltensunterschiede zwischen Erfolgs- und Mißerfolgsmotivierten erklären, wenn man davon ausgeht, daß durch Übernahme der Forderungen des Vl eine motivationale Tendenz entsteht (s. Abb. 35, S. 158).

Nun wird allerdings das Motivkonzept von den meisten Autoren — bei sonst ganz unterschiedlichen Auffassungen — übereinstimmend zur Erklärung dessen herangezogen, warum Verhalten überhaupt zustande kommt (energetisierender Aspekt). Charakterisiert man Erfolgs- und Mißerfolgsmotivierte allein durch unterschiedliche Selbstkonzepte der eigenen Fähigkeit und erklärt die Entstehung motivationaler Tendenzen aus der Übernahme der Forderungen des Vl, ist es kaum gerechtfertigt, schon von Motiven zu sprechen; denn mit diesen Fähigkeitskonzepten läßt sich nicht erklären, warum Verhalten in einer gegebenen Situation zustande kommt. Eine differenziertere Leistungsmotivbestimmung, die über die empirisch gesicherten Selbstkonzepte hinaus zumindest ein weiteres Bestimmungsstück umfaßt, ist daher unerläßlich.

Dabei auf bereits vorliegende Motivbestimmungen, etwa auf die von ATKINSON (1957) oder von WEINER et al. (1971) zu rekurrieren, erscheint uns aufgrund der schon vorgetragenen Bedenken nicht als nützlich. Denn die immer wieder behauptete Wahl von extrem leichten und extrem schweren Aufgaben durch die mehr Mißerfolgsmotivierten als Ausdruck einer Tendenz der Informationsvermeidung (WEINER et al., 1971) oder der Minimierung von negativem Affekt (ATKINSON, 1957) ist bislang nicht gefunden worden. SCHNEIDER (1971) hat in einer sehr eingehenden Diskussion der einschlägigen Befunde und aufgrund eigener, sehr sorgfältiger Experimente nachgewiesen, daß Erfolgs- und Mißerfolgsmotivierte annähernd dieselben Präferenzen zeigen, wenn man deren Wahlen modellgerecht auf individuelle Erfolgswahrscheinlichkeiten bezieht und die Vp sich nicht in einer Wettkampfsituation befindet, in der neben dem Leistungsmotiv andere Motive Verhalten mit beeinflussen dürften. Es ist daher kaum gerechtfertigt, das Zielsetzungs- und Wahlverhalten der Mißerfolgsmotivierten mit solchen Meidungstendenzen zu erklären. Vielmehr scheinen beide Motivgruppen — um dem Vorschlag von WEINER et al. (1971) zu folgen — das Bestreben zu haben, Informationen über die eigene Tüchtigkeit einzuholen. Die Annahme *eines* — für beide Motivgruppen in gleicher Weise charakteristischen — Bestrebens wird den Befunden eher gerecht.

WHITE (1959, 1960) hat ein sehr allgemeines Motiv postuliert, das er *„effectance motivation"* nennt (Wirksamkeitsmotivation, wie HECKHAUSEN [1966] es übersetzt hat) und von vielen Autoren (z.B. WOODWORTH, 1958) in ähnlicher Weise zur Erklärung von spontanem Verhalten herangezogen wurde, wenn alle bekannten leiblichen Bedürfnisse befriedigt sind. Es ist, wie WHITE (1959) in einer umfassenden Literaturdiskussion nachweist, für die Erklärung solchen Verhaltens unerläßlich und scheint uns eine gute Grundlage für eine Leistungsmotivkonzeption zu sein, in der Selbstkonzepte der eigenen Fähigkeit integraler Bestandteil sind.

Wirksamkeitsmotivation ist nach Auffassung WHITEs eine intrinsische Tendenz, Effekte in der Umwelt um ihrer selbst willen zu produzieren. Den biologischen Sinn des Motivs sieht er im Erwerb einer effektiven Umweltbewältigung. Dabei ist diese biologische Bedeutung nicht mit dem Motivziel zu verwechseln. Denn motivbefriedigend ist — wie WHITE betont — nicht die Erreichung eines bestimmten Effektes, sondern das Verhalten selbst. Er setzt sich damit von allen Triebreduktionsmodellen ab, wonach die Bedürfnisentstehung und damit zielgerichtetes Verhalten von Defizitzuständen abhängig gemacht wird. Das beinhaltet nämlich die Annahme, daß nach Aufhebung des Defizits (Bedürfnisbefriedigung) das Individuum wieder inaktiv wird. Die Befunde von BERLYNE (1950), HARLOW (1953), MONTGOMERY (1954), BUTLER (1958) und anderen zeigen jedoch, daß Tiere auch dann aktiv sind, wenn alle primären Triebe befriedigt sind (s. auch HUNT, 1965). Um diese und die von BÜHLER (1919) und PIAGET (1952) gefundenen Phänomene der Funktionslust bzw. Kreisreaktionen erklären zu können, hält WHITE die Annahme einer solchen Wirksamkeitsmotivation für unerläßlich.

Nun ist dieses Verhalten — worauf HECKHAUSEN (1966) hingewiesen hat — noch keineswegs als leistungsmotiviert zu bezeichnen, sondern erst dann, wenn unter anderem die Fähigkeit gegeben ist, den Effekt des eigenen Handelns auf die eigene Person als Urheber rückzubeziehen. Nur unter dieser Bedingung kann das Resultat als persönlicher Erfolg oder Mißerfolg erlebt werden (s. auch hier Kap. 2, S. 30f.). Ähnliche Überlegungen hat auch WHITE (1959) angestellt. Er weist darauf hin, daß die Wirksamkeitsmotivation in der frühen Kindheit noch undifferenziert ist und erst im Laufe der weiteren Entwicklung daraus spezifische Motive entstehen, die er dann unter dem Begriff *„competence motivation“* (Tüchtigkeitsmotiv) zusammenfaßt und deren Befriedigung er in einem *„sense of competence“* sieht (WHITE, 1960, S. 103). Motivziel ist es in einem zweiten Entwicklungsabschnitt demnach offenbar, die eigene Tüchtigkeit zu erfahren. Dieser Definition eines allgemeinen Tüchtigkeitsmotivs kommt die von WEINER et al. (1971) vorgenommene Bestimmung des Erfolgsmotivs sehr nahe als das Bestreben, Informationen über die eigene Tüchtigkeit einzuholen.

Da einerseits die sehr sorgfältige Analyse WHITES (1959, 1960) die Annahme eines solchen Bestrebens als zwingend erscheinen läßt, zum anderen — wie bereits dargelegt — nach den bislang vorliegenden Befunden nicht angenommen werden kann, daß Mißerfolgsmotivierte eine entgegengesetzte Tendenz aufweisen, nehmen wir als weiteres Bestimmungsstück des Leistungsmotivs das Bestreben an, Informationen über die eigene Fähigkeit einzuholen. Wir befinden uns damit in Übereinstimmung mit der Definition WEINERS des Erfolgsmotivs, nehmen dieses Bestreben jedoch als für *beide* Motivgruppen charakteristisch an.

Im Laufe lebensgeschichtlicher Erfahrungen bilden sich bei jedem Individuum für die verschiedenen Situationsbereiche, in denen Fähigkeit erfahrbar ist, mehr oder weniger unterschiedliche Selbstkonzepte der eigenen Fähigkeit aus. Sie sind mit bestimmend für individuelle Motivunterschiede. Denn ob in einer gegebenen Situation die eigene Fähigkeit als erfahrbar wahrgenommen wird oder nicht, hängt mit ab vom Konzept der eigenen Fähigkeit. Bei einer — anhand einer sozialen Bezugsnorm definiert — schweren Aufgabe kann, wenn die eigene Begabung als hoch angenommen wird, die eigene Fähigkeit durchaus als erfahrbar erlebt werden, nicht dagegen, wenn sie als niedrig angenommen wird. Wir definieren daher das Leistungsmotiv als das Bestreben, Informationen über die eigene Fähigkeit einzuholen, wobei Motivunterschiede durch das Selbstkonzept der eigenen Fähigkeit mit determiniert sind.

Diese Überlegungen legen nahe, in der Genese des Motivs noch grob und undifferenziert vier Stadien (a, b, c, d) anzunehmen, nämlich als erstes a) die Wirksamkeitsmotivation als — im Sinne HECKHAUSENS (1966) — Vorläufermotiv.

Es ist zwar nicht mit dem Leistungsmotiv gleichzusetzen; die Anregungsbedingungen der frühkindlichen Umgebung aber, besonders inwieweit durch die Erziehungsmaßnahmen der Pflegepersonen und die Bedingungen der ökologischen Umgebung dem Kind Handlungsräume bereitgestellt werden, dürften auf die Entfaltung dieses im Sinne von WHITE primären Bedürfnisses einen entscheidenden Einfluß haben und damit auf die Differenziertheit und Entfaltung[1] des Motivs, die eigene Fähigkeit zu erfahren. Denn die Wirksamkeitsmotivation wandelt sich vermutlich c) in ein Bestreben, die eigene Fähigkeit (und nicht nur Effekte) zu erfahren, wenn b) nach einem kognitiven Reifungsschritt das Kind in der Lage ist, den Handlungsausgang mit dem eigenen Tun kausal zu verknüpfen (HECKHAUSEN & ROELOFSEN, 1962; HECKHAUSEN & WAGNER, 1965). Der Effekt wird dann nämlich zum Indikator der eigenen Tüchtigkeit oder Untüchtigkeit. Mit der im Laufe weiterer Erfahrungen sich d) entwickelnden Selbstkonzeption der eigenen Fähigkeit entstehen schließlich ausdifferenzierte Motivsysteme. Einen wichtigen Einfluß auf die Bildung solcher Selbstkonzepte hat nach unserer Meinung die Selbständigkeitserziehung der Eltern, worauf wir noch zurückkommen werden.

Unser Prozeßmodell leistungsmotivierten Verhaltens enthält fünf Eingangsvariable. Davon sind zwei situative Gegebenheiten, nämlich die *Aufgabe(n)* und im Falle des Experimentes oder allgemeiner eines Auftrags die *Instruktion*. Die drei anderen sind relativ überdauernde Charakteristika der Person; das Leistungsmotiv mit den beiden Bestimmungsstücken *Selbstkonzepte der eigenen Fähigkeit* und dem Bestreben, Informationen über die eigene Fähigkeit zu erhalten, im Modell (s. Abb. 35, S. 158) kurz mit *Informationsbestreben* charakterisiert; *zurückliegende Erfahrungen* mit den in Frage stehenden und ähnlichen Aufgaben; sowie *andere Motive* wie Macht, Geltung, Anschluß etc., die leistungsbezogenes Verhalten mit determinieren können, deren Wirksamkeit hier jedoch außer acht gelassen wird.

Zurückliegende Erfahrungen und Selbstkonzept werden als relativ unabhängig angenommen, obwohl natürlich Erfolgs- und Mißerfolgserlebnisse einen entscheidenden Einfluß auf die Genese des Selbstkonzeptes haben. Allerdings wird kaum jedes Leistungsresultat Auswirkungen auf das Selbstkonzept haben; denn das dürfte in hohem Maße abhängig sein von der Häufigkeit und Konsistenz solcher Erfahrungen. So wird vermutlich mehrmaliger Erfolg oder Mißerfolg eher als einmaliger zu einer Revision oder Stabilisierung des Selbstbildes führen.

---

[1] Wir sprechen hier bewußt von Motiv*differenziertheit* und Motiv*entfaltung* und nicht von Stärkegraden des Motivs, wie es traditionellerweise geschieht. Denn in einem kognitiven Modell leistungsmotivierten Verhaltens lassen sich Bewußtseinsinhalte, worunter wir auch das Informationsbestreben fassen, nicht nach Stärkegraden unterscheiden, sondern nach deren Differenziertheit. Für diesen Hinweis bin ich Herrn Herbert GÖTZL dankbar; mit ihm habe ich den Modellansatz diskutiert und durch seine kritischen Bemerkungen wichtige Anregungen bekommen.

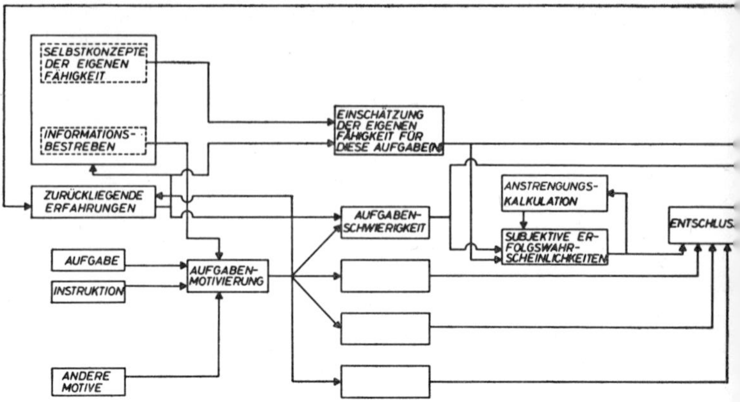

Abb. 35: Prozeßmodell leistungsmotivierten Verhaltens.

Wir nehmen an, daß bei Eintritt motivrelevanter Situationsgegebenheiten (Aufgaben, häufig in Verbindung mit Instruktionen) das Motiv angeregt wird und damit eine noch unspezifische Motivierung *(Aufgabenmotivierung)* aktualisiert wird, die auch allgemein als Probemotivierung beschrieben werden kann. Sie führt nämlich nicht direkt zu aufgabenorientiertem Lösungsverhalten, sondern aktiviert kognitive Bewertungsprozesse, die darüber entscheiden, ob das Individuum sich entschließt, die Aufgabe in Angriff zu nehmen oder nicht.

Aufgaben können unter den verschiedensten Gesichtspunkten bewertet werden, etwa unter dem Aspekt der Schwierigkeit, unter ästhetischen Gesichtspunkten, unter dem Aspekt sozialer Konsequenz nach Erfolg und Mißerfolg und anderen mehr. Welche Aufgabenaspekte thematisch werden, ist abhängig von den angeregten Motiven. Ist das Informationsbestreben aktualisiert, dann ist es der Aspekt der Schwierigkeit, unter dem Aufgaben bewertet werden, da die Möglichkeit des Erlebens der eigenen Fähigkeit, d. h. Motivbefriedigung, damit in engem Zusammenhang steht. Wir haben diese Bewertung im Prozeßmodell mit (phänomenaler) *Aufgabenschwierigkeit* und andere Bewertungsmöglichkeiten durch unausgefüllte Kästchen angedeutet. Da letztere in unserem eingeengten Problemzusammenhang nicht von Interesse sind, lassen wir sie weiterhin unbeachtet, obwohl sie zusammen mit dem Leistungsmotiv verhaltenswirksam sein können und unter Umständen dessen hier beschriebene Wirkungen überlagern können.

Aufgabenschwierigkeit ist nicht mit subjektiver Wahrscheinlichkeit zu verwechseln. Denn damit ist das Resultat eines Bewertungsprozesses gemeint,

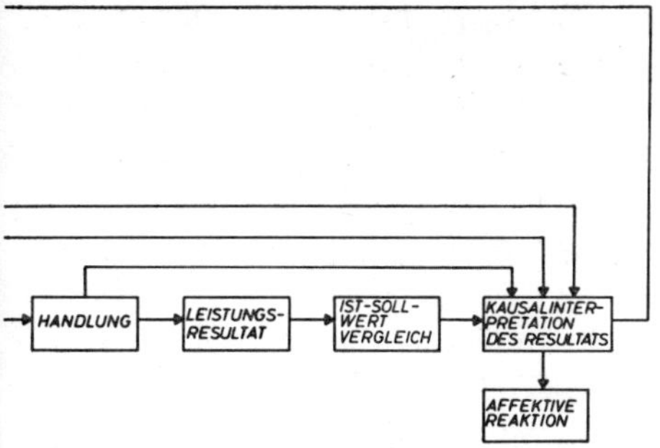

das in sozialen Bezugsnormen verankert ist, d.h. wie hoch das Individuum die Lösungswahrscheinlichkeit der Aufgabe für seine soziale Bezugsgruppe einschätzt. Im Experiment sind solche sozial definierten Aufgabenschwierigkeiten häufig durch die Instruktion des Vl gegeben. In nicht derart eindeutig strukturierten Situationen hängt diese Einschätzung ab von der Informiertheit des Individuums über Leistungsresultate von Angehörigen seiner sozialen Bezugsgruppe bei den in Frage stehenden Aufgaben (zurückliegende Erfahrungen); die Einschätzung kann in Abhängigkeit davon subjektiv mehr oder weniger valide sein. Auf die Allgemeingültigkeit dieser Prozeßphase kommen wir weiter unten zurück.
Weiterhin nehmen wir an, daß eine *Einschätzung der eigenen Fähigkeit für die in Frage stehende(n) Aufgabe(n)* erfolgt, die abhängig ist von zurückliegenden Erfahrungen mit Aufgaben dieser Art und besonders von mehr generalisierten Selbstkonzepten der eigenen Fähigkeit als Bestimmungsstück des Leistungsmotivs. Wird die eigene Fähigkeit für einen bestimmten Aufgabenbereich als hoch angenommen und sind gleichzeitig überwiegend Erfolgserfahrungen mit den in Frage stehenden oder ähnlichen Aufgaben gegeben, so dürfte die eigene Fähigkeit für die *spezifischen* Aufgaben als hoch eingeschätzt werden, bei entsprechend negativem Begabungskonzept und überwiegenden Mißerfolgserfahrungen als niedrig.
Aufgabenschwierigkeit und Fähigkeitseinschätzung determinieren das Resultat eines Prozesses, den wir im Modell mit *Anstrengungskalkulation* gekennzeichnet haben. Wir nehmen an, daß das Individuum vor Inangriffnahme einer Aufgabe Nutzenerwägungen anstellt, ob nämlich Anstrengung unter dem Aspekt der Motivbefriedigung lohnt oder nicht, d. h. ob damit Fähigkeitsinformationen zu erhalten sind oder nicht. Das ist nicht bei jeder Aufgabe in gleicher Weise möglich, sondern in maximaler Weise — worauf Weiner et al. (1971) hingewiesen haben — im Bereich mittlerer subjektiver Erfolgswahrscheinlichkeiten, da, wie die Autoren meinen, Erfolg bei sehr leichten und Mißerfolg bei sehr schweren Aufgaben Informationen über die Aufgabenleichtigkeit bzw. Aufgabenschwierigkeit liefert. Wir sind ebenso der Ansicht, daß maximale Fähig-

keitsinformationen im Bereich mittlerer subjektiver Erfolgswahrscheinlichkeit möglich sind, halten aber die Begründung von WEINER et al. nicht für stichhaltig. Um das zu belegen, soll kurz auf das Konzept der subjektiven Wahrscheinlichkeit eingegangen werden, wie es in der Leistungsmotivationstheorie benutzt wird, um dann wieder auf die hypostasierten Nutzenerwägungen zurückzukommen.

WEINER et al. (1971) sowie ATKINSON (1957, 1964) gehen offenbar davon aus, daß einer gegebenen Aufgabe ein und nur ein Wert der subjektiven Wahrscheinlichkeit zugeordnet wird. Diese Auffassung der Erwartung als individuell aufgabenspezifische Konstante scheint uns jedoch zu einfach zu sein. Es lassen sich einer Aufgabe nämlich häufig verschiedene individuelle Erfolgswahrscheinlichkeiten zuordnen in Abhängigkeit vom Ausmaß des beabsichtigten Anstrengungsaufwandes. Geht man zunächst davon aus, daß hohe oder maximale Anstrengung beabsichtigt ist bzw. Anstrengung konstant ist, so kann jeder Aufgabe in der Tat ein einziger Wert der Erfolgswahrscheinlichkeit zugeordnet werden, dessen Höhe abhängig ist von der Aufgabenschwierigkeit und der Einschätzung der eigenen Fähigkeit für diese Aufgabe. Wird bei gleicher Aufgabenschwierigkeit die eigene Fähigkeit als hoch angenommen, dürfte die Erwartung von Erfolg höher sein als bei niedriger angenommener Fähigkeit, bei gleicher wahrgenommener Fähigkeit ebenso in Abhängigkeit von geringer und hoher Aufgabenschwierigkeit. Unter der Voraussetzung maximaler (*max*) intendierter Anstrengung bzw. konstanter (*const*) Anstrengung (Anstrengungskalkulation: *Ak*) ist die einer Aufgabe entsprechende subjektive Erfolgswahrscheinlichkeit (E_e) abhängig von der wahrgenommenen Aufgabenschwierigkeit (*AS*) und der wahrgenommenen Fähigkeit (*F*): $E_e = f\ (AS, F \mid Ak = max$ bzw. $const)$. Vermutlich gibt es aber auf seiten des Individuums, wenn es mit einer Aufgabe konfrontiert ist, häufig nicht nur eine, sondern mehrere Erfolgswahrscheinlichkeiten. So kann beispielsweise eine Aufgabe — bezogen auf eine soziale Bezugsnorm — als extrem leicht wahrgenommen werden und die eigene Fähigkeit gleichzeitig als gut. Das kann die Perzeption zur Folge haben, daß die Aufgabe bei relativ geringem Anstrengungsaufwand zu lösen ist ($E_e = 1.00$). Nun mag die Aufgabe aber von nur geringer persönlicher Wichtigkeit für das Individuum sein und ihm daher Erfolg oder Mißerfolg gleichgültig. Da die Person aber gezwungen ist, die Aufgabe in Angriff zu nehmen, beabsichtigt sie, nur minimale Anstrengung aufzuwenden, was den Handlungsausgang subjektiv ungewiß werden läßt ($E_e < 1.00$). Man kann daher davon ausgehen, daß es im Hinblick auf eine gegebene Aufgabe verschiedene subjektive Wahrscheinlichkeiten gibt, die von der Anstrengungskalkulation mit abhängig sind.

Das bedeutet aber weiterhin, daß keineswegs alle Aufgaben, bei denen Erfolg und Mißerfolg bei einem bestimmten intendierten Anstrengungsaufwand gleich wahrscheinlich sind (E_e = .50) maximale Informationen über die eigene Fähigkeit liefern, wie WEINER et al. es annehmen. In dem gerade gegebenen Beispiel kann durchaus aufgrund minimaler intendierter Anstrengung ein positives wie negatives Leistungsresultat in gleicher Weise möglich erscheinen; Erfolg kann dann zwar prospektiv wie auch retrospektiv als Indikator der eigenen Begabung erlebt werden und damit Fähigkeitsinformationen liefern, nicht aber auch Mißerfolg, der vermutlich als durch mangelnde Anstrengung verursacht erlebt wird. Ebenso ist unserer Ansicht nach die WEINERsche Annahme in der allgemeinen Form nicht zutreffend, daß Erfolg bzw. Mißerfolg bei zunehmend höherer bzw. niedrigerer subjektiver Wahrscheinlichkeit immer mehr Informationen über Aufgabenleichtigkeit bzw. Aufgabenschwierigkeit liefern. So kann z.B. die Erfolgserwartung extrem niedrig sein, da das Individuum sich nur minimal anzustrengen beabsichtigt. Mißerfolg wird dann wohl kaum mit Aufgabencharakteristika erklärt, sondern retrospektiv und prospektiv mit mangelnder Anstrengung.

Offenbar sind Fähigkeitsinformationen nur dann zu bekommen, wenn die eigene Begabung auch optimal zum Einsatz gebracht wird, d.h. ein hohes Maß an Anstrengung aufgewandt wird. Nur unter dieser Bedingung liefern positive *und* negative Leistungsresultate bei Aufgaben von mittlerer subjektiver Wahrscheinlichkeit *maximale* Informationen über die eigene Fähigkeit. Die WEINERschen Annahmen über die Informationsgewinnung bei Aufgaben mit unterschiedlichen Erfolgserwartungen gelten daher nur für diese spezifische Bedingung.

Kehren wir nun zu dem Prozeß zurück, den wir im Modell mit *Anstrengungskalkulation* gekennzeichnet haben. Wir verstehen darunter Nutzerwägungen des Individuums, ob durch hohe Anstrengung Informationen über die eigene Fähigkeit zu erhalten sind oder nicht. Das ist subjektiv in maximaler Weise möglich bei Aufgaben, wo Erfolg und Mißerfolg unter hohem Anstrengungsaufwand in annähernd gleicher Weise als möglich wahrgenommen werden. In Abhängigkeit davon, ob solche Aufgaben gegeben sind oder nicht, kommt es zu einem *Entschluß*, die Aufgabe in Angriff zu nehmen oder nicht, wenn in der Situation ausschließlich das Leistungsmotiv wirksam ist und keine anderen Motive.

Bei konstanter Aufgabenschwierigkeit (Lösungswahrscheinlichkeit in der Bezugsgruppe) und gleich hohem, probehandelnd vorweggenommenem Anstrengungsaufwand kommt es bei Individuen mit divergierender Einschätzung der eigenen Fähigkeit zu unterschiedlichen subjektiven Wahrscheinlichkeiten der Zielerreichung. Wird die eigene Fähigkeit als hoch

angenommen, dürfte die Erfolgserwartung höher liegen, als wenn die eigene Fähigkeit als niedrig eingeschätzt wird. Es sind daher unterschiedliche Aufgaben, die von Individuen mit hoher und niedriger Fähigkeitseinschätzung gewählt werden, um bei hohem Anstrengungsaufwand Informationen über die eigene Fähigkeit zu erhalten. Geht man davon aus, daß die Aufgabenschwierigkeit in beiden Gruppen gleich eingeschätzt wird, wählen Individuen mit einem Selbstkonzept niedriger eigener Fähigkeit vergleichsweise leichtere Aufgaben, wenn man die Wahlen auf die Aufgabenschwierigkeit bezieht.
Nun sind Situationen, in denen allein oder vornehmlich das Leistungsmotiv wirksam ist, sicherlich eher die Ausnahme als die Regel. Im allgemeinen — besonders im Experiment — sind neben anderen Motiven spezifische situative Gegebenheiten wirksam, die das Individuum zu aufgabenorientiertem Verhalten „zwingen", auch dann, wenn die Bearbeitung von Aufgaben keine Fähigkeitsinformationen liefert, wie es häufig in der alltäglichen Schul-, Berufs- und Arbeitssituation der Fall ist. Anstrengung wird dann kaum als lohnend zur Gewinnung solcher Informationen wahrgenommen. Die mit Anstrengungskalkulation bezeichneten Erwägungen beziehen sich daher in diesen Fällen darauf, ob mit Anstrengung die gestellte Aufgabe zu bewältigen ist oder nicht und — im Falle einer positiven Entscheidung — wieviel Anstrengung dazu notwendig ist. Das Resultat dieser Erwägungen hängt wiederum von der Einschätzung der eigenen Fähigkeit für die in Frage stehenden Aufgaben ab und der phänomenalen Aufgabenschwierigkeit. Bei relativ leichten bis mittelschweren Aufgaben dürfte bei hoher Fähigkeitseinschätzung starke Anstrengung als weniger notwendig zur Aufgabenbewältigung wahrgenommen werden als bei niedriger. Der Entschluß, mit einem bestimmten Kräfteaufwand zu arbeiten, wird daher bei Individuen, die sich als wenig fähig erleben, ein höheres Maß an Anstrengung beinhalten als bei solchen, die ihre Fähigkeit als hoch einschätzen. Das wird sich in der ersteren Gruppe in höherer Anstrengung bei Bearbeitung der Aufgabe (*Handlung*) niederschlagen und in besseren *Leistungsresultaten* (gleiche Begabung in beiden Gruppen vorausgesetzt). Bei Aufgaben hoher Schwierigkeit strengen sich vermutlich Individuen mit einem Selbstbild guter eigener Fähigkeit vergleichsweise mehr an. Denn Erfolg wird aufgrund der als hoch angenommenen Begabung unter starkem Kräfteeinsatz als erreichbar wahrgenommen. Bei niedriger Fähigkeitseinschätzung muß bei denselben Aufgaben Anstrengung dagegen als nutzlos erscheinen. Wenn im letzteren Falle aufgrund bestimmter situativer Gegebenheiten (im Experiment die Aufforderung des Vl) trotzdem gehandelt wird, dann mit nur geringer Anstrengung, was sich in vergleichsweise schlechteren Leistungen nieder-

schlägt. Erste Hinweise auf die Richtigkeit dieser Vermutungen werden wir im Zusammenhang mit der Diskussion von Leistungen Erfolgs- und Mißerfolgsmotivierter bei Aufgaben unterschiedlicher Schwierigkeit geben.
Es ist in diesem Stadium fehlender gezielter Experimente sicherlich zu früh, differenziertere Aussagen über den Zusammenhang zwischen Fähigkeitseinschätzung, Aufgabenschwierigkeit und Anstrengung zu machen und etwa in einem mathematisierten Modell zu formalisieren. Nur soviel sei angemerkt: Wir erwarten keineswegs lineare Zusammenhänge unterschiedlicher Steilheit zwischen Aufgabenschwierigkeit und Anstrengung in Abhängigkeit von der Fähigkeitseinschätzung.
Nach Abschluß der Handlung wird das vorliegende Leistungsresultat (Ist-Wert) mit dem Geforderten oder Vorgenommenen (Soll-Wert) verglichen (*Ist-Soll-Wert-Vergleich*) und der objektive Erfolg oder Mißerfolg auf bestimmte Ursachenfaktoren zurückgeführt (*Kausalinterpretation des Resultates*). Im Prozeßmodell ist diese Ursachenerklärung als abhängig angesetzt von der Fähigkeitseinschätzung, der Aufgabenschwierigkeit und erlebten Handlungscharakteristika, besonders dem Anstrengungsaufwand. Aufgabenfaktoren dürften besonders als erlebte Resultatdeterminanten in Frage kommen für Erfolg bei Aufgaben mit niedriger Aufgabenschwierigkeit, für Mißerfolg bei Aufgaben mit entsprechend hoher Schwierigkeit. Eine hohe Einschätzung der eigenen Fähigkeit für die in Frage stehenden Aufgaben dürfte zur Folge haben, daß allgemein Erfolge mehr und Mißerfolge weniger mit guter bzw. mangelnder Begabung erklärt werden als bei niedriger angenommener Fähigkeit. Die Höhe der Anstrengungsattribuierung schließlich dürfte vornehmlich von der tatsächlich aufgewandten Anstrengung abhängig sein, die im Modell unter (erlebter) Handlung zu subsummieren ist, wobei — wie bereits dargestellt — der Kräfteaufwand als abhängig von Aufgabenschwierigkeit und Fähigkeitseinschätzung konzipiert ist. So dürfte beispielsweise Erfolg bei als leicht wahrgenommenen Aufgaben eher von Individuen mit einem Konzept niedriger eigener Fähigkeit mit Anstrengung erklärt werden als von Individuen mit einem Selbstkonzept guter eigener Fähigkeit. Dagegen wird Mißerfolg bei denselben Aufgaben von der letzteren Gruppe wohl eher mit Anstrengungsmängeln erklärt werden als von der ersteren, die dafür mangelnde Begabung verantwortlich machen dürfte.
Bei genügend häufigen Erfolgs- und Mißerfolgserfahrungen mit bestimmten Aufgaben kann es zu einer Revision der Fähigkeitseinschätzung oder der Aufgabenschwierigkeit kommen, besonders dann, wenn bei als leicht wahrgenommenen Aufgaben und hoher Fähigkeitseinschätzung wiederholt Mißerfolg bzw. bei als schwer wahrgenommenen Aufgaben und niedriger Fähigkeitseinschätzung wiederholt Erfolg gegeben ist.

Diese Kausalinterpretationen wirken sich als *zurückliegende Erfahrungen* auf die Fähigkeitseinschätzung sowie die Aufgabenschwierigkeit aus, sei es, daß die früheren Perzepte bestätigt, differenziert oder revidiert werden, wobei im letzteren Falle gleichzeitig Änderungen des überdauernden Leistungsmotivsystems gegeben sein können.
Abhängig von der Kausalinterpretation des Resultates ist der Eintritt von *affektiven Reaktionen*, worauf wir bereits eingegangen sind.
Bevor wir den Erklärungswert des hier geschilderten Ansatzes untersuchen, soll noch kurz etwas zum Bestimmungsstück Aufgabenschwierigkeit angemerkt werden. Es bleibt nämlich zu fragen, ob Schwierigkeitsinformationen, die auf sozialen Normen basieren, notwendig zur Einschätzung subjektiver Wahrscheinlichkeiten sind. Sie sind es sicherlich dann nicht, wenn genügend zurückliegende Erfahrungen mit den in Frage stehenden oder ähnlichen Aufgaben vorliegen. Statt der durch soziale Normen definierten Aufgabenschwierigkeit ist es dann die „Schwierigkeit für mich", die zusammen mit der Anstrengungskalkulation subjektive Wahrscheinlichkeiten der Zielerreichung determiniert.
Wir haben bislang im Modell die Aufgabenschwierigkeit als Lösungswahrscheinlichkeit für die soziale Bezugsgruppe definiert, weil in vielen einschlägigen Experimenten der Leistungsmotivationsforschung unterschiedliche Aufgabenschwierigkeiten durch Mitteilung sozialer Normen definiert wurden, und wir die Fruchtbarkeit des Modells unter anderem anhand einiger dieser Befunde überprüfen wollen.
Leistung. In einer Vielzahl von Arbeiten konnten im allgemeinen bessere Leistungen von Erfolgs- bzw. Hochmotivierten gegenüber Mißerfolgs- bzw. Niedrigmotivierten nachgewiesen werden (s. zusammenfassend HECKHAUSEN, 1965, 1967). In den meisten Studien wurde allerdings die Aufgabenschwierigkeit nicht kontrolliert, so daß über die Fruchtbarkeit des hier vorgestellten Prozeßmodells anhand dieser Befunde nicht entschieden werden kann. Denn nach unseren Überlegungen sind höhere Leistungen von Erfolgs- als von Mißerfolgsmotivierten nur bei schwierigen Aufgaben zu erwarten; bei leichten Aufgaben dagegen sollen Mißerfolgsmotivierte bessere Leistungen zeigen. Die wenigen Arbeiten, in denen Schwierigkeit kontrolliert wurde, bestätigen das.
FEATHER (1965 a, b) benutzte Anagramm-Aufgaben, die er durch Mitteilung fiktiver sozialer Normen einer Vpn-Gruppe als leicht vorstellte, einer anderen Vpn-Gruppe als mittelschwer. Erfolgsmotivierte lösten in der mittelschweren Bedingung mehr Anagramme als in der leichten (6,90 vs. 4,73), Mißerfolgsmotivierte lösten weniger Aufgaben in der mittelschweren Bedingung als in der leichten (4,55 vs. 5,53), wobei diese Interaktion varianzanalytisch geprüft signifikant ist.

Atkinson (1958, S. 288—305) und McClelland (1961, S. 216—221) gaben verschiedene Gewinnchancen vor (1/20, 1/3, 1/2, 3/4) und untersuchten Rechenleistungen im Pauli-Test bei Hoch- und Niedrigmotivierten unter allen vier Bedingungen. Beide Autoren berichten übereinstimmend, daß in der Bedingung mit hoher Gewinnchance Niedrigmotivierte bessere Leistungen zeigen als Hochmotivierte, während in den drei anderen Bedingungen letztere überlegen sind.

Weiner (1965) etablierte wie Feather durch Mitteilung fiktiver sozialer Normen zwei Schwierigkeitsbedingungen (70 % bzw. 30 % einer studentischen Stichprobe schaffen die Aufgaben) beim Lösen von Zahlen-Symbol-Aufgaben, wobei in der leichteren Bedingung (70 %) über alle Durchgänge hinweg konstant Erfolg induziert wurde, in der schweren (30 %) konstant Mißerfolg. Während sich für den ersten Durchgang in den Bedingungen keinerlei Unterschiede der Leistung zwischen Erfolgs- und Mißerfolgsmotivierten ergaben, zeigten Mißerfolgsmotivierte beim zweiten Durchgang in der leichten Bedingung bessere Leistungen als Erfolgsmotivierte; in der schweren Bedingung dagegen — in der Mißerfolg induziert wurde — wiesen Erfolgsmotivierte im zweiten Durchgang bessere Leistungen auf als Mißerfolgsmotivierte. Auch diese unterschiedlichen Leistungsänderungen in beiden Motivgruppen lassen sich mit unserem Modell erklären. Bei einem Selbstkonzept guter Fähigkeit (Erfolgsmotivierte) erscheint nach Erfolg bei einer relativ leichten Aufgabe Anstrengung als weniger notwendig zur Zielerreichung, als wenn die eigene Fähigkeit als niedrig angenommen wird (Mißerfolgsmotivierte). Nach Mißerfolg bei einer schweren Aufgabe dagegen muß besonders bei einem Selbstkonzept schlechter Fähigkeit das Resultat auch mit mangelnder Fähigkeit erklärt werden und weitere Anstrengung als nutzlos erscheinen; Mißerfolgsmotivierte zeigen daher unter dieser Bedingung einen stärkeren Leistungsabfall als Erfolgsmotivierte.

Es gibt einige andere Arbeiten, in denen vergleichsweise bessere Leistungen von Mißerfolgsmotivierten gefunden wurden (Heckhausen, 1963, S. 231; Paul & Eriksen, 1964; Knight & Sassenrath, 1966; Bäumler & Weiss, 1967; Sader & Specht, 1967; Bäumler & Dvorak, 1969; Birney et al., 1969). Da jedoch die Aufgabenschwierigkeit auch hier nicht kontrolliert wurde, lassen die Ergebnisse keine Rückschlüsse auf die Fruchtbarkeit des hier dargestellten Prozeßmodells zu. Anzumerken bleibt allerdings, worauf besonders Schneider (1971) neben anderen Autoren hingewiesen hat, daß diese Befunde im Widerspruch zu den Voraussagen des Modells von Atkinson (1957) stehen; sie können im Rahmen des Modells nur durch die Annahme der gleichzeitigen Wirksamkeit anderer Motive erklärt werden.

Zielsetzung und Risikowahl. Folgt man den Annahmen ATKINSONS (1957), dann müßten überwiegend Erfolgsmotivierte Aufgaben mittlerer subjektiver Wahrscheinlichkeit wählen, überwiegend Mißerfolgsmotivierte entweder Aufgaben extrem hoher oder extrem niedriger subjektiver Wahrscheinlichkeit. Letzteres ist allerdings bislang nicht gefunden worden. SCHNEIDER (1971) hat in einer Diskussion der einschlägigen Experimente darauf hingewiesen, daß zwar häufig eine breitere Verteilung der Wahlen über die Schwierigkeitsdimension bei Mißerfolgs- als bei Erfolgsmotivierten gefunden wurde (z. B. ATKINSON & LITWIN, 1960).[1] Er weist jedoch in Übereinstimmung mit DECHARMS & DAVÉ (1965) darauf hin, daß das nur dann gilt, wenn a) im Experiment die Erfolgswahrscheinlichkeiten nicht expliziert wurden und außerdem b) die Wahlen in einer Wettkampfsituation getroffen wurden, in der außer dem Leistungsmotiv andere Motive mit ins Spiel kommen dürften.

DECHARMS & DAVÉ (1965), DAMM (1968) und SCHNEIDER (1971) haben — wie es eine adäquate Überprüfung des ATKINSON-Modells erfordert — die Wahlen von Erfolgs- und Mißerfolgsmotivierten nicht nur auf objektive Schwierigkeitsstufen bezogen, sondern auch auf individuelle Erfolgswahrscheinlichkeiten. In allen drei Arbeiten finden sich keine signifikanten Unterschiede mehr zwischen den Motivgruppen. Diese fehlenden Unterschiede sind zwar nach unserem Modellansatz zu erwarten. Die Befunde der Arbeiten von DECHARMS & DAVÉ und SCHNEIDER stimmen allerdings insofern nicht mit unseren Voraussagen überein, als das Maximum der Wahlen jeweils nicht bei einer Wahrscheinlichkeit von .50 liegt, sondern bei niedrigeren Wahrscheinlichkeiten. Diese Abweichung tritt besonders deutlich im Experiment von DECHARMS & DAVÉ zutage. Nun wurden in der letztgenannten Arbeit nicht subjektive Wahrscheinlichkeiten erfaßt, sondern Erfolgswahrscheinlichkeiten anhand der Treffer definiert, die in einem Vorversuch beim Ballwurf von verschiedenen Entfernungen aus erzielt wurden. Im Anschluß daran konnte die Vp frei wählen, von welcher Entfernungsmarke sie werfen wollte, und die Wahlen wurden auf die im voraus ermittelten Trefferhäufigkeiten bezogen. Ob allerdings diesen empirischen Trefferwahrscheinlichkeiten subjektive Wahrscheinlichkeiten in gleicher Höhe entsprechen, muß dahingestellt sein bleiben. Nicht auszuschließen ist nämlich, daß die Vp im Wahlversuch einen Übungsfortschritt in Rechnung stellt und sich in höherem Maße anzustrengen beabsichtigt, so daß niedrigeren Trefferwahrscheinlichkeiten

[1] Einen umfassenden Überblick über Zusammenhänge zwischen Leistungsmotiv und Zielsetzung geben HECKHAUSEN (1967), WEINSTEIN (1969) und SCHNEIDER (1971).

durchaus mittelhohe (ca. .50) subjektive Wahrscheinlichkeiten entsprechen können.

Persistenz. Unterschiede der Persistenz zwischen Hoch- und Niedrigmotivierten bzw. Erfolgs- und Mißerfolgsmotivierten sind wiederholt nachgewiesen worden. Einige Autoren zogen als Indikator die Zeit heran, die mit der Bearbeitung von Aufgaben zugebracht wird. So fand WINTERBOTTOM (1958) Anzeichen höherer Persistenz bei hochmotivierten Jungen als bei niedrigmotivierten. THOMAS (1956) sowie FRENCH & THOMAS (1958) berichten Ähnliches; hochmotivierte Erwachsene bringen länger mit dem Lösen komplizierter Aufgaben zu als niedrigmotivierte. ATKINSON & LITWIN (1960) fanden ähnliche Unterschiede zwischen den Motivgruppen bei Examensaufgaben. Unser Prozeßmodell ist geeignet, auch diese Befunde zu erklären, wenn man davon ausgeht, daß Hochmotivierte eher ein Selbstkonzept guter Fähigkeit haben als Niedrigmotivierte.[1] Denn treten bei der Bearbeitung von komplexen Aufgaben Schwierigkeiten auf, so dürften Niedrigmotivierte sie eher mit mangelnder Begabung erklären als Hochmotivierte, was zu schnellerem Aufgeben führt, da ein positives oder besseres Resultat als nicht erreichbar und Anstrengung daher nicht als lohnend wahrgenommen wird.

In ähnlicher Weise lassen sich auch die Befunde von WEINER (1965) interpretieren. Er erfaßte als Persistenzindikator die Anzahl der Durchgänge bei einer Zahlen-Symbol-Aufgabe, bevor die Vp zu einer Alternativtätigkeit übergeht. Wie bereits weiter oben erwähnt, wurden in diesem Experiment durch Mitteilung fiktiver sozialer Normen zwei Schwierigkeitsbedingungen (.30, .70) eingeführt, wobei in der leichteren Bedingung konstant Erfolg, in der schwereren konstant Mißerfolg induziert wurde. Der Vp war es freigestellt, bis zu 20 Aufgaben in der jeweiligen Bedingung zu bearbeiten oder zu einer nichtleistungsbezogenen Alternativaufgabe überzugehen. WEINER fand bei varianzanalytischer Prüfung eine bedeutsame Wechselwirkung zwischen Motivklassifikation und experimenteller Bedingung, wenn er die Vpn ausschied, die alle 20 Aufgaben bearbeiteten, unter der Annahme, daß bei ihnen andere Motive dominant waren. Erfolgsmotivierte zeigten höhere Persistenz nach kontinuierlichem Mißerfolg als nach kontinuierlichem Erfolg, Mißerfolgsmotivierte umgekehrt. Wird die eigene Begabung als hoch eingeschätzt (Erfolgsmotivierte), liefert Erfolg bei leichten Aufgaben kaum Informationen über die eigene Fähigkeit, so daß die Aufgabentätigkeit schnell aufgegeben wird; Mißerfolg bei schweren Aufgaben dagegen wird vermutlich anfangs eher mit An-

[1] Dafür spricht die von HECKHAUSEN (1963, S. 99) berichtete Korrelation zwischen Netto-Hoffnung und „b Leistung" (McCLELLAND et al., 1953) von .30.

strengungs- als mit Begabungsmängeln erklärt. Erst wenn sich über einige Durchgänge keine Kovariation zwischen vermehrter Anstrengung und Veränderungen des Leistungsresultates ergibt, wird abgebrochen. Wird dagegen die eigene Fähigkeit als niedrig eingeschätzt (Mißerfolgsmotivierte), so wird Mißerfolg bei einer schweren Aufgabe vermutlich mit mangelnder Begabung erklärt und die Aufgabentätigkeit vergleichsweise schneller abgebrochen, da weitere Anstrengung als nicht lohnend erscheint. Es gibt allerdings zwei Untersuchungen zur Persistenz der beiden Motivgruppen von FEATHER (1961, 1963 b), die sich mit unserem Modellansatz nicht erklären lassen. In der ersten Studie gab der Autor durch Mitteilung fiktiver sozialer Normen eine Aufgabe als extrem schwer (5 % College-Studenten sind erfolgreich) bzw. als relativ leicht (70 % sind erfolgreich) aus. Unter beiden Bedingungen wurde konstant Mißerfolg induziert. Der Vp war die Anzahl der Durchgänge freigestellt, bis sie zu einer Alternativaufgabe übergehen wollte, die dem gleichen Aufgabentyp angehörte und deren Schwierigkeit nicht näher spezifiziert war. FEATHER fand bei der extrem schweren Aufgabe höhere Persistenz bei Mißerfolgsmotivierten als bei Erfolgsmotivierten, bei der leichteren Aufgabe umgekehrt. In einer Anschlußuntersuchung, in der ebenfalls eine extrem schwere Aufgabe gegeben war und als Alternative eine Aufgabe mittlerer Schwierigkeit, konnte FEATHER (1963 b) einen Teilbefund des ersten Experimentes replizieren. Diese Ergebnisse stimmen mit unseren Überlegungen nicht überein, da bei der extrem schweren Aufgabe — wenn sich überhaupt Unterschiede zwischen den Motivgruppen ergeben — eher höhere Persistenz bei den Erfolgsmotivierten zu erwarten gewesen wäre.

Konformität. Höhere Konformität bei Mißerfolg- als bei Erfolgsmotivierten bzw. bei Niedrig- als bei Hochleistungsmotivierten ist wiederholt gefunden worden (MCCLELLAND et al., 1953, S. 286; SAMELSON, 1957, 1958; KREBS, 1958; MARLOWE, 1959). Dieses unterschiedliche Verhalten wird z. B. erklärt mit der größeren *„innerdirectedness"* bzw. Unabhängigkeit der Hochmotivierten gegenüber den Niedrigmotivierten (MCCLELLAND et al., 1953).

Es läßt sich auch als Folge unterschiedlicher Fähigkeitskonzepte beider Motivgruppen interpretieren. Denn wird die eigene Fähigkeit als niedrig angenommen, liegt es eher nahe, andere als kompetenter einzuschätzen, daher das eigene Urteil als Fehlurteil zu akzeptieren und sich der Meinung einer Majorität anzuschließen, als wenn die eigene Fähigkeit als hoch angenommen wird. Diese Interpretation wird gestützt durch wiederholt berichtete Wechselwirkungen zwischen Motivklassifikation und Bedingungsvariation.

SAMELSON (1958) beispielsweise führte zwei experimentelle Bedingungen ein, die er *„full conflict"* und *„reduced conflict"* nannte. Die Vpn der ersten Bedingung wurden mit offensichtlich falschen Urteilen einer Majorität konfrontiert ohne zusätzliche Informationen. Die Vpn der zweiten Bedingung nahmen anfänglich an einem „Vorversuch" teil, wo ihnen der Eindruck vermittelt wurde, schneller als andere Vpn tachistoskopisch dargebotene, sinnfreie Silben identifizieren zu können. Anschließend wurden die Vpn — wie die in der ersten Bedingung — bei derselben Aufgabenart mit einer falschen Gruppenmeinung konfrontiert. Während Hochmotivierte in beiden Bedingungen annähernd dasselbe Ausmaß an Konformität zeigen, verhalten sich die mittelhoch und niedrig Motivierten in der zweiten Bedingung signifikant weniger konform als diejenigen in der ersten. Wir vermuten, daß durch den „Vorversuch" bei den mittelhoch und niedrig Motivierten ein Selbstkonzept guter Fähigkeit für diese spezifischen Aufgaben induziert wurde, was zu vergleichsweise geringerer Konformität führte, während bei den Hochmotivierten das Vorgehen deswegen keine Unterschiede erbrachte, da von vorneherein ein Selbstbild guter Fähigkeit gegeben war.

TRICKETT (1971) untersuchte Unterschiede konformen Verhaltens zwischen Erfolgs- und Mißerfolgsmotivierten in Abhängigkeit von Aufgabenschwierigkeit und einer Bedingung, die er *„information"* vs. *„no information"* nannte. Hier wurde einer Vpn-Gruppe der Eindruck vermittelt, eine hohe Befähigung für die im anschließenden Konformitätsversuch verwendeten Aufgaben zu haben, einer anderen Vpn-Gruppe nicht. In Übereinstimmung mit SAMELSON fand auch TRICKETT nach der Induktion hoher Fähigkeit keine Unterschiede der Konformität zwischen beiden Motivgruppen; waren dagegen keine Fähigkeitsinformationen gegeben, zeigten Mißerfolgsmotivierte bei beiden Aufgabenarten höhere Konformität als Erfolgsmotivierte. Wir werten auch diesen Befund als Bestätigung unserer Auffassung, daß beide Motivgruppen sich durch unterschiedliche Fähigkeitskonzepte auszeichnen, die in diesem Experiment in der Informationsbedingung nivelliert wurden.

10. Die Genese von Selbstkonzepten der eigenen Fähigkeit in Abhängigkeit vom Zeitpunkt der Selbständigkeitserziehung

Zeitpunkt und Bereichsvielfalt der Selbständigkeitserziehung ist im Zusammenhang der Leistungsmotivgenese der am häufigsten untersuchte Aspekt mütterlichen Erziehungsverhaltens. Fast alle Arbeiten nehmen ihren Ausgang von der Leistungsmotivtheorie McClellands (1951; McClelland et al., 1953) und knüpfen methodisch an die Arbeit von Marion Winterbottom (1958) an. Sie erhob mittels Fragebogen, zu welchem Alterszeitpunkt Mütter Selbständigkeit, Entscheidungsfreiheit und Tüchtigkeit von ihren Söhnen verlangen und setzte diese Daten mit Kennwerten der Leistungsmotivation in Beziehung. Dabei ergab sich der immer wieder zitierte und auch jetzt noch häufig als gesichert angenommene Befund, daß höhere Leistungsmotivation mit früherer Selbständigkeitserziehung einhergeht.
Die von den zahlreichen Nachuntersuchern berichteten Zusammenhänge sind allerdings widersprüchlich; nur zum kleineren Teil bestätigen sie die Ergebnisse Winterbottoms; meist wurden entweder keinerlei oder aber entgegengesetzte Zusammenhänge gefunden.
Wir werden in diesem Kapitel auf die bislang vorliegenden theoretischen Ansätze zusammen mit den einschlägigen Befunden kurz eingehen, um danach einen neuen kognitiven Erklärungsansatz für die Wirkungen der Selbständigkeitserziehung auf das Selbstkonzept der eigenen Fähigkeit und damit auf das Leistungsmotiv vorzustellen.

10.1. Die theoretischen Ansätze McClellands und Veroffs

In der frühen Theorie McClellands (1951; McClelland et al., 1953) sind Motivdispositionen erfahrungsabhängige Verknüpfungen bestimmter Reizgegebenheiten mit positiven oder negativen affektiven Gefühlszuständlichkeiten. Vorstellungsmäßige Repräsentationen zurückliegender Affektzustände können durch Wiederauftreten der entsprechenden Reizgegebenheiten redintegriert werden und zu der augenblicklichen Affektlage eine mehr oder weniger große, positive oder negative Diskrepanz bilden, in Abhängigkeit von der es zu aufsuchendem oder meidendem Verhalten kommt.

Motive sind um so ausgeprägter, a) je größer die Wahrscheinlichkeit ist, daß ein bestimmter Reiz einen Affekt redintegriert; b) je stärker der Affekt ist, der mit einem bestimmten Reiz gekoppelt ist, und c) je mehr Reizgegebenheiten Affekte wieder wachrufen können.

McClelland leitet daraus ab, daß es für die Motivgenese von besonderer Bedeutung ist, wie häufig und zu welchem Alterszeitpunkt Leistungs- und Selbständigkeitsforderungen gestellt werden (McClelland et al., 1953, S. 268 ff.). Je mehr solche Forderungen an das Kind herangetragen werden, desto häufiger wird Erfolg bzw. Mißerfolg resultieren und mit den entsprechenden Situationsgegebenheiten positiver oder negativer Affekt verknüpft. In diesem Falle soll eine besonders große Motivextensität die Folge sein, da eine Vielzahl von Situationen Affekt wieder wachrufen kann. Neben der Häufigkeit von Selbständigkeits- und Leistungsforderungen soll besonders auch deren Frühzeitigkeit von Bedeutung sein, und zwar aus zwei Gründen: einmal, weil in frühem Alter die affektiven Reaktionen auf Erfolg und Mißerfolg besonders ausgeprägt sein sollen und damit die Motivintensität hohe Grade erreichen soll; zum anderen, weil es dann dem Kind aufgrund seiner noch ungenügend ausgebildeten Differenzierungsfähigkeit und der noch fehlenden symbolischen Prozesse nicht gelingen soll, die affektbedingenden Momente einer Situation zu isolieren. Es können daher auch späterhin eine Vielzahl von Gegebenheiten der entsprechenden Situation den Affekt wieder wachrufen.[1]

McClelland folgert, daß eine besonders frühe Selbständigkeitserziehung, die eine Vielzahl von Bereichen einbezieht, sich günstig auf die Entwicklung eines hohen Leistungsmotivs auswirkt.

Veroff (1965) knüpft an diese Überlegungen McClellands an. Er kommt jedoch zu differenzierteren Voraussagen über die Stärke des *Erfolgs-* und *Mißerfolgs*motivs (und nicht nur der Gesamtmotivation wie McClelland).

Veroff klassifiziert Selbständigkeitsforderungen danach, inwieweit sie der Fähigkeit des Kindes angemessen sind, spezifische Affekte von anderen mit angeregten Affekten zu differenzieren, sowie seiner Fähigkeit, die den Affekt auslösenden Momente aus der Gesamtsituation zu isolieren. Bezogen darauf unterscheidet er „zu frühe“, „optimale“ und „zu späte“ Forderungen.

Zu früh erfolgt die Selbständigkeitserziehung dann, wenn das Kind noch

---

[1] Ausführlich sind die hier nur sehr knapp referierten Überlegungen bei McClelland 1951 (S. 431 ff.) und 1958 (in Atkinson, 1958, S. 437—452) dargestellt.

nicht in der Lage ist, verschiedene Affekte zu differenzieren sowie die affektbedingenden Momente zu isolieren. Das Wiederauftreten einer *Vielzahl* von Gegebenheiten der ursprünglichen Situation zieht daher nicht nur den an Erfolg bzw. Mißerfolg gebundenen Affekt nach sich, sondern auch alle anderen in der zurückliegenden Situation gleichzeitig gegebenen Affekte. Das Kind soll so von Unsicherheit überwältigt werden (*overwhelmed by uncertainty*) und die Folge davon ein hohes mißerfolgsmeidendes Leistungsmotiv sein.

Zu spät erfolgen Selbständigkeitsforderungen, wenn das Kind sehr genau Affekte differenzieren und die affektproduzierenden Bedingungen isolieren kann. In diesem Falle soll ein niedriges und gleichzeitig sehr situationsspezifisches Leistungsmotiv resultieren, da ganz spezifische Situationsmomente Affekt redintegrieren, der zudem niedrig ist, weil nur ein Teil des affektiven Systems beteiligt ist.

Optimal sind Selbständigkeitsforderungen dann, wenn es dem Kind noch nicht *völlig* — aber zu einem gewissen Grade — gelingt, Affekte zu unterscheiden und die Affektbedingungen zu isolieren. VEROFF vermutet, daß sich dann ein hohes erfolgsbezogenes Leistungsmotiv entwickelt, das relativ situationsgeneralisiert ist.

10.2. Empirische Evidenz

Die erste Überprüfung der MCCLELLANDschen Hypothesen erfolgte in einer kulturanthropologischen Studie (MCCLELLAND & FRIEDMAN, 1952). Die Autoren zogen aus den *Human Relation Area Files* Berichte über die Erziehungspraktiken von acht Indianerstämmen heran. Sie wurden nach Strenge und Frühzeitigkeit der Selbständigkeitserziehung ausgewertet und die so gewonnenen Daten mit Kennwerten der Leistungsmotivation in Beziehung gesetzt. Letztere wurden mittels Inhaltsanalyse aus dem Volksgut dieser Stämme gewonnen. Stämme mit früher und besonders strenger Selbständigkeitserziehung wiesen eine höhere Leistungsmotivation auf. In einer späteren Nachuntersuchung (CHILD, STORM & VEROFF, 1958) an 52 Stämmen mit einer weitaus besseren Kontrolle bei der Datenerhebung konnte der Befund allerdings nicht repliziert werden; es fanden sich sogar entgegengesetzte, wenn auch nichtsignifikante Zusammenhänge.

Marion WINTERBOTTOM (1958) ging methodisch einen anderen Weg, um die von MCCLELLAND postulierten Wirkungen der Selbständigkeitserziehung zu überprüfen. Sie legte Müttern acht- bis zehnjähriger Jungen einen Fragebogen mit 20 Selbständigkeitsforderungen vor und ließ angeben, a) welche davon die Mutter als Ziel ihrer Erziehung ansieht, b) zu welchem Alterszeitpunkt sie erwartet, daß das Kind jede der 20 Verhaltensweisen gelernt hat, c) wie sie Befolgen und Nichtbefolgen ihrer Forderungen sanktioniert. In einem zweiten Fragebogen waren die 20 Items als Restriktionen umformuliert; die Mutter hatte im Hinblick darauf dieselben Angaben zu machen. Zwar ergab sich kein Zusammenhang zwischen Höhe der Leistungsmotivation und Gesamtzahl der Forderungen sowie der Intensität der Bestrafung bei Nichtbefolgen der Forderungen und Restriktionen. Es zeigte sich aber, daß Mütter hochmotivierter Jungen (verglichen mit Müttern niedrigmotivierter) bis zum Alter von acht Jahren mehr Forderungen stellen, Selbständigkeit der Kinder stärker belohnen sowie bis zum Alter von sieben Jahren mehr Selbständigkeitsforderungen stellen als Restriktionen auferlegen. Dabei ist hervorzuheben, daß sich diese Unterschiede der Selbständigkeitserziehung nur bei solchen Fragen ergaben, die auf Entscheidungsfreiheit und kindzentrierte Eigenständigkeit abzielten, nicht dagegen, wenn Routinefertigkeiten (*caretaking items*) angesprochen waren.

An diese immer wieder zitierte Arbeit WINTERBOTTOMS schlossen sich eine Vielzahl von Nachuntersuchungen an, die jedoch fast alle zu abweichenden Ergebnissen kamen oder aber die Befunde nur für bestimmte soziale und ethnische Teilgruppen replizieren konnten. Lediglich CHANCE (1965) berichtet mit einem modifizierten und erweiterten Fragebogen für Jungen übereinstimmende Zusammenhänge: Höhere Leistungsmotivation geht mit früherer Selbständigkeitserziehung einher (—.43); für Mädchen allerdings kehrt sich der Zusammenhang um (.28).

SMITH (1969) fand zumindest in der Tendenz für Jungen ähnliche, wenn auch nichtsignifikante Korrelationen zwischen höherer Leistungsmotivation und früher Selbständigkeitserziehung durch Mutter (—.15) und Vater (—.15). Abweichend von den Befunden WINTERBOTTOMS berichten Mütter hochmotivierter Jungen aber auch frühere Anforderungen an Routinefertigkeiten als die niedrigmotivierter (—.19), wobei dieser Zusammenhang besonders deutlich für protestantische Mütter ist (—.42).

Andere Untersucher finden entgegengesetzte Beziehungen: Nach BARTLETT & SMITH (1966) geht höhere Leistungsmotivation mit später erfolgenden Leistungs- (.19) und Selbständigkeitsforderungen (.11) einher. Eine ebenfalls nicht signifikante Korrelation in ähnlicher Höhe und gleicher Richtung findet sich bei KREBS (1958). Er erhob Selbständigkeitsangaben allerdings nicht bei den Müttern selbst, sondern bei deren erwachsenen Söhnen.

Feld (1967) hat nach sechs Jahren bei ungefähr der Hälfte der Vpn Winterbottoms eine Nachuntersuchung angestellt. Sie fand keine Beziehung mehr zwischen Selbständigkeitsforderungen in der Kindheit und der Leistungsmotivation der nun 14—16jährigen Jungen. Allerdings geht eine sehr späte Selbständigkeitserziehung nun mit hoher Testangst einher (—.75).

Das Muster dieser uneinheitlichen Befunde wird noch verwirrender, wenn man unterschiedliche Sozialschichten und ethnische Gruppenzugehörigkeit mit berücksichtigt. Das hat Rosen (1959) in einer großangelegten Analyse getan, um die Generalität der Ergebnisse Winterbottoms zu überprüfen. Er zog 427 Mütter und deren Söhne aus sechs verschiedenen ethnischen Gruppen heran, die er jeweils zusätzlich nach Sozialschichtzugehörigkeit in drei bzw. vier Gruppen teilte. Wenn Rosen auch keine differenziertere Analyse der Beziehung zwischen Selbständigkeitserziehung und Leistungsmotivation vornahm, findet sich höhere Motivation bei jüdischen, griechischen und weißen protestantischen Kindern (als bei franko-kanadischen, italienischen und schwarzen), deren Mütter auch gleichzeitig früher zur Selbständigkeit erziehen. McClelland (1961, S. 343 ff.) hat offenbar eine eingehendere Nachanalyse der Daten Rosens vorgenommen.[1] Danach geht frühere Selbständigkeitserziehung mit höherer Leistungsmotivation nur in weißen protestantischen Mittelklassefamilien einher (—.30) sowie in Mittelklassefamilien über alle ethnischen Gruppen hinweg (—.19). Die anderen Koeffizienten sind sehr gering, teilweise liegen sie sogar in entgegengesetzter Richtung als erwartet.

McClellands eigene Untersuchungen (1961, S. 345 ff.) in drei verschiedenen Ländern ergaben nur für Deutschland die erwarteten Zusammenhänge (—.13); in Japan findet sich keinerlei Beziehung zwischen Selbständigkeitserziehung und Leistungsmotivation (.00), in Brasilien eine den Hypothesen widersprechende Korrelation (.32). Das wiederum stimmt teilweise nicht mit Befunden von Hayashi & Yamauchi (1964) überein. Sie berichten für eine sehr kleine japanische Stichprobe, daß Mütter niedrigmotivierter Kinder früher Selbständigkeit verlangen als Mütter hochmotivierter.

Keil & Keil-Specht (1970) schließlich haben den von Heckhausen & Kemmler (1957) in enger Anlehnung an Winterbottom konstruierten Fragebogen zur Selbständigkeitserziehung getrennt für Väter und Mütter sowie für Jungen und Mädchen einer Faktorenanalyse unterzogen. Sie beschreiben für jede der sich ergebenden drei Gruppen die Kovariation

[1] Er berichtet unter Bezugnahme auf den Aufsatz Rosens Ergebnisse, die sich in der Originalarbeit nicht finden.

der Variablen mit einer Dreifaktorenlösung. Von den 24 Korrelationen der einzelnen Faktorenwerte mit zwei Leistungsmotivationskennwerten der Kinder sind vier signifikant; alle übrigen sind vernachlässigenswert gering und liefern insgesamt ein inkonsistentes Bild.

Die Hypothesen VEROFFS (1965) über den Zusammenhang zwischen Leistungsmotivation und Selbständigkeitserziehung wurden — soweit uns bekannt ist — bislang nur in zwei Arbeiten überprüft. VEROFF (1965, S. 17) selbst berichtet, daß Mütter hochmotivierter Jungen zu einem mittleren Zeitpunkt verlangen, in der Schule selbständig gute Leistungen zu erbringen, Mütter niedrigmotivierter Jungen vergleichsweise früher oder später. CALLARD (1968) erfaßte Leistungsmotivation mit einer Wiederaufnahmetechnik unterschiedlich schwerer Aufgaben und Leistungs- sowie Selbständigkeitsforderungen mit einem von TORGOFF entwickelten Instrument. Sie berichtet für Jungen und besonders Mädchen der Unterschicht einen Zusammenhang zwischen höherer Leistungsmotivation und mehr mittleren als frühen oder späten Forderungen der Mutter; das trifft nicht für Oberschichtfamilien zu. Anzumerken im Hinblick auf diese beiden Arbeiten ist, daß sie kaum einen adäquaten Test der VEROFFschen Hypothesen darstellen. Denn diese beziehen sich mehr auf die Gerichtetheit des Leistungsmotivs (erfolgsaufsuchend vs. mißerfolgsmeidend) als auf dessen Stärke. Nur letzteres wurde in beiden Untersuchungen erfaßt. Allerdings berichten TEEVAN & MCGHEE (1972) — ohne Bezug auf VEROFF — Befunde, die seinen Überlegungen entsprechen. Hohe Mißerfolgsängstlichkeit (nach *hostile press*; BIRNEY et al., 1969) geht bei Jungen mit sehr frühen Leistungs- und Selbständigkeitsforderungen der Mutter einher.

Überblickt man die hier referierten Arbeiten, so ergibt sich insgesamt ein sehr inkonsistentes Bild, wobei die berichteten Zusammenhänge in den meisten Fällen schwach sind. Als Stütze der Hypothesen MCCLELLANDS sind sie nicht zu werten. Die Fruchtbarkeit der theoretischen Erwägungen VEROFFS läßt sich anhand der vorliegenden Befunde kaum abschätzen, da in fast allen Fällen statistische Prüfverfahren zur Anwendung kamen, mit denen kurvilineare Zusammenhänge, wie der Autor sie annimmt, nicht aufgedeckt werden können. Da die berichteten Beziehungen im allgemeinen aber nur schwach sind, sind solche nicht-linearen Zusammenhänge nicht auszuschließen.

10.3. Attributionstheoretische Erklärung der Wirkungen der Selbständigkeitserziehung

Kurvilineare Beziehungen zwischen Selbständigkeitserziehung und Leistungsmotivation sind auch unter attributionstheoretischen Gesichtspunkten zu erwarten. Danach sind Selbständigkeitsforderungen vor dem Hintergrund des kognitiven, motorischen oder körperlichen Entwicklungsstandes des einzelnen Kindes zu betrachten, der zur sachgerechten Bewältigung der geforderten Tätigkeiten als Voraussetzung erforderlich ist (s. dazu HECKHAUSEN, 1966). Bezogen darauf gibt es als Extremfälle *zu frühe*, *optimale* und *zu späte* Selbständigkeitsforderungen. Sie legen unterschiedliche Ursachenerklärungen von Erfolg und Mißerfolg nahe und wirken sich daher auf das Selbstkonzept der eigenen Fähigkeit und damit auf das Leistungsmotiv aus, wenn man davon ausgeht, daß die Erziehungspraktiken relativ konstant sind und auch die Erfahrungen des Kindes.

Unangemessen frühe (*zu frühe*) Selbständigkeitsforderungen stellen das Kind vor Situationen, die zu bewältigen es noch nicht in der Lage ist. Das Leistungsresultat wird daher in der Regel Mißerfolg sein, wofür nur zwei Ursachenerklärungen in Frage kommen: Das Resultat kann entweder auf zu große Aufgabenschwierigkeit oder auf mangelnde eigene Fähigkeit zurückgeführt werden. Anstrengung kommt als Erklärung nicht in Betracht, da Variationen der Anstrengung im allgemeinen nicht mit Veränderungen des Handlungseffektes kovariieren; ebenso nicht Zufall, da das Resultat relativ konstant ist.

Das Kind wird zur Erklärung seiner überwiegend negativen Leistungsresultate vermutlich kaum die zu hohen Anforderungen der Erziehungspersonen heranziehen, sondern sich als unfähig erleben, was ein Selbstkonzept mangelnder eigener Fähigkeit und damit „Furcht vor Mißerfolg" zur Folge hat.

Allerdings geben sehr frühe Selbständigkeitsforderungen dem Kind in hohem Maße Gelegenheit, seine kognitiven Funktionen zu entfalten. Nach Befunden von BARTLETT & SMITH (1966) und MEYER & WACKER (1970) geht frühe Selbständigkeitserziehung mit höherer Intelligenz einher. Es ist daher nicht auszuschließen, daß das Kind, wenn es älter wird und sich aus der anfänglich engen Beziehung zu den Pflegepersonen löst, im sozialen Vergleich mit Alterskameraden Erfolg hat, wenn andere Mißerfolg haben; Erfolg dürfte dann vornehmlich mit guter eigener Begabung erklärt werden; es ist daher nicht auszuschließen, daß die anfängliche Beurteilung der eigenen Fähigkeit aufgehoben und revidiert wird.

Optimale Selbständigkeitsforderungen sind auf den jeweiligen Entwicklungsstand des Kindes bezogen; sie konfrontieren es daher weder mit zu leichten noch mit zu schweren Aufgaben, so daß gerade unter dieser Bedingung Variationen der Anstrengung sehr eng mit unterschiedlichen Leistungsresultaten gekoppelt sind. Auf seiten des Kindes wird daher die Perzeption entstehen, daß es „kann“, wenn es nur „will“. Es wird Erfolg und Mißerfolg seiner Leistungsbemühungen maximal auf sich selbst rückbeziehen: Erfolg auf gute eigene Begabung und Anstrengung; Mißerfolg dagegen nicht auf mangelnde Begabung, sondern auf mangelnde Anstrengung. Denn unter der Bedingung weder zu leichter noch zu schwerer Anforderungen ist ein eingetretener Mißerfolg bei nochmaliger Aufgabendurchführung (oder bei Durchführung ähnlicher Aufgaben) durch vermehrte Anstrengung aufhebbar, so daß er nicht der stabilen Determinanten Begabung zugeschrieben werden muß. Die Folge dürfte ein Selbstkonzept guter eigener Fähigkeit sein und ein überwiegend erfolgsbezogenes Leistungsmotiv.

Eine *zu späte* Selbständigkeitserziehung unterfordert das Kind; in der Regel wird Erfolg resultieren. Hohe Anstrengung kommt als Ursachenerklärung dafür kaum in Frage, da die gestellten Aufgaben meist auch ohne hohen Anstrengungsaufwand zu bewältigen sind. Ebenso ist eine Zufallsattribuierung wenig wahrscheinlich, da das Resultat relativ konstant sein dürfte. Zwar bieten sich hier wieder, wie im Falle zu früher Forderungen, die beiden stabilen Faktoren Begabung und Aufgabencharakteristika als kausale Determinanten an. Es ist aber fraglich, ob das Kind aus relativ konstanten Erfolgen auf gute eigene Begabung schließt.

Denn zu späte Selbständigkeitsforderungen haben gleichzeitig die Konsequenz, daß das Kind Fertigkeiten nicht beherrscht, die anderen sehr früh oder entwicklungsangemessen zur Selbständigkeit erzogenen Kindern schon lange zur Verfügung stehen. Da das Kind in nur geringem Maße angeregt wird, seine Umwelt zu erforschen, kann es seine kognitiven Funktionspotenzen nicht voll entfalten, was sich in niedrigen Intelligenztestwerten niederschlägt (BARTLETT & SMITH, 1966; MEYER & WACKER, 1970). Bei Einsetzen sozialer Vergleichsprozesse mit Altersgenossen wird das Kind daher gehäuft eigene Mißerfolge erfahren, wenn andere erfolgreich sind, was eine Attribuierung auf mangelnde eigene Begabung nahelegt und damit ein Selbstkonzept geringer eigener Fähigkeit.

Die Vermutung, daß eine zu späte Selbständigkeitserziehung — trotz häufiger Erfolge im Hinblick auf die Forderungen der Erziehungspersonen — kaum zu einem Selbstkonzept guter eigener Fähigkeit führt, legt auch eine Analyse der Begabungseinschätzung der Erziehungspersonen nahe, die als Voraussetzung zu später Forderungen gegeben sein muß. Selbständigkeitsforderungen dürften in konstanter Weise nur dann zu spät erfolgen, wenn die Begabung des Kindes unterschätzt wird, wenn es noch nicht für fähig genug gehalten wird, seinem Entwicklungsstand durchaus angemessene Forderungen zu bewältigen. Das wird sich in entsprechenden verbalen und nicht-verbalen Äußerungen der Erziehungspersonen manifestieren. Auf diese Weise wird dem Kind ein Fremdbild schlechter Befähigung unmittelbar oder mittelbar zum Ausdruck gebracht, was auf die Entstehung eines Selbstbildes mangelnder eigener Fähigkeit mit einen entscheidenden Einfluß haben dürfte.[1]

Erste Hinweise — wenn auch keine eindeutigen Belege — für die Fruchtbarkeit dieses attributionstheoretischen Erklärungsansatzes im Hinblick auf die Wirkungen der Selbständigkeitserziehung auf das Selbstkonzept der eigenen Fähigkeit und damit auf das Leistungsmotiv lassen sich den Arbeiten von MEYER & WACKER (1970) und REIF (1970)[2] entnehmen.

MEYER & WACKER untersuchten den Zusammenhang zwischen dem Zeitpunkt der Selbständigkeitserziehung und der Selbstverantwortlichkeit für Erfolg und Mißerfolg, gingen dabei aber noch nicht von solchen differenzierteren attributionstheoretischen Überlegungen aus. Versuchspersonen waren 62 Jungen des 4. und 5. Volksschuljahres im Alter zwischen 8;6 und 12;0 Jahren sowie deren Eltern. Selbstverantwortlichkeit wurde im Gruppenversuch in der Schule mit einer übersetzten und weitgehend abgeänderten Form des IAR von CRANDALL et al. (1965) erfaßt, der Zeitpunkt der Selbständigkeitserziehung mit dem geringfügig veränderten Fragebogen von HECKHAUSEN & KEMMLER (1957). Beide Elternteile hatten Angaben darüber zu machen, zu welchem Alterszeitpunkt sie vom Kind erwarten, daß es bestimmte Tätigkeiten selbst durchführt bzw. Entscheidungen eigenständig trifft.

Diese Altersangaben wurden für jede einzelne der insgesamt 20 Fragen z-transformiert, und für jede Vp wurde zunächst der mittlere z-Wert aller 20 Fragen als Index der Selbständigkeitserziehung herangezogen. Mit diesen Kennwerten der Mutter ergaben sich nur schwache Beziehungen zur Selbstverantwortlichkeit des Kindes, mit denen des Vaters gar keine. Wir führten das darauf zurück, daß die meisten Fragen des Instruments von HECKHAUSEN & KEMMLER nur von geringer thematischer Relevanz im Hinblick auf kindzentrierte Selbständigkeit sind, zum anderen die Streuung der Altersangaben gering war und nur bei 7 der 20 Items über 2,50 lag. Davon gehörten 5 dem Fragenkomplex „Entscheidungsfreiheit" an. Das fügte sich gut zusammen, da gerade mit diesen Fragen, die sich auf kindzentrierte Selbständigkeit beziehen, auch gleichzeitig — wie die Streuung zeigt — kontro-

---

[1] Auf der anderen Seite setzt eine zu frühe Selbständigkeitserziehung voraus, daß die Fähigkeit des Kindes überschätzt wird und negative Leistungsresultate durch die Erziehungspersonen zwangsläufig mit mangelnder Anstrengung erklärt werden.

[2] Die Befunde wurden im Rahmen einer Diplomarbeit erhoben, die vom Verfasser betreut wurde. Die Untersuchungen wurden mit Unterstützung der Deutschen Forschungsgemeinschaft durchgeführt.

verse Punkte in der Erziehungseinstellung der untersuchten Mütter angesprochen sind. Die Gruppeneinteilung muß daher prägnanter werden. Nach dem aus den 6 Fragen zur Entscheidungsfreiheit gemittelten Index der Selbständigkeitserziehung für die Mutter wurden drei möglichst gleich große Gruppen gebildet: frühe ($N = 22$), mittlere ($N = 20$) und späte ($N = 20$) Anforderungen an die Entscheidungsfreiheit.

Wie Abb. 36 zeigt, ist in der mittleren Gruppe die Selbstverantwortlichkeit jeweils am ausgeprägtesten, geringer in der späten und am wenigsten ausgeprägt in der frühen Gruppe. Die Mittelwertsunterschiede (mit U-Test geprüft) lassen sich größtenteils gegen Zufälligkeit absichern (bei einseitiger Fragestellung). Die Netto-Verantwortlichkeit ($Sn = Se - Sm$) steht in keinerlei Zusammenhang zur Selbständigkeitserziehung (früh: 1,41; mittel: 1,70; spät: 1,90).

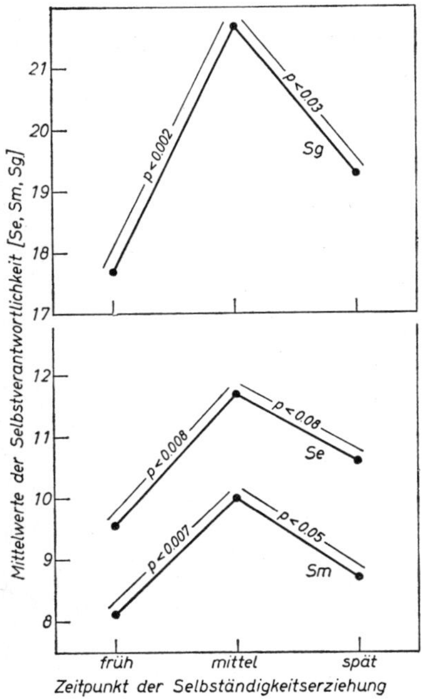

Abb. 36: Mittelwerte der Erfolgs- (*Se*), Mißerfolgs- (*Sm*) und Gesamtverantwortlichkeit (*Sg*) bei frühen, mittleren und späten Anforderungen an die Entscheidungsfreiheit (aus MEYER & WACKER, 1970).

Bei dem von MEYER & WACKER veränderten Fragebogen von CRANDALL et al. sind bei jeder Frage jeweils nur eine „internale“ und eine „externale“ Beantwortungsalternative gegenübergestellt ohne Berücksichtigung der vier Attribuierungselemente. Analysiert man daraufhin die Fragen eingehender, so zeigt sich, daß bei 12 der 15 Fragen zur Erfolgsverantwortlichkeit „Anstrengung“ als internale Beantwortungsmöglichkeit vorge-

geben ist, ebenso bei 11 der 15 Fragen zur Mißerfolgsverantwortlichkeit.[1]
Die hohe internale Erfolgs- und Mißerfolgsattribuierung in der Gruppe mit mittelfrüher Selbständigkeitserziehung geht also darauf zurück, daß Erfolg und Mißerfolg — ganz im Sinne der Erwartung — auf Anstrengung zurückgeführt werden.

Diese Befunde lassen zwar noch keine endgültigen Aussagen über den Zusammenhang zwischen Selbständigkeitserziehung und Kausalattribuierungen (insbesondere Begabungsattribuierungen) zu. Aber auch die Ergebnisse einer zweiten Untersuchung (Reif, 1970), in der den Beziehungen zwischen Zeitpunkt der Selbständigkeitserziehung und inhaltsanalytisch ermittelter Leistungsmotivation nachgegangen wurde, entsprechen weitgehend den Voraussagen des attributionstheoretischen Erklärungsansatzes und liefern daher eine zusätzliche Stütze. Versuchspersonen waren 50 Jungen des vierten Volksschuljahres im Alter zwischen 8;9 und 10;10 Jahren sowie deren Mütter. Bei den Kindern wurde in Einzelversuchen in der Schule die Leistungsmotivation erhoben; benutzt wurde die Bildserie von Meyer et al. (1965). Die erzählten, mit Tonband protokollierten Geschichten wurden abgeschrieben und mit den beiden Inhaltsschlüsseln von Heckhausen (1963) nach „Hoffnung auf Erfolg“ und „Furcht vor Mißerfolg“ ausgewertet. Von der Mutter wurde ein Fragebogen zur Selbständigkeitserziehung ausgefüllt, der sich an den von Heckhausen & Kemmler (1957) anlehnt, jedoch stark abgeändert wurde und mehr auf kindzentrierte Selbständigkeitserziehung abzielte. Von den insgesamt 50 Müttern sandten 44 den Fragebogen zurück. Die Altersangaben für jede der insgesamt 20 Fragen wurden z-transformiert, und für jede Vp wurde ein mittlerer z-Wert aus allen 20 Fragen gebildet.

Die erwarteten Zusammenhänge zur Leistungsmotivation zeigen sich am deutlichsten, wenn man nicht die gesamte Stichprobe in die Rechnung einbezieht, sondern nur die 10 am frühesten und am spätesten zur Selbständigkeit erzogenen Vpn sowie die 10 genau in der Mitte liegenden. Die in Abb. 37 (S. 181) wiedergegebenen Befunde entsprechen den Hypothesen recht gut, wenn man das Differenzmaß Netto-Hoffnung (*NH*) betrachtet. Bei mittlerer Selbständigkeitserziehung überwiegt das Erfolgsmotiv das Mißerfolgsmotiv am stärksten; Netto-Hoffnung ist erwartungsgemäß vergleichsweise niedriger bei früher Selbständigkeitserziehung und bei später Selbständigkeitserziehung am niedrigsten. Übereinstimmende Befunde berichtet Trudewind (1971).

[1] Von den restlichen sieben Fragen war bei vier die internale Beantwortungsalternative jeweils nicht nach „Anstrengung“ oder „Begabung“ klassifizierbar, so daß deren Beziehung zum Zeitpunkt der Selbständigkeitserziehung nicht gesondert untersucht werden konnte.

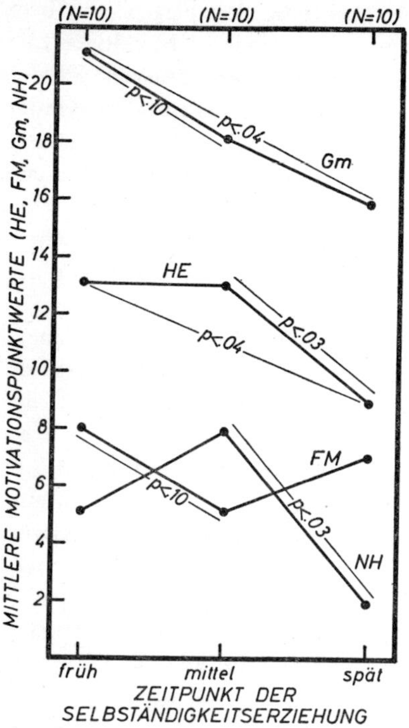

Abb. 37: Mittelwerte der Leistungsmotivation (*HE*: Hoffnung auf Erfolg; *FM*: Furcht vor Mißerfolg; *Gm*: Gesamtmotivation [$Gm = HE + FM$]; *NH*: Netto-Hoffnung [$NH = HE - FM$]) bei früher, mittlerer und später Selbständigkeitserziehung (p jeweils nach U-Test bei einseitiger Fragestellung) (aus Reif, 1970).

Reif untersuchte an derselben Stichprobe außerdem die Beziehung zwischen Mutter-Kind-Interaktion in einer leistungsthematischen Standardsituation und der Leistungsmotivation des Kindes. Sie lehnte sich dabei methodisch an die Arbeiten von Rosen & D'Andrade (1959) und Heckhausen & Oswald (1969) an. Die Untersuchungen fanden jeweils im Elternhaus statt; im Beisein der Mutter und zweier Beobachter hatte das Kind vier Aufgaben zu bearbeiten (Mosaik, Anagramme, Puzzle, Drahtbiegen). Die ersten drei Aufgaben bestanden je aus fünf Teilaufgaben der gleichen Art, deren Schwierigkeitsgrad von Teilaufgabe 1 bis 5 zunahm. Die Aufgaben waren so konstruiert, daß die Teilaufgaben 1 bis 3 von allen Vpn zu lösen sind, die Teilaufgaben 4 und 5 von keiner. Das Kind hatte sämtliche Teilaufgaben zu bearbeiten; die dabei auftretenden Interaktionen wurden von den beiden Beobachtern unabhängig voneinander nach einem Kategorienschema protokolliert.
In unserem Problemzusammenhang der Selbständigkeitserziehung ist das Anspruchsniveau der Mutter im Hinblick auf die Leistungen ihres Kindes interessant. Zu Beginn jeder Aufgabe wurden der Mutter die einzelnen Teilaufgaben vorgelegt, die Schwierigkeitsstufen erläutert; die Mutter

wurde dann aufgefordert, den Schwierigkeitsgrad festzulegen, von dem sie möchte, daß ihr Kind ihn lösen kann: „Teilaufgabe 1 bewältigen fast alle Kinder im Alter Ihres Sohnes; Teilaufgabe 2 bewältigen viele Kinder im Alter Ihres Sohnes; Teilaufgabe 3 ungefähr die Hälfte aller Kinder im Alter Ihres Sohnes; Teilaufgabe 4 wenige Kinder und Teilaufgabe 5 nur noch ganz wenige Kinder im Alter Ihres Sohnes. Bitte setzen Sie den Schwierigkeitsgrad fest, von dem Sie möchten, daß Ihr Kind ihn lösen kann." Die Mutter hatte die gewählte Teilaufgabe jeweils auf einem vorgegebenen Blatt anzukreuzen, während sich der andere Protokollant mit dem Kind unterhielt.

Man kann auch das Anspruchsniveau (*AN*) der Mutter nach „unangemessen hoch", „angemessen" und „unangemessen niedrig" klassifizieren, wenn man es auf die Fähigkeit des Kindes bezieht und als Indikator des Fähigkeitsstandes Intelligenzkennwerte heranzieht, die von Reif mittels der *Primary Mental Abilities* (deutsche Fassung von Kemmler, 1967; Kemmler & Langheinrich, 1967) erhoben wurden. Bei niedriger Intelligenz des Kindes dürften die Teilaufgaben 1 und 2 dem Fähigkeitsstand des Kindes eher angemessen sein als die Teilaufgaben 4 und 5 (unangemessen hoch); umgekehrt dürften bei hoher Intelligenz die Teilaufgaben 4 und 5 eher angemessen sein als die Teilaufgaben 1 und 2 (unangemessen niedrig). Folgt man den obigen Überlegungen zur Selbständigkeitserziehung, so müßte eine angemessene *AN*-Setzung der Mutter eher ein Selbstkonzept guter eigener Fähigkeit und damit eine überwiegend erfolgsbezogene Leistungsmotivation begünstigen als unangemessen hohe oder niedrige *AN*-Setzungen. Wir haben die Daten Reifs daraufhin näher analysiert.

Von 43 der insgesamt 50 Kinder stehen sowohl das *AN* der Mutter als auch Intelligenzkennwerte zur Verfügung. Eine Analyse der *AN*-Daten ergab allerdings, daß sie nur eine relativ geringe Streuung aufweisen. Die Streuung ist am größten bei der ersten Aufgabe (Mosaik). Aber auch hier werden nur von vier Müttern die Teilaufgaben 1 und 2 gewählt (von 19 Müttern die Teilaufgabe 3 und von 20 Müttern die nicht-lösbaren Teilaufgaben 4 und 5), so daß unangemessen niedrige Forderungen nicht vorkommen. Wir teilten daher das *AN* der Mutter für die Mosaik-Aufgabe in zwei Gruppen, nämlich mittelhohes *AN* (Teilaufgabe 3 [$n = 19$]; Teilaufgaben 1 und 2 [$n = 4$]; $N = 23$) und hohes *AN* (Teilaufgaben 4 und 5; $N = 20$). Zudem bildeten wir nach der Höhe der Intelligenzwerte zwei möglichst gleich große Gruppen mit hoher ($N = 21$) und niedriger ($N = 22$) Intelligenz. Für die sich so durch Kombination ergebenden vier Gruppen berechneten wir die mittleren Netto-Hoffnung-Werte des Kindes (s. Tab. 18, S. 183).

Tab. 18: Mittelwerte der Netto-Hoffnung ($NH = HE - FM$) in Abhängigkeit von der Intelligenz des Kindes und dem Anspruchsniveau der Mutter.

Intelligenz des Kindes	Anspruchsniveau der Mutter	
	mittelhoch	hoch
niedrig	6,47 ($N = 15$)	1,86 ($N = 7$)
hoch	5,75 ($N = 8$)	5,31 ($N = 13$)

Betrachtet man hohe *AN*-Setzungen der Mutter bei niedriger Intelligenz des Kindes als unangemessen und bei hoher Intelligenz als angemessen, bestätigen sich unsere Vermutungen recht gut; der Unterschied zwischen beiden Gruppen ist signifikant ($p < .025$). Die Differenz der Netto-Hoffnung-Werte bei niedriger Intelligenz in Abhängigkeit von mittelhohem und hohem *AN* der Mutter ist annähernd signifikant ($p < .08$; jeweils nach U-Test bei einseitiger Fragestellung), alle übrigen Unterschiede nicht.

Vermutlich führen unangemessen hohe Forderungen der Mutter zu einem Selbstkonzept mangelnder Fähigkeit, was sich im TAT in niedrigen Werten der Netto-Hoffnung niederschlägt.

Literatur

ALPERT, R. & HABER, R. N.: Anxiety in academic achievement situations. J. abnorm. soc. Psychol., 1960, *61*, 207—215.

ALSCHULER, A. S., TABOR, DIANE & MCINTYRE, J.: Teaching achievement motivation. Theory and practice in psychological education. Middletown, Conn.: Education Ventures, 1970.

ARONOFF, J. & LITWIN, G.: Achievement motivation training and executive advancement. Unveröff. Manuskript, Harvard University, 1966.

ATKINSON, J. W.: Motivational determinants of risk-taking behavior. Psychol. Rev., 1957, *64*, 359—372.

ATKINSON, J. W. (Hrsg.): Motives in fantasy, action, and society. Princeton, N. J.: Van Nostrand, 1958.

ATKINSON, J. W.: An introduction to motivation. Princeton, N. J.: van Nostrand, 1964.
(Deutsche Übersetzung in Vorbereitung. Stuttgart: Klett, ca. 1973.)

ATKINSON, J. W., BASTIAN, J. R., EARL, R. W. & LITWIN, G. H.: The achievement motive, goal setting, and probability preferences. J. abnorm. soc. Psychol., 1960, *60*, 27—36.

ATKINSON, J. W. & CARTWRIGHT, D.: Some neglected variables in contemporary conceptions of decision and performance. Psychol. Rep., 1964, *14*, 575—590.

ATKINSON, J. W. & FEATHER, N. T. (Hrsg.): A theory of achievement motivation. New York: Wiley, 1966.

ATKINSON, J. W. & LITWIN, G. H.: Achievement motive and test anxiety conceived as motive to approach success and motive to avoid failure. J. abnorm. soc. Psychol., 1960, *60*, 52—63.

ATKINSON, J. W. & RAPHELSON, A. C.: Individual differences in motivation and behavior in particular situations. J. Pers., 1956, *24*, 349—363.

BÄUMLER, G. & DVORAK, H. P.: Weitere Untersuchungen zum Zweifaktorenmodell der Leistungsmotivation. Psychol. u. Praxis, 1969, *13*, 122—138.

BÄUMLER, G. & WEISS, R.: Eine Zweifaktorentheorie der nach der TAT-Methode gemessenen Leistungsmotivation (Heckhausen). Psychol. u. Praxis, 1967, *11*, 23—45.

BANDURA, A. & WALTERS, R. H.: Social learning and personality development. New York: Holt, Rinehart & Winston, 1963.

BARON, R. A.: Authoritarianism, locus of control, and risk taking. J. Psychol., 1968, *68*, 141—143.

BARTLETT, E. W. & SMITH, Ch. P.: Childrearing practices, birth order and the development of achievement-related motives. Psychol. Rep., 1966, *19*, 1207—1216.

BARTMANN, T.: Der Einfluß von Zeitdruck auf die Leistung und das Denkverhalten bei Volksschülern. Psychol. Forsch., 1963, *27*, 1—61.

BATTLE, E. S. & ROTTER, J. B.: Children's feelings of personal control as related to social class and ethnic group. J. Pers., 1963, *31*, 482—490.

BECKMAN, L.: Effects of students' performance on teachers' and observers' attributions of causality. J. educ. Psychol., 1970, *61*, 76—82.

BENNION, R. C.: Trial by trial score variability and internal versus external control of reinforcement. Unveröff. Dissertation, Ohio State University, 1961.

BERKUN, M. M. & BURDICK, H. A.: Effect of knowledge of test results on subsequent test performance as a joint function of need achievement and test anxiety. Unveröff., 1963 (zit. nach BIRNEY et al., 1969).

BERLYNE, D. E.: Novelty and curiosity as determinants of exploratory behavior. Brit. J. Psychol., 1950, *41*, 68—80.

BIALER, I.: Conceptualization of success and failure in mentally retarded and normal children. J. Pers., 1961, *29*, 303—320.

BIRNEY, R. C., BURDICK, H. & TEEVAN, R. C.: Fear of failure. New York: van Nostrand-Reinhold, 1969.

BLACKMAN, S.: Some factors affecting the perception of events as chance determined. J. Psychol., 1962, *54*, 197—202.

BOWERS, K. S.: Pain, anxiety, and perceived control. J. consult. clin. Psychol., 1968, *32*, 596—602.

BRIM, O. G. jr.: Personality development as role-learning. In: ISCOE, I. & STEVENSON, H. W. (Hrsg.). Personality development in children. Austin: Univ. Texas Press, 1960, S. 127—159.

BRODY, N.: Achievement, test anxiety, and subjective probability of success in risk taking behavior. J. abnorm. soc. Psychol., 1963, *66*, 413—418.

BÜHLER, K.: Abriß der geistigen Entwicklung des Kindes. Leipzig: Quelle & Meyer, 1919.

BUTLER, R. A.: Exploratory and related behavior: A new trend in animal research. J. indiv. Psychol., 1958, *14*, 111—120.

BUTTERFIELD, E. C.: Locus of control, test anxiety, reactions to frustration, and achievement attitudes. J. Pers., 1964, *32*, 355—370.

CALLARD, E. D.: Achievement motive of four-year-olds and maternal expectations. J. exp. Educ., 1968, *37*, 14—23.

CARON, A. J.: Curiosity, achievement, and avoidant motivation as determinants of epistemic behavior. J. abnorm. soc. Psychol., 1963, *67*, 535—549.

CASTANEDA, A., MCCANDLESS, B. R. & PALERMO, D. S.: The children's form of the manifest anxiety scale. Child Develpm., 1956, *27*, 317—326.

CELLURA, A. R.: Internality as a determinant of academic achievement in low SES adolescents. Unveröff. Manuskript, Univ. Rochester, 1963.

CHANCE, J. E.: Internal control of reinforcements and the school learning process. Vortrag, gehalten vor der Society for Research in Child Development, Minneapolis, 1965.

CHILD, I. L.: Personality. Ann. Rev. Psychol., 1954, *5*, 149—170.

CHILD, I. L., STORM, Th. & VEROFF, J.: Achievement themes in folk tales related to socialization practice. In: ATKINSON, J. W. (Hrsg.). Motives in fantasy, action, and society. Princeton, N. J.: van Nostrand, 1958, S. 479—492.

CLARK, R. A. & MCCLELLAND, D. C.: A factor analytic integration of imaginative and performance measures of the need for achievement. J. gen. Psychol., 1956, *55*, 73—83.

COOK, R. E.: Relation of achievement motivation and attribution to self-

reinforcement. Unveröff. Dissertation, University of California, Los Angeles, 1970.
CRANDALL, V. C., KATKOVSKY, W. & CRANDALL, V. J.: Children's beliefs in their own control of reinforcements in intellectual-academic achievement situations. Child Develpm., 1965, *36*, 91—109.
CRANDALL, V. J., KATKOVSKY, W. & PRESTON, A.: Motivational and ability determinants of young children's intellectual achievement behaviors. Child Develpm., 1962, *33*, 643—661.

DAMM, J.: Effects of interpersonal contexts on relationships between goal setting behavior and achievement motivation. Hum. Relat., 1968, *21*, 213—226.
DAVIS, W. L. & PHARES, E. J.: Parental antecedents of internal-external control of reinforcement. Psychol. Rep., 1969, *24*, 427—436.
deCHARMS, R.: Personal causation. New York: Academic Press, 1968.
deCHARMS, R.: Personal causation training in the Schools. Unveröff. Vortrag. Leoni, 1971.
deCHARMS, R. & DAVÉ, P.: Hope of success, fear of failure, subjective probability, and risk-taking behavior. J. Pers. soc. Psychol., 1965, *1*, 558—568.
DEAN, D. G.: Alienation: Its meaning and measurement. Amer. sociol. Rev., 1961, *26*, 753—758.
DIES, R. R.: Development of a projective measure of perceived locus of control. J. proj. Techn. Pers. Assessm., 1968, *32*, 487—490.

EDWARDS, A. L.: Experimental design in psychological research. New York: Holt, Rinehart & Winston, 1966.
EDWARDS, W,: The theory of decision making. Psychol. Bull., 1954, *51*, 380—417.

FEATHER, N. T.: Success probability and choice behavior. J. exp. Psychol., 1959, *58*, 257—266. (a)
FEATHER, N. T.: Subjective probability and decision under uncertainty. Psychol. Rev., 1959, *66*, 150—164. (b)
FEATHER, N. T.: The relationship of persistence at a task to expectation of success and achievement-related motives. J. abnorm. soc. Psychol., 1961, *63*, 552—561.
FEATHER, N. T.: The relationship of expectation of success to reported probability, task structure, and achievement-related motivation. J. abnorm. soc. Psychol., 1963, *66*, 231—238. (a)
FEATHER, N. T.: Persistence at a difficult task with alternative task of intermediate difficulty. J. abnorm. soc. Psychol., 1963, *66*, 604—609. (b)
FEATHER, N. T.: The relationship of expectation of success to need achievement and test anxiety. J. Pers. soc. Psychol., 1965, *1*, 118—126. (a)
FEATHER, N. T.: Performance at a difficult task in relation to initial expectation of success, test anxiety, and need achievement. J. Pers., 1965, *33*, 200—217. (b)
FEATHER, N. T.: Some personality correlates of external control. Austral. J. Psychol., 1967, *19*, 253—260. (a)
FEATHER, N. T.: Valence of outcome and expectation of success in relation to task difficulty and perceived locus of control. J. Pers. soc. Psychol., 1967, *7*, 372—386. (b)
FEATHER, N. T.: Rate of change in attractiveness of success and repulsiveness of

failure in relation to task difficulty: past research and recent progress. Vortrag, gehalten auf dem APA-Kongreß, Washington, 1967. (c)
FEATHER, N. T.: Valence of success and failure in relation to task difficulty: past research and recent progress. Austral. J. Psychol., 1968, *20*, 111—122.
FEATHER, N. T. & SAVILLE, M. R.: Effects of amount of prior success and failure on expectations of success and subsequent task performance. J. Pers. soc. Psychol., 1967, *5*, 226—232.
FELD, S. C.: Longitudinal study of the origins of achievement strivings. J. Pers. soc. Psychol., 1967, *7*, 408—414.
FESTINGER, L.: A theory of social comparison processes. Hum. Relat., 1954, *7*, 117—140.
FESTINGER, L.: A theory of cognitive dissonance. Stanford: Stanford Univ. Press, 1957.
FETSCHER, J.: Der Marxismus. Seine Geschichte in Dokumenten. Bd. I. Philosophie, Ideologie. München: Piper, 1962.
FETSCHER, J.: Karl Marx und der Marxismus. München: Piper, 1967.
FEUER, L.: What is alienation? In: STEIN, M. & VIDICH, A. (Hrsg.). Sociology on trial. Englewood Cliffs, N. J.: Prentice-Hall, 1963, 127—147.
FISCH, R. & SCHMALT, H.-D.: Vergleich von TAT- und Fragebogendaten der Leistungsmotivation. Z. exp. angew. Psychol., 1970, *18*, 608—634.
FISCHER, A.: Die Entfremdung des Menschen in einer heilen Gesellschaft. München: Juventa Verlag, 1970.
FRANK, J. D.: Individual differences in certain aspects of the level of aspiration. Amer. J. Psychol., 1935, *47*, 119—129.
FRANKEN, R. E. & MORPHY, D. R.: Effects of fortuitous success on goal-setting behavior of individuals high and low in achievement motivation. Percept. mot. Skills, 1970, *30*, 855—864.
FRENCH, E. G.: Interrelation among some measures of rigidity under stress and nonstress conditions. J. abnorm. soc. Psychol., 1955, *51*, 114—118.
FRENCH, E. G.: Development of a measure of complex motivation. In: ATKINSON, J. W. (Hrsg.). Motives in fantasy, action, and society. Princeton, N. J.: van Nostrand, 1958, S. 242—248.
FRENCH, E. G. & THOMAS, F. H.: The relation of achievement motivation to problem-solving effectiveness. J. abnorm. soc. Psychol., 1958, *56*, 46—48.

GOLD, D.: Some correlation coefficients: Relationships between I-E scores and other personality variables. Psychol. Rep., 1968, *22*, 983—984.
GURIN, P., GURIN, G., LAO, R. C. & BEATTI, M.: Internal-external control in the motivational dynamics of negro youth. J. soc. Issues, 1969, *25*, 29—53.

HABER, R. N. & ALPERT, R.: The role of situation and picture cues in projective measurement of the achievement motive. In: ATKINSON, J. W. (Hrsg.). Motives in fantasy, action, and society. Princeton, N. J.: van Nostrand, 1958, S. 644—663.
HANCOCK, J. G. & TEEVAN, R. C.: Fear of failure and risktaking behavior. J. Pers., 1964, *32*, 200—209.
HARLOW, H. F.: Mice, monkeys, men, and motives. Psychol. Rev., 1953, *60*, 23—32.
HAYASHI, T., OKAMOTO, N. & HABU, K.: Children's achievement motivation and

its relation to intelligence, school achievements, anxiety tendencies, and parents-child relations. Bull. Kyoto Gakugei Univ., 1962, *A21*, 16—20.

HAYASHI, T. & YAMAUCHI, K.: The relation of children's need for achievement to their parents' home discipline in regard to independence and mastery. Bull. Kyoto Gakugei Univ., 1964, *A25*, 31—40.

HECKHAUSEN, H.: Hoffnung und Furcht in der Leistungsmotivation. Meisenheim/Glan: Hain, 1963.

HECKHAUSEN, H.: Über die Zweckmäßigkeit einiger Situationsbedingungen bei der inhaltsanalytischen Erfassung der Motivation. Psychol. Forsch., 1964, *27*, 244—259.

HECKHAUSEN, H.: Leistungsmotivation. In: THOMAE, H. (Hrsg.). Motivationslehre. Handb. Psychol., Bd. 2, S. 602—702. Göttingen: Hogrefe, 1965.

HECKHAUSEN, H.: Einflüsse der Erziehung auf die Motivationsgenese. In: HERRMANN, T. (Hrsg.). Psychologie der Erziehungsstile. Göttingen: Hogrefe, 1966, S. 131—169.

HECKHAUSEN, H.: The anatomy of achievement motivation. New York: Academic Press, 1967.

HECKHAUSEN, H.: Achievement motive research: current problems and some contributions towards a general theory of motivation. In: ARNOLD, W. J. (Hrsg.). Nebraska symposium on motivation, 1968. Lincoln: Univ. Nebraska Press, 1968, S. 103—174.

HECKHAUSEN, H.: Die Interaktion der Sozialisationsvariablen in der Genese des Leistungsmotivs. In: GRAUMANN, C. F. (Hrsg.). Sozialpsychologie. Handb. Psychol., Bd. 7 (2. Halbband). Göttingen: Hogrefe, 1972, S. 953—1019. (a)

HECKHAUSEN, H.: Attribuierungswandel bei erwartungswidrigem Verlauf. Unveröff. Manuskript. Psychol. Inst. Ruhr-Univ. Bochum, 1972. (b)

HECKHAUSEN, H. & KEMMLER, L.: Entstehungsbedingungen der kindlichen Selbständigkeit. Z. exp. angew. Psychol., 1957, *4*, 603—622.

HECKHAUSEN, H. & OSWALD, A.: Erziehungspraktiken der Mutter und Leistungsverhalten des normalen und gliedmaßengeschädigten Kindes. Arch. ges. Psychol., 1969, *121*, 1—30.

HECKHAUSEN, H. & ROELOFSEN, I.: Anfänge und Entwicklung der Leistungsmotivation: (I.) im Wetteifer des Kleinkindes. Psychol. Forsch., 1962, *26*, 313—397.

HECKHAUSEN, H. & WAGNER, I.: Anfänge und Entwicklung der Leistungsmotivation: (II.) in der Zielsetzung des Kleinkindes. Psychol. Forsch., 1965, *28*, 179—245.

HECKHAUSEN, H. & WASNA, M.: Erfolg und Mißerfolg im Leistungswetteifer des imbezillen Kindes. Psychol. Forsch., 1965, *28*, 391—421.

HEIDER, F.: The psychology of interpersonal relations. New York: Wiley, 1958.

HERMANS, H. J.: A questionnaire measure of achievement motivation. J. appl. Psychol., 1970, *54*, 353—363.

HIGBEE, K. L. & STREUFERT, S.: Perceived control and riskiness. Psychon. Sci., 1969, *17*, 105—106.

HOLDEN, K. B. & ROTTER, J. B.: A nonverbal measure of extinction in skill and chance situations. J. exp. Psychol., 1962, *63*, 519—520.

HOPPE, F.: Erfolg und Mißerfolg. Psychol. Forsch., 1931, *14*, 1—62.

HOUNTRAS, P. T. & SCHARF, M. C.: Manifest anxiety and locus of control of low achieving college males. J. Psychol., 1970, *74*, 95—100.

HULL, C. L.: Principles of behavior. New York: Appleton-Century-Crofts, 1943.
HUME, D.: Eine Untersuchung über den menschlichen Verstand. Hamburg: Meiner, 1961 (Philosophische Bibliothek, Bd. 35).
HUNT, J. McV.: Intrinsic motivation and its role in psychological development. In: LEVINE, D. (Hrsg.). Nebraska symposium on motivation. Lincoln: Univ. Nebraska Press, 1965, S. 189—282.

ICHHEISER, G.: Das Können, die Bedingungen des Könnens und das Erlebnis des Könnens. Z. angew. Psychol., 1933, *44*, 364—378.
ISAACSON, R. L.: Relations between *n* achievement, test anxiety, and curricular choices. J. abnorm. soc. Psychol., 1964, *68*, 447—452.

JAMES, W.: Internal versus external control of reinforcements as a basic variable in learning theory. Unveröff. Dissertation, Ohio State University, 1957.
JAMES, W. & ROTTER, J. B.: Partial and 100 % reinforcement under chance and skill conditions. J. exp. Psychol., 1958, *55*, 397—403.
JAMES, W. & WORTHINGTON, C. C.: Personality variables and pupillary reactivity. Vortrag, gehalten vor der Midwestern Psychological Association, 1967.
JOE, V. C.: Review of the internal-external control construct as a personality variable. Psychol. Rep., 1971, *28*, 619—640.
JONES, E. E. & DAVIS, K. E.: From acts to dispositions. In: BERKOWITZ, L. (Hrsg.). Advances in experimental social psychology, Vol. 2. New York: Academic Press, 1965, S. 219—266.
JONES, E. E., ROCK, L., SHAVER, K. G., GOETHALS, G. R. & WARD, L. M.: Pattern of performance and ability attribution: An unexpected primacy effect. J. Pers. soc. Psychol., 1968, *10*, 317—340.
JULIAN, J. W., LICHTMAN, C. M. & RYCKMAN, R. M.: Internal-external control and the need to control. J. soc. Psychol., 1968, *76*, 43—48.

KAGAN, J.: On the need for relativism. Amer. Psychologist, 1967, *22*, 131—142.
KAGAN, J. & MOSS, H. A.: Birth to maturity. A study in psychological development. New York: Wiley, 1962.
KALISH, H. I., GARMEZY, N., RODNICK, E. & BLAKE, R. C.: The effects of anxiety and experimentally induced stress on verbal learning. J. gen. Psychol., 1958, *59*, 87—95.
KANFER, F. H. & MARSTON, A. R.: Determinants of self-reinforcement in human learning. J. exp. Psychol., 1963, *66*, 245—254.
KANT, I.: Kritik der reinen Vernunft. Hamburg: Meiner, 1956 (Philosophische Bibliothek, Bd. 37a).
KARABENICK, St. A.: Valence of sucess and failure as a function of achievement motives and locus of control. J. Pers. soc. Psychol., 1972, *21*, 101—110.
KATKOVSKY, W., CRANDALL, V. C. & GOOD, S.: Parental antecedents of children's beliefs in internal-external control of reinforcements in intellectual achievement situations. Child Develpm., 1967, *38*, 765—776.
KATZ, I.: The socialization of academic motivation in minority group children. In: LEVINE, D. (Hrsg.). Nebraska symposium on motivation, 1967. Lincoln: Univ. Nebraska Press, 1967, S. 133—191.

KEIL, W. & KEIL-SPECHT, H.: Leistungsmotivation und Erziehungsstile: Eine Familienuntersuchung. Z. Entwicklungspsychol. päd. Psychol., 1970, *2*, 241—256.
KELLEY, H. H.: Attribution theory in social psychology. In: LEVINE, D. (Hrsg.). Nebraska symposium on motivation, 1967. Lincoln: Univ. Nebraska Press, 1967, S. 192—238.
KELLEY, H. H.: An introduction to attribution theory. Unveröff. Manuskript, 1970.
KEMMLER, L.: Erfolg und Versagen in der Grundschule. Göttingen: Hogrefe, 1967.
KEMMLER, L. & LANGHEINRICH, D.: Eine deutsche Fassung der „Primary Mental Abilities" für acht- bis zehnjährige Kinder. Ber. 25. Kongr. Deutsch. Ges. Psychol., 1966. Göttingen: Hogrefe, 1967, S. 669—673.
KLUCKHOHN, C. & KLUCKHOHN, F. R.: American culture: generalized orientations and class patterns. In: BRYSON, L. (Hrsg.). Conflicts of power in modern culture. New York: Harper, 1947.
KNIGHT, H. R. & SASSENRATH, J. M.: Relation of achievement motivation and test anxiety to performance in programed instruction. J. educ. Psychol., 1966, *57*, 14—17.
KOLB, D. A.: Achievement motivation training for underachieving high-school boys. J. Pers. soc. Psychol., 1965, *2*, 783—792.
KREBS, A. M.: Two determinants of conformity: Age of independence training and *n* Achievement. J. abnorm. soc. Psychol., 1958, *56*, 130—131.
KRUG, B.: Mißerfolgsattribuierungen und deren Auswirkungen auf Erwartungs- und Leistungsänderungen sowie auf Persistenz. Unveröff. Diplom-Arbeit, Psychol. Inst. Ruhr-Univ. Bochum, 1972.
KRUG, S.: Der Einfluß von kognitiven Variablen auf Determinanten leistungsmotivierten Verhaltens. Unveröff. Diplom-Arbeit, Psychol. Inst. Ruhr-Univ. Bochum, 1971.
KRUMBOLTZ, J. D. & FARQUHAR, W. W.: Reliability and validity of the *n* Achievement test. J. consult. Psychol., 1957, *21*, 226—228.
KUKLA, A.: The cognitive determinants of achieving behavior. Unveröff. Dissertation. University of California, Los Angeles, 1970.

LAO, R. C.: Internal-external control and competent and innovative behavior among negro college students. J. Pers. soc. Psychol., 1970, *14*, 263—270.
LASKER, H. M.: Factors affecting responses to achievement motivation training in India. Unveröff., Department of Social Relations, Harvard College, 1966.
LAZARUS, R. S.: Emotions and adaptation: Conceptual and empirical relations. In: ARNOLD, W. J. (Hrsg.). Nebraska symposium on motivation. Lincoln: Univ. Nebraska Press, 1968, S. 175—266.
LEFCOURT, H. M.: Effects of cue explication upon persons maintaining external control expectancies. J. Pers. soc. Psychol., 1967, *5*, 372—378.
LEFCOURT, H. M. & LADWIG, G. W.: The american negro: A problem in expectancies. J. Pers. soc. Psychol., 1965, *1*, 377—380.
LEFCOURT, H. M., LEWIS, L. & SILVERMAN, J. W.: Internal versus external control of reinforcement and attention in a decision-making task. J. Pers., 1968, *36*, 663—682.
LEWIN, K.: A dynamic theory of personality. New York: McGraw-Hill, 1935.
LEWIN, K.: Psychology of success and failure. Occupations, 1936, *14*, 926—930.

LEWIN, K.: The conceptual representation and measurement of psychological forces. Durham: Duke University Press, 1938.
LEWIN, K.: Behavior and development as a function of the total situation. In: CARMICHAEL, L. (Hrsg.). Manual of child psychology. New York: Wiley, 1946, S. 791—844.
LEWIN, K., DEMBO, T., FESTINGER, L. & SEARS, P. S.: Level of aspiration. In: HUNT, J. McV. (Hrsg.). Personality and the behavior disorders, Vol. I. New York: Ronald Press, 1944, S. 333—378.
LEWIS, M. & GOLDBERG, S.: Perceptual-cognitive development in infancy: A generalized expectancy model as a function of the mother-infant interaction. Merill-Palmer Quart., 1969, *15,* 81—100.
LICHTMAN, C. M. & JULIAN, J. W.: Internal vs. external control of reinforcement as a determinant of preferred strategy on a behavioral task. Vortrag, gehalten vor der Midwestern Psychological Association, St. Louis, 1964.
LITTIG, L. W.: Effects of motivation on probability preferences. J. Pers., 1963, *31,* 417—427.
LITTIG, L. W.: Motivational correlates of probability preferences. In: ATKINSON, J. W. & FEATHER, N. T. (Hrsg.). A theory of achievement motivation. New York: Wiley, 1966, S. 93—102.
LITWIN, G. H.: Achievement motivation, expectancy of success, and risk-taking behavior. In: ATKINSON, J. W. & FEATHER, N. T. (Hrsg.). A theory of achievement motivation. New York: Wiley, 1966, S. 103—115.
LIVERANT, S. & SCODEL, A.: Internal and external control as determinants of decision making under conditions of risk. Psychol. Rep., 1960, *7,* 59—67.
LOCKE, E. A.: The contradiction of epiphenomenalism. Brit. J. Psychol., 1966, *57,* 203—204.
LOCKE, E. A.: Purpose without consciousness: A contradiction. Psychol. Rep., 1969, *25,* 991—1009.
LOWELL, E. L.: The effect of need for achievement on learning and speed of performance. J. Psychol., 1952, *33,* 31—40.
LYKKEN, D. T.: Statistical significance in psychological research. Psychol. Bull., 1968, *70,* 151—159.

McCLELLAND, D. C.: Personality. New York: Sloane, 1951.
McCLELLAND, D. C.: Risk taking in children with high and low need for achievement. In: ATKINSON, J. W. (Hrsg.). Motives in fantasy, action, and society. Princeton, N. J.: van Nostrand, 1958, S. 306—321.
McCLELLAND, D. C.: Issues in the identification of talent. In: McCLELLAND, D. C., BALDWIN, A. L., BRONFENBRENNER, U. & STRODTBECK, F. L. (Hrsg.). Talent and society. Princeton, N. J.: van Nostrand, 1958, S. 1—28.
McCLELLAND, D. C.: The achieving society. Princeton, N.J.: Van Nostrand, 1961. Deutsch: Die Leistungsgesellschaft. Stuttgart: Kohlhammer, 1966.
McCLELLAND, D. C., ATKINSON, J. W., CLARK, R. A. & LOWELL, E. L.: The achievement motive. New York: Appleton, 1953.
McCLELLAND, D. C. & FRIEDMAN, G. A.: A cross-cultural study of the relationship between child-training practices and achievement motivation appearing in folk tales. In: SWANSON, G. E., NEWCOMB, Th. M. & HARTLEY, E. L. (Hrsg.). Readings in social psychology. New York: Holt, 1952, S. 242—249.
McCLELLAND, D. C. & WINTER, D. G.: Motivating economic achievement. New York: The Free Press, 1969.

McDonald, A. P. jr.: Internal-external locus of control: Parental antecedents. J. consult. clin. Psychol., 1971, *37*, 141—147.

McGhee, P. E. & Crandall, V. C.: Beliefs in internal-external control of reinforcements and academic performance. Child Develpm., 1968, *39*, 91—102.

Mahone, C. H.: Fear of failure and unrealistic vocational aspiration. J. abnorm. soc. Psychol., 1960, *60*, 253—261.

Maier, F. F., Seligman, M. E. P. & Solomon, R. L.: Pavlovian fear conditioning and learned helplessness: Effects on escape and avoidance behavior of (a) the CS-US contingency and (b) the independence of the US and voluntary responding. In: Campbell, B. A. & Church, R. M. (Hrsg.). Punishment and aversive behavior. New York: Appleton-Century-Crofts, 1969.

Malmo, R. B.: Activitation: A neurophysiological dimension. Psychol. Rev., 1959, *66*, 367—386.

Mandler, G. & Sarason, S. B.: A study of anxiety and learning. J. abnorm. soc. Psychol., 1952, *47*, 166—173.

Mandler, G. & Watson, D. L.: Anxiety and the interruption of behavior. In: Spielberger, Ch. D. (Hrsg.). Anxiety and behavior. New York: Academic Press, 1966, S. 263—288.

Marlowe, D.: Some personality and behavioral correlates of conformity. Unveröff. Dissertation, Ohio State Univ., Columbus, 1959.

Merton, R.: Social theory and social structure. Glencoe, Ill.: The Free Press, 1949.

Metzger, W.: Psychologie: Die Entwicklung ihrer Grundannahmen seit der Einführung des Experiments. Darmstadt: Steinkopff, 1954.

Meyer, W.-U.: Anspruchsniveau und erlebte Selbstverantwortlichkeit für Erfolg und Mißerfolg. Psychol. Beitr., 1969, *11*, 328—348. (a)

Meyer, W.-U.: Bemerkungen zur inhaltsanalytischen Erfassung der Leistungsmotivation. Kritische Anmerkungen zu einer Arbeit von Sader & Keil. Arch. ges. Psychol., 1969, *121*, 55—67. (b)

Meyer, W.-U., Heckhausen, H. & Kemmler, L.: Validierungskorrelate der inhaltsanalytisch erfaßten Leistungsmotivation guter und schwacher Schüler des dritten Schuljahres. Psychol. Forsch., 1965, *28*, 301—328.

Meyer, W.-U. & Wacker, A.: Die Entstehung der erlebten Selbstverantwortlichkeit in Abhängigkeit vom Zeitpunkt der Selbständigkeitserziehung. Arch. Psychol., 1970, *122*, 24—39.

Michotte, A.: The perception of causality. New York: Basic Books, 1963.

Miller, J. O.: The children's locus of evaluation and control scale. Abstracts of Peabody Studies in Mental Retardation, 1965, *3*, 23.

Mirels, H. L.: Dimensions of internal versus external control. J. consult. clin. Psychol., 1970, *34*, 226—228.

Mischel, W.: Personality and assessment. New York: Wiley, 1968.

Montgomery, K. C.: The role of exploratory drive in learning. J. comp. physiol. Psychol., 1954, *47*, 60—64.

Mooshage, B.: Auswirkungen der erlebten Selbstverantwortlichkeit für Erfolg und Mißerfolg in Leistungssituationen auf das Behalten und die Wiederholungswahl von vollendeten und unterbrochenen Aufgaben. Unveröff. Diplom-Arbeit, Psychol. Inst. Ruhr-Univ. Bochum, 1969.

Nettler, G.: A measure of alienation. Amer. sociol. Rev., 1957, *22*, 670—677.

ODELL, M.: Personality correlates of independence and conformity. Unveröff., Ohio State University, 1959.

OSLER, S. F.: Intellectual performance as a function of two types of psychological stress. J. exp. Psychol., 1954, *47*, 115—124.

OVERMIER, J. B. & SELIGMAN, M. E. P.: Effects of inescapable shock upon subsequent escape and avoidance responding. J. comp. physiol. Psychol., 1967, *63*, 28—33.

PAUL, G. & ERIKSEN, Ch.: Effects of test anxiety on „real life“ examinations. J. Pers., 1964, *32*, 480—494.

PHARES, E.: Changes in expectancy in skill and chance situations. Unveröff. Dissertation, Ohio State University, 1955.

PHARES, E.: Expectancy changes in skill and chance situations. J. abnorm. soc. Psychol., 1957, *54*, 339—342.

PIAGET, J.: The origins of intelligence in children. New York: International Univ. Press, 1952.

PIAGET, J.: The construction of reality in the child. New York: Basic Books, 1954.

PLATT, J. J. & EISENMAN, R.: Internal-external control of reinforcement, time perspective, adjustment, and anxiety. J. gen. Psychol., 1968, *79*, 121—128.

PLIMPTON, F. H.: O-P Manual. A content analysis coding system designed to assess the origin-syndrom. Office of Education; U.S. Department of Health, Education and Welfare, 1970.

PRIESTER, J.: Leistungsmotiv und Ursachenerklärung von unerwartetem Erfolg und Mißerfolg. Unveröff. Diplom-Arbeit, Psychol. Inst. Ruhr-Univ. Bochum, 1972.

RAY, W. J. & KATHAN, M.: Relation of anxiety to locus of control. Psychol. Rep., 1968, *23*, 1196.

RAYNOR, J. O. & SMITH, Ch. P.: Achievement-related motives and risk-taking in games of skill and chance. J. Pers., 1966, *34*, 176—198.

REIF, M.: Leistungsmotivation in Abhängigkeit vom Erziehungsverhalten der Mutter. Unveröff. Diplom-Arbeit, Psychol. Inst. Ruhr-Univ. Bochum, 1970.

RICCIUTI, H. N. & SADACCA, R.: The prediction of academic grades with a projective test of achievement motivation: II. Cross-validation at the high school level. Princeton, N. J.: Res. Bull. Educ. Testing Service, 1955.

ROSEN, B. C.: The achievement syndrome: A psychocultural dimension of social stratification. Amer. sociol. Rev., 1956, *21*, 203—211.

ROSEN, B.: Race, ethnicity, and the achievement syndrome. Amer. sociol. Rev., 1959, *24*, 47—60.

ROSEN, B. & D'ANDRADE, R.: The psychosocial origins of achievement motivation. Sociometry, 1959, *22*, 185—218.

ROSENBERG, S.: Mathematical models of social behavior. In: LINDZEY, G. & ARONSON, E. (Hrsg.). The handbook of social psychology, Vol. I. Reading, Mass.: Addison-Wesley, 1968, S. 179—244.

ROTTER, J. B.: Social learning and clinical psychology. Englewood Cliffs, N. J.: Prentice-Hall, 1954.

ROTTER, J. B.: Generalized expectancies for internal versus external control of reinforcement. Psychol. Monogr., 1966, *80*, No. 1 (Whole No. 609).

ROTTER, J. B., LIVERANT, S. & CROWNE, D. P.: The growth and extinction of expectancies in chance controlled and skilled tasks. J. Psychol., 1961, *52*, 161—177.

ROTTER, J. B., SEEMAN, M. & LIVERANT, S.: Internal versus external control of reinforcement: A major variable in behavior theory. In: WASHBURNE, N.F. (Hrsg.). Decisions, values, and groups, Vol. 2. London: Pergamon Press, 1962, S. 473—516.

SACHS, L.: Statistische Auswertungsmethoden. Berlin: Springer, 1968.

SADER, M. & SPECHT, H.: Leistung, Motivation und Leistungsmotivation. Korrelationsstatistische Untersuchungen zur Leistungsmotivmessung nach Heckhausen. Arch. ges. Psychol., 1967, *119*, 90—130.

SAMELSON, F.: Conforming behavior under two conditions of conflict in the cognitive field. J. abnorm. soc. Psychol., 1957, *55*, 181—187.

SAMELSON, F.: The relation of achievement and affiliation motives to conforming behavior in two conditions of conflict with a majority. In: ATKINSON, J.W. (Hrsg.). Motives in fantasy, action, and society. Princeton, N. J.: van Nostrand, 1958, S. 421—433.

SARASON, I. G. & PALOLA, E. G.: The relationship of test and general anxiety, difficulty of task, and experimental instructions to performance. J. exp. Psychol., 1960, *59*, 185—191.

SCHMIDT, E.-H.: Empirische Untersuchungen über die Beziehungen zwischen Schulreife und Anspruchsniveau bei fünf- bis siebenjährigen Kindern. Unveröff. Examensarbeit, Pädagogische Hochschule Göttingen, 1968.

SCHNEIDER, K.: Leistungs- und Risikoverhalten in Abhängigkeit von situativen und überdauernden Komponenten der Leistungsmotivation: Kritische Untersuchungen zu einem Verhaltensmodell. Unveröff. Dissertation, Ruhr-Univ. Bochum, 1971.

SCODEL, A., RATOOSH, R. & MINAS, J. S.: Some personality correlates of decision making under conditions of risk. Behav. Sci., 1959, *4*, 19—28.

SEEMAN, M.: On the meaning of alienation. Amer. sociol. Rev., 1959, *24*, 783—791.

SEEMAN, M.: Alienation and social learning in a reformatory. Amer. J. Sociol., 1963, *69*, 270—284.

SEEMAN, M.: Powerlessness and knowledge: a comparative study of alienation and learning. Sociometry, 1967, *30*, 105—123.

SEEMAN, M.: The urban alienations: Some dubious theses from Marx to Marcuse. J. Pers. soc. Psychol., 1971, *19*, 135—143.

SEEMAN, M. & EVANS, J.: Alienation and learning in a hospital setting. Amer. sociol. Rev., 1962, *27*, 772—782.

SELIGMAN, M. E. P. & MAIER, S. F.: Failure to escape traumatic shock. J. exp. Psychol., 1967, *74*, 1—9.

SIEGEL, S.: Level of aspiration and decision making. Psychol. Rev., 1957, *64*, 253—262.

SIMMONS, W.: Personality correlates of the James-Phares scale. Unveröff., Ohio State Univ., 1959.

SKINNER, B. F.: Sciene and human behavior. New York: MacMillan, 1953.

SMITH, CH. P.: The influence of testing conditions on need for achievement scores and their relationship to performance scores. In: ATKINSON, J. W. & FEATHER, N. T. (Hrsg.). A theory of achievement motivation. New York: Wiley, 1966, S. 277—297.

SMITH, CH. P.: The origin and expression of achievement-related motives in children. In: SMITH, CH. P. (Hrsg.). Achievement-related motives in children. New York: Russell Sage Foundation, 1969, S. 102—150.

SOLOMON, D., HOULIHAN, K. A., BUSSE, TH. V. & PARELIUS, R. J.: Parent behavior and child academic achievement, achievement striving, and related personality characteristics. Genet. Psychol. Monogr., 1971, *83*, 173—273.

SPENCE, J. T. & SPENCE, K. W.: The motivational components of manifest anxiety: drive and drive stimuli. In: SPIELBERGER, CH. (Hrsg.). Anxiety and behavior. New York: Academic Press, 1966, S. 291—326.

SPENCE, K. W.: Behavior theory and conditioning. New Haven: Yale University Press, 1956.

SPENCE, K. W.: A theory of emotionally based drive (D) and its relation to performance in simple learning situations. Amer. Psychologist, 1958, *13*, 131—141.

SPERBER, Z.: Test anxiety and performance under stress. J. consult. Psychol., 1961, *25*, 226—233.

SROLE, L.: Social integration and certain corollaries: An exploratory study. Amer. sociol. Rev., 1956, *21*, 709—716.

STRICKLAND, L. H., LEWICKI, R. J. & KATZ, A. M.: Temporal orientation and perceived control as determinants of risk-taking. J. exp. soc. Psychol., 1966, *2*, 143—151.

TAYLOR, J. A.: A personality scale of manifest anxiety. J. abnorm. soc. Psychol., 1953, *48*, 285—290.

TEEVAN, R. C. & MCGHEE, P. E.: Childhood development of fear of failure motivation. J. Pers. soc. Psychol., 1972, *21*, 345—348.

THOMAS, F. H.: Visualization, experience, and motivation as related to feedback in problem solving. Amer. Psychol., 1956, *11*, 444 (Abstract).

THROOP, W. F. & MCDONALD, A. P. jr.: Internal-external locus of control: A bibliography. Psychol. Rep., 1971, *28*, 175—190.

TOLMAN, E. C.: The determinants of behavior at a choice point. Psychol. Rev., 1938, *45*, 1—41.

TOLMAN, E. C.: Principles of performance. Psychol. Rev., 1955, *62*, 315—326.

TOLOR, A.: An evaluation of the Maryland parent attitude survey. J. Psychol., 1967, *67*, 69—74.

TOLOR, A. & JALOWIEC, J. E.: Body boundary, parental attitudes, and internal-external expectancy. J. consult. clin. Psychol., 1968, *32*, 206—209.

TOLOR, A. & REZNIKOFF, M.: Relation between insight, repression-sensitization, internal-external control, and death anxiety. J. abnorm. Psychol., 1967, *72*, 426—430.

TRICKETT, E.: The interaction of achievement motivation, task difficulty, and confidence-enhancing information in producing conformity behavior. J. soc. Psychol., 1971, *84*, 233—242.

TRUAX, C. B. & MARTIN, B.: The immediate and delayed effect of failure as a function of task complexity and personalization of failure. J. abnorm. soc. Psychol., 1957, *55*, 16—20.

TRUDEWIND, C.: Versuch einer Taxonomie leistungsmotivationsgenetisch relevanter Bedingungen des nicht-schulischen Lebensraumes. Unveröff. Dissertation, Ruhr-Univ. Bochum, 1971.

van der Meer, H. C.: Decision making: need for achievement and probability preference under chance and skill orientation. Acta Psychologica, 1967, *26*, 353—372.

Veroff, J.: Theoretical background for studying the origins of human motivational dispositions. Merrill-Palmer Quart., 1965, *11*, 3—18.

Vukovich, A., Heckhausen, H. & von Hatzfeld, A.: Konstruktion eines Fragebogens zur Leistungsmotivation. Unveröff., Psychol. Inst. Univ. Münster, 1964.

Wacker, A.: Einige Bedingungen der Genese der erlebten Selbstverantwortlichkeit. Unveröff. Diplom-Arbeit, Psychol. Inst. Ruhr-Univ. Bochum, 1969.

Wasna, M.: Motivation, Intelligenz und Lernerfolg. München: Kösel, 1972.

Watson, D.: Relationship between locus of control and anxiety. J. Pers. soc. Psychol., 1967, *6*, 91—92.

Weber, E.: Grundriß der biologischen Statistik. Jena: Fischer, 1967.

Weiner, B.: The effects of unsatisfied achievement motivation on persistence and subsequent performance. J. Pers., 1965, *33*, 428—442.

Weiner, B.: The role of success and failure in the learning of easy and complex tasks. J. Pers. soc. Psychol., 1966, *3*, 339—343.

Weiner, B.: New conceptions in the study of achievement motivation. In: Maher, B. (Hrsg.). Progress in experimental personality research, Vol. 5. New York: Academic Press, 1970, S. 68—109.

Weiner, B., Frieze, I., Kukla, A., Reed, L., Rest, S. & Rosenbaum, R. M.: Perceiving the causes of success and failure. New York: General Learning Press, 1971.

Weiner, B., Heckhausen, H., Meyer, W.-U. & Cook, R.: Causal ascriptions and achievement behavior: A conceptual analysis of effort and reanalysis of locus of control. J. Pers. soc. Psychol., 1972, *21*, 239—248.

Weiner, B. & Kukla, A.: An attributional analysis of achievement motivation. J. Pers. soc. Psychol., 1970, *15*, 1—20.

Weiner, B. & Potepan, P. A.: Personality characteristics and affective reactions toward exams of superior and failing college students. J. educ. Psychol., 1970, *61*, 144—151.

Weiner, B. & Rosenbaum, R. M.: Determinants of choice between achievement- and nonachievement-related activities. J. exp. Res. Pers., 1965, *1*, 114—121.

Weinstein, M. S.: Achievement motivation and risk preference. J. Pers. soc. Psychol., 1969, *13*, 153—172.

Weiss, P., Wertheimer, M. & Groesbeck, B.: Achievement motivation, academic aptitude, and college grades. Educ. psychol. Measmt., 1959, *19*, 663—666.

Wendt, H. W.: Motivation, effort, and performance. In: McClelland, D. C. (Hrsg.). Studies in motivation. New York: Appleton, 1955, S. 448—459.

White, R.: Motivation reconsidered: The concept of competence. Psychol. Rev., 1959, *66*, 297—333.

White, R.: Competence and the psychosexual stages of development. In: Jones, M. R. (Hrsg.). Nebraska symposium on motivation. Lincoln: Univ. Nebraska Press, 1960, S. 97—141.

Winer, B. J.: Statistical principles in experimental design. New York: McGraw-Hill, 1962.

Winterbottom, M. R.: The relation of need for achievement to learning experiences in independence and mastery. In: Atkinson, J. W. (Hrsg.).

Motives in fantasy, action, and society. Princeton, N. J.: van Nostrand, 1958, S. 453—478.
WOODWORTH, R. S.: Dynamics of behavior. New York: Holt, 1958.

YACORZYNSKI, G. K.: The operation of the degree of effort in experimental situations and its relationship to the level of aspiration. Psychol. Bull., 1941, *38*, 587—588.
YACORZYNSKI, G. K.: Degree of effort. I. An investigation of a concept in the field of motivation. J. exp. Psychol. 1942, *30*, 228—235. (a)
YACORZYNSKI, G. K.: Degree of effort: III. Relationship to the level of aspiration. J. exp. Psychol., 1942, *30*, 407—413. (b)

„Entwicklung und Lernen"
Lunzer, E. A./Morris, J. F. (Hrsg.) 3 Bände:

Band I
Lunzer, E. A.
Gesetze des Verhaltens

Mit einer Einführung von H. Aebli
Übersetzt aus dem Englischen von H. B. Schulze und B. Brümann

ca. 400 Seiten, Linson ca. 39,— DM (92546)
In Herstellung

Band II
Lunzer, E. A./Morris, J. F.
Das menschliche Lernen und seine Entwicklung

Mit einer Einführung von H. Aebli
Übersetzt aus dem Englischen von J. J. Koch und G. Müller

512 Seiten, Linson 38,— DM (92547)

Band III
Morris, J. F./Lunzer, E. A.
Das Lernen in der Schule

Mit einer Einführung von H. Aebli
Übersetzt aus dem Englischen von J. J. Koch, G. Müller und H. Peifer

328 Seiten, Linson 28,— DM (92548)